重庆工商大学管理科学与工程重点学科经费支持

Funeng Shijiao de Zhongchuang Kongjian

CHUANGXIN

yu Chengzhang Fuhua Yanjiu

赋能视角的众创空间
创新与成长孵化研究

黄钟仪 ◎著

中国财经出版传媒集团

经济科学出版社
Economic Science Press

·北京·

图书在版编目（CIP）数据

赋能视角的众创空间创新与成长孵化研究/黄钟仪
著． -- 北京：经济科学出版社，2023.10
ISBN 978 - 7 - 5218 - 5326 - 1

Ⅰ．①赋⋯　Ⅱ．①黄⋯　Ⅲ．①创业 - 研究 - 中国
Ⅳ．①F249.214

中国国家版本馆 CIP 数据核字（2023）第 205526 号

责任编辑：李　雪　袁　潋　陈赫男
责任校对：孙　晨
责任印制：邱　天

赋能视角的众创空间创新与成长孵化研究

黄钟仪　著

经济科学出版社出版、发行　新华书店经销
社址：北京市海淀区阜成路甲 28 号　邮编：100142
总编部电话：010 - 88191217　发行部电话：010 - 88191522

网址：www. esp. com. cn

电子邮箱：esp@ esp. com. cn

天猫网店：经济科学出版社旗舰店

网址：http：//jjkxcbs. tmall. com

固安华明印业有限公司印装

787×1092　16 开　19.25 印张　325000 字
2023 年 10 月第 1 版　2023 年 10 月第 1 次印刷
ISBN 978 - 7 - 5218 - 5326 - 1　定价：96.00 元
（图书出现印装问题，本社负责调换。电话：010 - 88191545）
（版权所有　侵权必究　打击盗版　举报热线：010 - 88191661
QQ：2242791300　营销中心电话：010 - 88191537
电子邮箱：dbts@ esp. com. cn）

序 言 一

创新是社会持续发展的源泉，国家长远发展的动力。党和国家非常重视创新，党的十八大文件中鲜明地提出了"创新驱动"概念。只有创新驱动才能推动经济增长的持续，才能推动社会进步的持续，才不至于使发展到一定阶段的经济徘徊在"中等收入陷阱"里。可以说，能否实现创新驱动是决定国运盛衰的关键之一。习近平总书记强调，"纵观人类发展历史，创新始终是一个国家、一个民族发展的重要力量，也始终是推动人类社会进步的重要力量"①，"在激烈的国际竞争中，惟创新者进，惟创新者强，惟创新者胜"②。

但多数人谈到创新驱动，往往关注的是大企业的创新能力提升，忽视中小微企业创新能力提升在创新驱动战略中的作用。中小企业是创新创业中最重要、最活跃的群体，中小微企业的创新和成长能力是产生大型创新企业的源泉。他们虽然在资金、人才、技术方面没什么优势，但其没有历史路径依赖，更容易进入新领域，产生颠覆式创新。对于他们的创新想法，如果能有外部环境支持足够的资金，并聘用到合适的人才，革命性创新就很有可能得以实现。事实上很多革命性的创新都是中小企业完成的，而不是大企业完成的。

众创空间作为我国孵化创新战略的一种实现平台，创新企业家和创业者蓬勃发展的重要推进器，也是国家科技创新体系的一种新的组成部分，受到了国家和各地政府和科技主管部门的高度重视。众创空间的特点就是在一个不大的空间里却有非常大的创业情景。因此，众创空间在近10年来的蓬勃发展，推动了大众创新的迅猛的甚至爆发式的成长。对此，我很早就有关注。早在2014年5月9日，我受山东省科技厅邀请，参加他们主办的"迎接'大众创业、万众创新'新时代"高端论坛，并做报告。众创空间推动力度最大的两大地区就是北京和深圳。深圳是中国的硅谷，北京则正在成为中国的波士顿创业集群，在信息技术创新和医药创新方面的潜力非常巨大，聚集了很多众创空间和创客。

---

① 习近平：为建设世界科技强国而奋斗 [N]. 人民日报，2016 – 06 – 01.
② 习近平在欧美同学会成立100周年庆祝大会上的讲话 [N]. 人民日报，2013 – 10 – 22.

我去北京中关村创业街，看到了非常热闹的创业景观。比如其中的 Bingo 咖啡，它有连续不断的 24 小时创业大赛，在二楼设有两三百平米的办公空间，有三十到四十家的创业企业，三楼有创业的路演和辅导，甚至一个桌子就是一个创业公司，非常壮观。

但是，我也观察到，数量增长的背后，是粗放式的发展，以及摸着石头过河的实践探索。一段时间热闹发展之后，我们应该检审实际运营的情况，不仅仅要大力投入，更要重视政策支持和孵育实践的有效性。与非常热烈的实践发展不匹配的是，众创空间孵育实践的调查研究和孵育创新的有关理论并未得到系统的研究，众创空间的蓬勃发展实践以及转型升级新阶段的发展，都亟需研究者对大众创客的孵育赋能创新及成长的机理和路径展开探索。

藉由外部孵育赋能，相对弱势的中小微企业可能实现单凭自身之力无法完成的创新和成长。《赋能视角下众创空间的创新与成长孵化研究》作者持续关注该领域，并以 5 年时间专注此主题的相关研究。该书全面梳理了国外创客空间的政策和研究现状，国内众创空间的政策和研究现状；综合评价了 2015 年以来区域政府支持政策和众创平台实践孵育赋能的效果，实证检验了区域支持政策对入驻中小企业创新创业的影响效果，众创平台的孵育氛围对创客创新的影响效果；探索了众创平台网络服务推动入驻创业创新与成长的机制；既有质性研究，也有数量分析；既使用一手数据，也通过深入调查采集二手数据，研究系统、全面且深入。该书既关注外部区域政府政策支持，关注平台孵育赋能，也关注两者的协同，是中国情境下强政府与强市场协同赋能创新实践的实证研究力作；既关注入驻企业的创新，也关注其成长，是从孵育创新、孵育成长视角开展创新驱动和成长研究的一部力作。

本书既是严肃的学术研究，也是深入的实践洞察，因此，我推荐从事创新相关研究的学者、博士生阅读此书，也推荐政府相关部门、孵化类平台、中小微企业、各类创客等实践人士挤时间阅读此书。并希望这两类读者能够相互交流，共同推动孵育创新与成长的理论和实践的发展。

清华大学经济管理学院

清华大学技术创新研究中心主任

教授

2023 年 10 月

序 言 二

创新是引领发展的第一动力。科技创新是推动高质量发展的重要引擎，制度创新能够激发科技创新的巨大潜能。习近平总书记指出，"科技创新、制度创新要协同发挥作用，两个轮子一起转"①。科技创新的主体是企业，大企业是创新主体的核心力量，中小微企业是创新主体生生不息的活力源泉。因此我们的制度创新不仅要重视为大企业提供创新创业的服务支持，也要重视对中小微企业的服务支持。我个人过去对此关注不多，但中小微企业是国家创新体系的重要组成部分，作为一个很早就研究国家创新体系的学者，该书促进我对这一部分做了一些了解。我发现，党的十八大以来，我国不断加大对赋能中小微企业发展的政策体系、服务体系的支持力度，营造全社会支持中小企业研发的环境氛围。2015 年以来，"双创"战略启动，国家和各地政策加大对众创空间的支持力度，进一步营造促进中小微企业发展的环境氛围。

各省区市积极出台鼓励创新创业的政策，激发全社会创新创业活力，培育经济发展新动能，推动了众创空间数量和孵化企业数量的规模化增长。就我关注的多家央企和大型民企，比如中国电子、普天集团、大唐电信、腾讯、阿里、京东等都积极参与双创，在全国建立了多家众创空间；以中科院所在地附近中关村创业大街为代表的众创空间集聚区已成为区域创业文化高地和创业地标；入驻众创空间的企业中涌现出了美图秀秀、饿了么、云洲智能无人船、中科微光红外血管成像仪等优秀创业企业和创业项目，氪空间、创新工场、纳什空间、因果树、优客工场等众创空间获得了资本的青睐，上海众创空间"苏河汇"、北京"创新工场"等几十余家众创空间在新三板挂牌。当前全国 7 000 多家众创空间，已帮助近 10 万家在孵企业获得技术支持、政府资助、创业指导

① 习近平. 为建设世界科技强国而奋斗——在全国科技创新大会、两院院士大会、中国科协第九次全国代表大会上的讲话［M］. 北京：人民出版社，2016.

以及商务链接，与全国4 000余家的科技企业孵化器和600余家的企业加速器共同形成接递有序的创新创业孵化链条。

我同时也关注到，众创空间政府支持政策的效果差异大，有的地方政策支持效果好，有的地方政策支持差，甚至有反效果；不同众创空间的服务质量、效能和专业化也有很大的差异。众创空间作为国家创新体系的重要组成部分，需要优化其政策支持和赋能服务策略，提升整体创新效能。总体而言，孵育创新、受孵创新的理论基础还比较薄弱，优化策略如果没有学者的研究作支持，则如无源之水，无本之木。重庆工商大学黄钟仪教授注重实践调查与洞察，持续从孵化和赋能视角关注受孵企业的创新创业成长，《赋能视角的众创空间创新与成长孵化研究》一书对政府支持政策与众创平台的孵化等赋能创新实践的现状和特征开展了深入系统全面的分析，对相关的政策实践效果进行了实证检验，从政府－平台双元赋能驱动中小微企业创新发展的视角提出了新研究框架和新方法。通读全书，值得关注之点较多，其中有三点我尤为推崇。

一是从外部赋能视角对受孵创新相关问题的研究夯实了孵育创新发展的理论基础。建立创新创业服务体系，为相对弱势的企业提供支持和帮助已经成为一种非常普遍和广泛的孵育创新现象，受孵创新的理论基础较为薄弱。众创空间作为近十年来涌现的新体系，很值得关注，但系统研究较为缺乏。本书全面系统梳理了2015年以来国家以及各地政府大力推动众创空间发展的支持政策、各地众创空间孵育入驻企业创新成长的服务策略，为各地政府支持政策和平台的孵育服务画了像，并通过评价研究、实证研究以及路径研究，回答了2015年以来各地政府创新支持政策的效果、影响方式及其有效实施路径。基于深入的访谈和调查，对创新与成长孵育机制开展多方法多维度的数量分析与实证研究，从资源、网络、学习等视角揭示了众创空间提升孵育创新效果的机制。本书关于中小微企业受孵情景下创新与成长机制的全面系统研究，不仅为指导众创空间政策与实践优化提供了指路灯、及时雨，还对夯实孵育创新发展的理论基础、提高孵育创新发展政策的水平和效果具有重要意义。

二是宏－微观协同、政府－市场协同的研究框架开辟了赋能视角创新研究的新范式。中国情景下众创空间及其入驻企业发展所具有的"政策（政府）－平台（市场）"协同推动的典型特征，孵育情景中新创企业的创新和成长问题既涉及制度政策环境问题，又涉及孵育组织的孵育实践问题，所以它既不是传统意义上的微观企业问题，也不只是宏观环境影响单一视角能简单解释的问题。同时，回答这样的问题也需要对制度环境、孵育赋能、创新创业等多个理论领域的深入理解和对现实情景的深入洞察，现有文献大多只关注平台的孵育服务，对政策关注较少；同时分析政策支持与平台服务，系统性地给出其赋能入驻企业创新与成长的机制和路径，到目前为止还缺少这类的专著。本书从政策与平台协同赋能的视角，确立了综合考虑宏观政策支持与微观平台服务协同的孵育创新成长研究方向。这一框架关注到了来自宏观和微观两个方面的影响力，突破了既有研究存在的泾渭分明的宏观和微观的专业化分野，使研究更符合实践情况。这个框架和范式对类似孵化情景中的创新与成长问题研究都有重要的借鉴意义，对所有孵育政策的赋能研究也具有重要的范式意义。

三是不少与既有文献和经验认识不同的研究结论为审视和优化众创空间提供了更具辩证性的实证指导。现有政策和实践的实证研究，大多都是验证性的发现，有的甚至是常识性的发现。该专著的实证研究关注效率，并与非孵育情景进行比较，有不少让人眼前一亮并值得关注的发现。一方面是对政策支持效果的关注，作者的研究发现，政府支持政策投入的相对效率已经进入相对下降阶段，投入较多的区域开始进入规模报酬递减阶段，需要控制政府投入，避免其挤出效应。另一方面对于大力推动的孵育服务，本书研究发现，众创空间的经济服务效果明显，但寄予厚望的能力服务、网络服务的效果不显著；而且孵育主体的资源行为、网络行为、学习行为等的作用机制和效果，与非孵育孵化情景中有所不同，有一些更精细化的发现。这些发现，一方面说明处于孵化环境中的企业创新和成长具有特殊性，值得专门研究，另一方面帮助有关政策制定部门认识到，我们一些企业创新政策与实践的理论与实证依据，在非孵育情景下是成立的，如果是在孵育环境中去实施，特别是针对中小微企业的众创空间孵育情景，则应特别谨慎，需要高度重视本书的研究发现和研究结论，这是众创空间下一步政策和实践优化的难得的理论指导和实践参考书。

总之，支持中小微企业创新发展的制度和实践是创新生态系统高质量发展永葆活力的关键。本书是一本关于赋能视角下受孵创新与成长领域的开创性研究，其研究范式、研究发现都非常值得关注，希望更多专家学者、创新实践推动者能阅读此书，应用此书，并继续推动相关研究。

中国科学院科技战略咨询研究院

穆荣平教授

2023 年 10 月

前　　言

　　这是一本关于外部孵育赋能如何推动相对弱势的新创企业创新与成长研究的专著。关注这个问题，是因为以赋能推进相对弱小者成长已经成为一种非常普遍的经济现象，非常普遍的企业实践，非常普遍的政策举措，但孵育创新的理论基础和研究文献相对薄弱。

　　现象、实践、政策的普遍首先来自于对新创企业的重视。众所周知，随着新一轮科技革命和产业革命的不断发展，乌卡时代（VUCA）竞争的日益加剧，世界主要经济体纷纷制定并实施创新战略，以抢占经济发展制高点。我国经济增长的驱动要素也由要素驱动、投资驱动转变为创新驱动。大企业和成熟企业是创新主体的核心力量，然而大企业常常面临"创新的窘境"，陷入"尾大不掉"的困境。在创业经济时代，新创企业往往是突破性创新的排头兵和活力源泉，大量的创业活动成为推动地区经济发展的力量之一。可见，新创企业的发展对净就业和总就业增长以及科学和技术创新都做出了重大贡献。

　　重视新创企业推动了孵育赋能行动的涌现。因为新创企业面临着"新生弱性"（liability of newness）和"小而弱性"（liability of smallness）的双重约束与挑战，导致其抗风险能力较弱，很难经得起经济变化带来的风浪，大约一半的新创企业生存时间不足五年，大多数新创企业会很快失败甚至消失。因此，大多数新创企业在应对外部局势的不稳定因素时，往往会避免开展高风险的创新活动。另外，新创企业凭借灵活的组织结构，如能够抢占细分市场的利基客户，往往会获得强劲的发展潜力和经济效益，常常又具有较高的创新积极性。因此，各国政府和政策制定者日益将注意力转向旨在培育和助力新创企业创新、推动新创企业成长绩效的有效策略和路径，主要的做法就是设立孵化类组织，创建资源丰富的孵育组织和情境来协调新创企业与其环境之间的关系，为其发展获取充足资源。

　　本书内容即是来自于对近十年来涌现的"大众创新创业"孵育实践与政策

的研究。近十年来，欧美等国涌现出来的创客空间，中国蓬勃发展的众创空间，是为大众创新创业提供孵育服务的新型创新创业服务平台。"大众创新"是在用户创新、专一业余爱好者创新以及开放式创新等新的创新形式之后涌现出来的一种创新形式。这种创新形式随着民众生活质量提高、竞争加剧以及全球化挑战趋势的到来而出现，更多以个体创客、小公司为创新创业主体。但大众创新创业的不可预知性和不稳定性更大，与其他孵化器不同，为大众创新创业提供孵育服务的众创空间服务具有以下特点：着力服务以创新为特征的创业团队、初创公司和创客群体，开展创业辅导功能、融资功能、资源对接功能和氛围营造等服务活动；着力解决创业早期的孵化难题，帮助跨越从创意到产业的鸿沟；着力打开投资与孵化相结合的大门，推动大量民间资本参与到大众创业万众创新当中；着力促进创业与创新的有机结合，推动实体经济转型升级；着力营造全社会的创新创业氛围，打造我国创业文化发展的主阵地；着力顺应科技革命时代浪潮，形成科技服务新业态。可见众创空间对于激发全社会创新创业活力，培育经济发展新动能，具有重要的战略意义。

因为创新的高风险性和收益的高外溢性属性，市场并不会自发催生众创空间，中国众创空间的发展呈现出明显的"政策推动"的特点。2015 年以来，中央和各省市都出台了一系列的政策推动众创空间的发展。政府的大力倡导和扶持成为众创空间发展的关键推动力。在中央政府的号召下，区域政府政策的推动下，蓬勃涌现的众创空间开展了一系列的孵育服务活动：截至 2020 年，全国众创空间共向社会提供工位超 149 万个、建立创业导师 16 万余名，当年服务的创业团队以及初创企业数量超过 43 万个，入驻初创企业获得投融资 426 亿元，享受财政资金支持 32 亿元。2016 年底、2017 年底创客空间内的创业团队和创业企业新增吸纳就业人数分别达到 993 569 人、1 734 984 人；2018 年底、2019 年底、2020 年底创客空间内的创业团队和初创企业吸纳就业人数分别达到 761 653 人、1 016 734 人和 1 001 647 人。总之，通过众创空间推动创新创业的发展特别是创客的创新创业，已经成为一种现象级的事物；为初创企业孵育赋能的创客空间作为一种现象级事物被一些国外学者认为是下一场工业革命的先兆。政策的大力支持和平台的孵育服务是驱动入孵企业创新和成长的双元力量，也就是说，众创空间入驻企业的创新和成长同时受到政策制度支持和平台孵育服务两层面创新环境要素的影响，研究其效果和机制，需要采用"制度－平台"整合框架来开展双元驱动分析。

现有关于受孵成长和创新的文献虽然丰富，但更偏重平台孵育服务的微观环境分析，鲜少对区域政策制度支持的宏观环境影响进行分析，而且主要从平台或者环境的其中一个视角出发开展研究，鲜少开展协同研究。既有的孵育服务研究偏个体或偏情境视角，缺乏"个体－情境"交互视角的分析；对网络服务的研究更多关注社会网络结构，缺乏网络关系特征和不同社会网络类型视角的分析。尤其值得关注的是，现有政府政策支持和众创空间孵育的举措暗含的假设和逻辑是：政府政策支持和平台孵育赋能都是影响入孵企业创新产出的重要环境驱动因素，他们对初创企业的政策支持和孵育服务越多越好、越慷慨越好。既有研究表明，孵育服务的有效性并不一定是由孵育服务的多寡决定的，孵育服务也并不是越多越好；孵化行为不当，不仅会导致孵化资源的浪费、孵化效率的降低、孵化有效性的降低，甚至还可能带来反效果。对孵育服务，不仅仅关注其数量，其有效性更值得关注。从实践来看，大规模数量发展之后，一些众创空间的服务质量明显差强人意。2021 年，科技部核减了那些服务质量不高的众创空间，国家备案众创空间的数量不增反降。因为众创空间亟需转型升级，以前那种简单粗糙的实践逻辑已然不能用于指导实践，既有的研究也不能为众创空间的下一步发展提供理论指导和实证支持。

基于入孵企业的创新汇聚了来自宏观环境和微观平台两个方面影响力的现实，本书突破既有入孵企业影响模型研究的单一视角局限性，构建"政府政策支持－平台孵育赋能"整合分析模型，从赋能视角对环境影响因素之间关系开展系统性、多因性、非线性关系的整合分析，实证检验政策支持的效果，揭示平台孵育服务赋能机制的黑箱，对政策支持和平台孵化新创企业创新创业有效性的影响机制、协同路径和模式等有关问题开展系统研究，包括：赋能入孵企业创新的政府政策和孵育服务的效果如何？有些区域取得了相对高创新的效果，实现高创新产出的路径是什么？这些路径是否可以作为众创空间下一阶段孵育赋能的路径？众创空间的孵育服务促进入孵新创企业创新与成长的机制和路径是什么？以弥合和逾越既有文献与实践之间的鸿沟。

围绕以上问题，全书谋划了 3 个篇章来展示研究结果。第 1 篇为总论，阐述本研究主题的现实、理论背景，实践与文献综述、研究方法、研究内容以及研究设计等。第 2 篇研究政策支持的效果与路径，包括第 3、第 4、第 5、第 6 章共 4 章。该篇采用《中国火炬统计年鉴》等年鉴上的二手数据，从众创空间的发展状况、相对 DEA 创新效率、政策支持的影响效果、导致入孵企业高创新产出的可能组合路径 4 个角度对区域政府的积极施策效果和路径展开实证研究。第 2 篇的实证研究表明政府支持政策的效果是显著的，并且能够显著影响众创平台的经济服务的效果。第 3 篇研究众创平台孵育的机制与路径，包括第 7、第 8、第 9 章共 3 章，重点关注网络服务、能力服务，分别从创客与创新氛围交互、网络关系与组织学习交互、双重网络与双元拼凑关系三个微观视角，研究孵育服务有效促进入孵新创企业创新与成长的机制与路径。

本书的研究发现：推动众创空间发展的"政府－市场"二元作用具有非均衡性突出的特征，即众创空间入孵企业的发展环境具有政府力量强大，市场力量弱的特点，是政府主导型创新创业环境。这一系列研究丰富了中国式分权情景下地方政府支持作用以及众创空间孵育效果和机制研究的文献，为孵化理论、创新理论以及新创企业成长理论做出贡献；为众创空间的孵化实践、政府的孵化服务政策实践以及新创企业/创客的受孵创新实践提供理论指导、实证借鉴和策略建议。因为政府支持属于制度性环境因素，平台孵育赋能则是从赋能视角帮助入孵企业构建发展的资源基础，所以本书的研究也是"制度基础观－资源基础观"整合模型的扩展应用。因为政策支持属于宏观环境，平台孵育属于微观服务，本书的研究也是宏－微观领域结合的探索，探究了宏观到微观的"情境机制"，为推动国内宏微观结合的创新研究做出了贡献。

2023 年 9 月

目　　录

第1篇　总　　论

第1章　绪论 ……………………………………………………………… 3

1.1　现实背景 ……………………………………………………… 3

1.2　理论背景 ……………………………………………………… 7

1.3　问题提出 ……………………………………………………… 17

1.4　研究设计 ……………………………………………………… 21

1.5　研究的理论和实践价值 ……………………………………… 26

第2章　研究现状与文献综述 …………………………………………… 30

2.1　国内外研究的文献计量分析 ………………………………… 30

2.2　众创空间运营效率评价研究综述 …………………………… 42

2.3　孵育服务与企业创新关系研究综述 ………………………… 46

2.4　区域支持政策与企业创新关系研究综述 …………………… 51

2.5　文献评述 ……………………………………………………… 63

第2篇　政策支持的效果与路径

第3章　众创空间发展状况的描述性研究 …………………………… 69

3.1　实践状况 ……………………………………………………… 69

3.2 众创空间发展及入孵企业受孵状况的数量描述 ………………… 82

第4章 政策支持与孵育服务投入的创新效率评价 ………………… 98

4.1 研究设计 ……………………………………………………… 99

4.2 评价分析过程 ………………………………………………… 104

4.3 结论及讨论 …………………………………………………… 116

第5章 区域政策支持对入孵企业创新的影响研究 …………… 118

5.1 研究假设 ……………………………………………………… 120

5.2 研究设计 ……………………………………………………… 124

5.3 实证结果与分析 ……………………………………………… 130

5.4 结论及讨论 …………………………………………………… 149

第6章 导致高创新产出的路径

——基于 QCA 方法的分析 ……………………………… 152

6.1 研究框架 ……………………………………………………… 154

6.2 研究方法 ……………………………………………………… 158

6.3 分析过程及结果 ……………………………………………… 161

6.4 进一步讨论 …………………………………………………… 166

6.5 结论及讨论 …………………………………………………… 170

第3篇 平台孵育的机制与路径

第7章 创客创新提升路径

——创新氛围与调节焦点交互视角 …………………… 175

7.1 理论基础与研究假设 ………………………………………… 176

7.2 研究方法 ……………………………………………………… 182

7.3 数据分析和结果 ……………………………………………… 184

7.4 结论及讨论 …………………………………………………… 191

第 8 章　入孵企业创新提升路径

　　——网络关系与组织学习视角 ……………………… 195

　　8.1　理论基础与研究假设 ………………………… 197

　　8.2　实证研究设计 ………………………………… 202

　　8.3　实证研究 ……………………………………… 205

　　8.4　结论与贡献 …………………………………… 217

第 9 章　入孵企业成长路径

　　——双重网络与双元拼凑视角 …………………… 223

　　9.1　理论基础与研究假设 ………………………… 226

　　9.2　研究设计 ……………………………………… 233

　　9.3　数据分析与实证结果 ………………………… 235

　　9.4　结论及讨论 …………………………………… 241

参考文献 …………………………………………… 244

后记 ……………………………………………… 290

第1篇

总　论

本篇主要梳理了现实背景和理论背景，提出研究问题，分析研究现状，开展相关文献综述，提出现有研究的缺口。

第 1 章绪论。首先，根据众创空间的发展现实背景，结合国内外创新环境的情景性研究对众创空间的欠缺、众创空间入孵企业创新研究的不足提出本书研究的主要问题；其次，根据研究问题设计本研究的研究思路、研究内容和方法；最后，阐释本研究的理论价值和实践价值。

第 2 章研究现状与文献综述。首先，运用 CiteSpace 文献计量软件对国外创客空间的有关研究、国内众创空间的有关研究进行了计量分析，开展了文献述评；其次，对众创空间运营效率评价的研究现状进行评述；再次，回顾了孵育服务、区域支持政策的相关理论与研究现状，开展了文献述评；最后，总结现有研究的缺口。

第 1 章

绪　　论

1.1　现实背景

1.1.1　国外背景

近几年，新的创新形式不断涌现，用户创新（Hippel，1977）、专一业余爱好者创新以及开放式创新（Chesbrough，2003，2007，2008）等得到了较多的重视。随着民众生活质量提高、竞争加剧以及全球化挑战趋势的到来，更多以个体创客、小公司为创新主体的大众创新涌现出来。人们在自由组织和参与众创平台或实体空间里通过线上线下交流互动，推进了共同创意、研发、制作产品或提供服务的自组织创新创业活动。2013 年，布德罗（Boudreau）等在《哈佛商业评论》中发表文章指出大众成为创新伙伴在某种程度上胜过公司，并声称谁在公司创新工具箱中排除大众，谁将失去机会。安德森（Anderson）在《创客：新工业革命》一书中提出"人人都是创造者的时代已经到来"的观点。

但大众创新的不可预知性和不稳定性更大，为大众创新提供孵育服务对其度过初创期尤为重要。设立创客空间为大众创新提供孵育服务就是在这种背景下提出来的。在国外，政府的大力倡导和扶持成为创客空间发展的关键推动力，首先是德国、英国和美国，随后是全球许多国家积极响应，纷纷制定政策，鼓励设立创客空间，推动了其快速发展。除了政府，高校也对创客空间的发展起了重要的推动作用。如麻省理工学院等 8 所美国顶尖高校共同发起高等教育创客空间倡议，并成立全球学术创客协会，旨在合作解决学术型创客空间面临的挑战（杨琳和屈晓东，2019），并促进其在高等教育中的应用。学者认为，众创空间有助于促进建立较为稳定的组织网络，形成特定的学习理论和文化观念等，为企业的后续发展提供重要支撑（杨琳和屈晓东，2019）。国家的政策、学者的倡议、实践的响应一起，推动了创客空间数目的迅猛增长。"创客教父"米奇·奥特曼的数据显示，2007 年，全球仅 40 个创客空间，大部分在德国，而如今全球创客空间网站（Hackerspaces.org）数据显示，截至 2020 年 1 月，活跃的创客空间已超过 2 400 个，遍布于全球 120 多个国家和地区（Halverson & Sheridan，2014；Browder et al.，2019），活跃的欧美创客空间已超过 2 230 家，美国、欧洲各占 40% 左右，美国共 855 个活跃的创客空间，稳居榜首；其次为德国、英国（见图 1.1）。

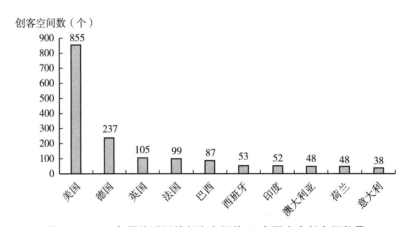

图 1.1　2020 年国外活跃的创客空间前 10 名国家众创空间数量

资料来源：全球创客空间网站（Hackerspaces.org）公开数据整理。

近几年，创客空间的模式和应用领域也逐年增加，创客空间的新类型纷纷涌现，包括基于分享经济的经济创客空间（Bauwens，2012）、艺术实验室、计算机实验室、科学实验室和木工房相结合的创客空间、高校创客空间、图书馆创客空间、博物馆和社区组织类型的创客空间（Leanne & Ryan，2016）、公司创客空间、医院众创空间（Maria，2018）。纵横交错的创业生态网络，不同层次的创客空间相互嵌套并推动动态演化，具有鲜明的生态系统属性（Rona & Rahul，2010；Muhammad，2013）等。

　　总之，通过创客空间推动创新创业的发展特别是创客的创新，已经成为一种现象级的事物（Browder et al.，2019）；为初创企业孵育赋能的创客空间作为一种现象级事物被一些国外学者认为是下一场工业革命的先兆（Aldrich，2019）。

1.1.2　国内背景

在中国，众创空间成为孵育"大众创新"的新型创新服务平台，政策的大力支持和平台的孵育服务是驱动入孵企业创新的双元力量。2014 年 9 月，达沃斯论坛中，时任总理李克强提出，要大力发展新一轮草根创业和大众创业浪潮，促进"大众创业，万众创新"，借鉴国外创客空间的"众创空间"的概念应运而生。2015 年来，随着《关于发展众创空间推进大众创新创业的指导意见》的发布，"大众创业、万众创新"被国家明确作为创新发展新动力，成为了中国经济新常态的热词之一。国办发文件也明确指出，我国众创空间是"顺应网络时代创新创业特点和需求，基于市场化机制、专业化服务和资本化途径构建的低成本、便利化、全要素、开放式新型创新创业服务平台"的统称（国务院办公厅，2015 年）。与传统孵化器和一般的孵育平台相比，众创空间最主要的特点是其孵育服务着力于推进"大众创新"。一些学者对众创空间的"大众创新"特点进行了阐述。比如，刘志迎（2015）使用了大众性、开放性、自组织性、互动性四个词来描述众创空间的特点，"大众性"是作为第一个特点词被使用的。张娜（2015）认为，与创客空间相比，众创空间将线上线下相结合，服务主体更广泛、区域化平台化更显著、服务形式更多元，极具中国特色；这里的"主体更广泛"也就是更"大众化"的意思。刘佳薇等（2015）认为众创空间的使命主要是促进创业资源集聚并帮助大众创业，引发大众创业大潮。

众创空间对于创新的战略意义，创新的风险性及其收益的外溢性属性，决定了众创空间的运营受到制度环境的深刻影响，中国众创空间的发展呈现出明显的"政策推动"的特点：自 2015 年以来，国家持续出台支持众创空间发展的政策。"双创"战略背景下，促进政策持续施行，短短几年内我国众创空间迅猛成长。据《中国火炬统计年鉴 2022》数据显示，截至 2021 年底，全国众创空间已达到 90 267 家（其中国家备案众创空间为 2 071 家），形成了以 73 家国家专业化众创空间为引领、2 071 家国家备案众创空间为骨干、652 家计划单列市众创空间为支撑的发展格局①。实际上，截至 2018 年底，《关于发展众创空间推进大众创新创业的指导意见》中的第一项发展目标"到 2020 年，形成一批有效满足大众创新创业需求、具有较强专业化服务能力的众创空间等新型创业服务平台"中的数量目标就已经提前实现了。众创空间已经成为继科技企业孵化器、企业加速器之后科技服务业的一支重要新兴力量，成为创新创业生态系统的重要组成部分（李燕萍和陈武，2017；胡海波等，2020）。2018 年，科技部开始重视众创空间的高质量发展，启动对国家备案的众创空间进行考核，以淘汰掉那些不达标的众创空间。因此，2018 年、2021 年，国家备案众创空间的数量相较前一年，都有一定程度的下降（见图 1.2）。

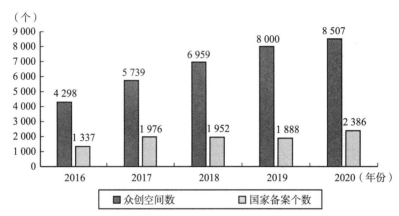

图 1.2　2016～2020 年中国众创空间、国家备案众创空间数量规模

资料来源：《中国火炬统计年鉴 2017～2021》。

在中央政府的号召下、区域政府政策的推动下，迅速建成的众创空间开展了一系列的孵育服务活动。截至 2020 年，全国众创空间共向社会提供工位超 149 万个，建立创业导师 16 万余名，当年服务的创业团队以及初创企业数量超过 43 万个，入驻初创企业获得投融资 426 亿元，享受财政资金支持 32 亿元②。2016 年、2017 年创客空间内的创业团队和创业企业新增吸纳就业人数分别达到

---

　　①　数据来源：由中华人民共和国科学技术部发布的《科技部关于印发〈专业化众创空间建设工作指引〉及公布首批国家专业化众创空间示范名单的通知》（https：//www. most. gov. cn/xxgk/xinxifenlei/fdzdgknr/fgzc/gfxwj/gfxwj2016/201608/t20160802_126953. html），《科技部关于公布第二批国家专业化众创空间示范名单的通知》（https：//www. most. gov. cn/xxgk/xinxifenlei/fdzdgknr/qtwj/qtwj2017/201801/t20180102_137317. html）和《科技部关于第三批国家专业化众创空间备案示范的通知》（https：//www. most. gov. cn/xxgk/xinxifenlei/fdzdgknr/qtwj/qtwj2020/202003/t20200325_152544. html）统计得到。

　　②　数据来源：《中国火炬统计年鉴 2017～2021》（https：//data. cnki. net/trade/Yearbook/Single/N2021120209？zcode=Z018）。

993 569 人、1 734 984 人；2018 年、2019 年、2020 年创客空间内的创业团队和初创企业吸纳就业人数分别达到 761 653 人、1 016 734 人和 1 001 647 人。

上述实践表明，为了推进众创空间的发展，政府政策支持和众创空间孵育的举措力度都很大。这些举措暗含的假设和逻辑是：政府政策支持和平台孵育赋能都是影响入孵企业创新产出的重要环境驱动因素；同时，还隐含着对初创企业的政策支持和孵育服务越多越好、越慷慨越好（Castrogiovanni，1996）的实践逻辑，这种逻辑难免简单粗糙（Schwartz，2009）。有实证研究表明，孵育服务的有效性并不一定是由孵育服务的多寡决定的，孵育服务并不是越多越好（Alejandro et al.，2013；王是业和武常岐，2017）。

资源是有限的，支持政策和孵育服务对创新的影响不能简单以越多越好为标准来做实践指导。对孵育服务，不仅仅要关注其数量，其有效性更值得关注，孵化行为不当，会导致孵化资源的浪费、孵化效率的降低和孵化关系有效性的降低（Ratinho & Henriques，2010）。由此可见，支持政策和孵化服务如何进一步优化和改善亟需实证研究提供指导和借鉴。比如，影响入孵企业创新的政府政策和孵育服务的效果如何？有些区域取得了相对高创新的效果，既有的高创新产出的路径是什么？这些路径是否可以作为众创空间下一阶段孵育赋能的路径？这些问题亟待系统、深入的实证研究加以回答，才能为政府政策、平台实践甚至入孵企业自身的下一步发展提供实证依据和方向指导。

1.2 理 论 背 景

入孵情境下众创空间内企业的成长创新机制与模式，既不是基于资源基础观的内生式创新，也不是基于战略环境学派的外延式创新，而是具有网络化（刘江鹏，2015）和平台赋能（王颖和陈威如，2016）的特点。本研究整合创新环境、社会资本理论、网络理论、资源视角理论及行为理论，研究赋能服务和环境对入孵企业及创客创新的影响机制、提升路径。

1.2.1 新创企业的双重约束与困境

1965 年，斯廷奇库姆（Stinchcombe）提出了这样一个研究问题："社会条件如何影响一个新创企业成功的可能性。"在这项研究中，他把与组织创立及其活动高度相关的脆弱性和不确定性称为"新生弱性"（liability of newness）。新生弱性的核心是合法性缺乏（Aldrich，1999）。新创企业通常缺乏足够的资本、物质或开发机会（Shane，2002；Baker & Nelson，2005），又由于合法性缺乏，难以吸收到外部资源或融资成本过高（Dushnitsky & Lenox，2005；Desa & Basu，2013）以至于新企业被迫解散。

奥尔德里奇（Aldrich，1986）又进一步指出了新创企业克服"小而弱性"（liability of smallness）的重要性。小而弱性的核心是成长面临较大的不确定性。规模较小的企业存在招聘员工的吸引力不足，培训员工缺乏资源和技术，以及相对较高的管理费用（Aldrich & Auster，1986）等问题，还有可能因为低于最低有效规模而导致生产力较低（Audretsch，1995），在处理外部股东问题（Shane & Stuart，2002）方面缺乏足够的知识和经验，这些都导致了小企业的发展的不确定性。

因此，新创企业普遍面临"新生弱性"（Stinchcomb，1965）和小而弱性（Aldrich & Auster，1986）的双重约束与困境。在双重约束下，由于资源不足（Zhang & Li，2010；Lukeš et al.，2019；Lukeš & Zouhar，2016；Rubin et al.，2015）、市场的高度不确定性（Elfring & Hulsink，2003）、外部利益相关者的组织合法性缺乏等（Hager et al.，2004），大约一半的新创企业生存时间不足 5 年（Aldrich & Ruef，2006；Bates & Nucci，1990），大多数新创企业会很快失败甚至消失（Aldrich & Ruef，2006；Coase & Wang，2011）。大量实证研究证实了斯廷奇库姆（Stinchcombe）和奥尔德里奇（Aldrich）的观点。

孵育服务就是帮助中小新创企业走出双重约束与困境的举措。孵育组织开展孵育服务的目的之一是为入孵的初创企业提供更高和更稳定资源的服务（Flynn，1993），包括资金、技术等资源，新创企业提供基础设施（Bruneel et al.，2012）、连接企业家与外部资源、提供税收补贴、争取风险投资、提供管理支持和地方连接（Barrow，2001）；开展针对性的业务培训等，帮助初创企业度过容易失败（Clausen & Korneliussen，2012）的初始阶段（Yusubova et al.，2019），促进新创企业的发展（Bruneel et al.，2012；Mian et al.，2016；Lukeš et al.，2019；Sarto et al.，2020）。

1.2.2 资源相关理论

资源是由企业掌控的可以提升组织效率和效果的一切东西（Daf，1983），为了让企业能够在资源占有或获取上更具操作性，不同学者试图对企业能够获得的资源进行分类。资源的外在表现形式最典型的分类形式（Barney，1991；Burt，1992；Das & Teng，2000），例如，巴尼（Barney）对资源的三类划分，即物力资源、人力资源和资本资源，大多数学者对资源的分类都是在此基础上进行拓展的。其他典型的资源分类形式有：依据是否具有产权属性将资源分为财产性资源和知识性资源（Miller & Shamsie，1996）；依据资源本身特性将资源分为有形资产、无形资产和能力；依据与企业竞争优势的关系将资源分为一般资源与战略资源（罗辉道和项保华，2005）；依据资源的形态将资源分为有形资源、无形资源和企业家资源（苏敬勤和王鹤春，2010）。以资源为核心探讨资源选择或获取对企业影响的研究逐渐丰富，形成了资源基础理论（resource based theory，RBT）、资源依赖理论（resource dependency theory，RDT）两大最具代表性及应用最广泛的资源相关理论。

1.2.2.1 资源基础理论

"资源基础理论"即是以"资源"为企业战略决策的思考逻辑中心和出发点，起源于彭罗斯（Penrose，1959）和巴尼（Barny，1991）基于资源逻辑构建的理解企业成长的主要理论方法。彭罗斯（1959）在《企业成长理论》一书中指出：企业是资源集合的观点。他首先关注的是异质性资源的有效获取和科学配置。1984 年，沃纳菲尔特（Wernerfelt）在彭罗斯的基础上明确提出了资源基础观（resource based view，RBV），格兰特（Grant）等也为此做出了重要贡献。巴尼（1991）发表的《企业资源与可持续竞争优势》聚焦于资源特性的研究，开启了正式的资源理论体系。沃纳菲尔特（1984）发现对于外部因素的研究无法准确解释处于相同环境中的企业却拥有不同绩效的企业成长之谜，他借鉴了彭罗斯的观点，于 1984 年在《战略管理杂志》（*Strategic Management Journal*）上发表《企业资源基础论》，明确提出了"资源基础观"（resource based view，RBV）一词，视企业为有形资源与无形资源的独特组合，而非产品市场的活动，控制战略性资源对企业获得竞争优势具有根本意义。沃纳菲尔特（1984）提出从资源代替产品的角度来审视企业战略决策，指出以"资源"作为战略决策的思考逻辑中心和出发点，以资源与能力引导战略发展的方向与竞争优势的构建，对企业而言将更有意义。格兰特（1991）首先将沃纳菲尔特的RBV 以"理论"一词称呼。格兰特认为企业内部资源与能力会引导企业战略发展方向，并成为企业利润的主要来源。巴尼（1991）认为竞争优势之所以能持久，是因为公司拥有异质性以及不可移动性的资源。他提出了 VRIN（value-rarity-imitability-nonsubstitutable）框架。彭罗斯（1959）、沃纳菲尔特（1984）和巴尼（1991）基于资源的逻辑共同构成了理解企业成长和竞争优势的主要理论方法。1990 年，普拉哈拉德（Prahalad）和哈内尔（Hanel）在《哈佛商业评论》上发表了"公司核心能力"一文，将资源基础理论向实践方向推进了一大步，大大增强了资源基础理论对现实的解释力。基于资源基础理论，企业拥有的资源基础可通过影响企业创新活动，如决定企业创新方式（张建宇，2014）、降低创新风险和成本（秦剑和王迎军，2010；姚铮，2016）、为企业创新提供价值与支持（孟佳佳，2013）、驱动企业创新（李泽，2017）、影响区域创新生态系统（王寅，2023）等，进而对企业绩效产生差异化影响。

1.2.2.2 资源依赖理论

资源依赖理论萌芽于 20 世纪 40 年代，学者关于组织的研究由"封闭式系统模式"向"开放式系统模式"演变，将组织与外部环境之间的互动作为组织研究的重点。20 世纪 70 年代，费佛（Pfeffer，1972）通过兼并深入到组织间关系的研究，并指出一个组织会对拥有其所需要资源的组织产生依赖关系（Pfeffer & Nowak，1976）。费佛和萨兰西克（Pfeffer & Salancik，1978）于 20 世纪 70 年代出版了《组织的外部控制：一个资源依赖的视角》（*The External Control of Organizations：A Resource Dependence Perspective*）一书，该书从资源依赖视角探讨了组织与环境的关系，并得到广泛地运用。资源依赖理论提出了四个重要假设：（1）生存是组织最为关注的事情；（2）没有任何组织能够完全自给自足，组织需要通过获取环境中的资源来维持生存；（3）组织必须与其所依赖环境中的要素发生互动；（4）组织的生存建立在控制与其他组织关系的能力的基础之上。资源依赖理论认为，企业仅仅依靠自身往往无法获取成长所需的所有资源，必须与外部环境互动进行资源交换以获取外部资源（Hillman et al.，2009；Pfeffer et al.，2003；Shane et al.，2002）。资源依赖理论发展于权力依赖理论，基于交易理论的基本概念，并被认为是不确定性应对视角的变体，且和资源基础观有理论上的联系，资源依赖理论为组织与外部环境间的关系的探讨提供了理论基础和分析框架（Hillman et al.，2009），组织间的关系是一个动态变化的过程，组织可通过减少对对方的资源依赖或增加对方对自身的资源依赖，改变两者间的权力关系与合作模式（Medcof，2001），进而影响企业创新与成长（吴小节，2015），例如，企业间开发型关系和利用型关系有利于提升创新柔性（宋华，2012），企业进行政治行为提高合法性促进企业的原始创新（蔡新蕾，2013）等。

1.2.3　企业能力理论

企业能力理论可溯源到亚当·斯密关于企业内部分工的思想和马歇尔的企业内部成长理论。专业化分工的出现既显著提高了企业的生产效率，也产生了一系列不同的专门技能和知识（Adam Smith，1776），专业化分工的不断深化需要全新的管理职能来进行协调和整合，由此推动着企业的进化和成长（Alfred Marshall，1925）。在上述思想的影响下，20 世纪 50～70 年代形成了企业能力理论的研究基础。彭罗斯（Penrose，1959）将企业的能力称为企业固有的能够逐渐拓展其生产机会的知识积累倾向，特别强调共同行为规范、知识和能力的积累所带来的企业组织管理资源的释放是企业扩张和发展的关键。理查德森（Richardson，1972）是第一个提出"企业能力"概念的经济学家，他在《工业组织》一文中，使用"能力"（capabilities）概念来指代企业的知识、经验和技能，并提出了企业持续竞争优势理论，探究企业能力能否使企业产生持续竞争优势的问题。20 世纪 80 年代以来，在上述理论发展的基础上，企业能力理论出现并不断走向成熟，不断提升现实的解释力。从演进的逻辑来看，企业能力理论可以分为四个主要流派，在资源基础论的发展上接续发展为核心能力论、知识基础论及动态能力论。

1.2.3.1　核心能力论

企业核心能力理论认为，企业是"能力的独特集合体"，决定企业优势的是企业各种资源、技术和技能的有机组合，而不仅仅是企业资源，物质资源能够发挥作用的程度完全取决于使用它的人。普拉哈拉德和哈默尔（Prahalad & Hamel，1990）对"核心能力"的定义是："组织中的积累性学识，特别是如何协调不同的生产技能和有机结合多种技术流的学识。"随后，莱昂纳德 - 巴顿（Lenard - Barton，1992）在采用核心能力的概念对企业的产品开发进行研究时发现，企业内存在导致核心能力成为企业研发与成长阻碍的惯性力量，即"核心刚性"，核心刚性是与核心能力成长相抵触的"硬币另一面"，阻碍核心能力作为企业持续竞争优势。

在企业竞争优势根源和维持提升的研究上，普拉哈拉德和哈默尔（Prahalad & Hamel，1990）认为短期的竞争优势来自对产品成本与品质的控制，但长期的优势来自能够比竞争者更快速且低成本地建立起核心能力体系。因此，建立起公司战略架构进而将组织学习和个人能力内化为企业能力成为企业获取持续竞争优势的根本途径。在核心能力的提升上，埃尔夫和巴文（Elfringf & Baven，1996）提出了一个能力扩展运用的四阶段模型，即从内部职能部门阶段逐步向少数几个公司服务阶段、多个公司服务阶段到跨地域多元产业服务阶段进行业务扩展。在此过程中不断增加学习与运用使核心能力得以提升、增值；而贾维丹（Javidan，1998）则给出了一个能力逐层提升的演进逻辑，将能力分成资源、利用资源的能力、竞争能力和核心能力四个层次，逐层提升。

1.2.3.2 知识基础论

随着研究的逐渐深入，人们逐渐意识到企业持续竞争优势的关键是隐藏在企业能力背后的难以模仿的隐性知识以及与知识密切相关的认识学习。该理论认为，企业能力具有知识专有性，形成企业能力的目的是从特异性的知识的专有中获得经济租金，而非有形资源。企业能力的差异是知识创造和利用机制的不对称（Conner & Prahalad，1996），是企业间的绩效差异的源头。

在知识基础论的企业能力形成与提升研究中，格兰特（Grant，1996）强调了在知识创造和知识存储中的个体的重要作用，而企业的功能则是将分散的个人知识整合为企业知识，进而转化为产品或劳务。因此，企业能力获得的关键是建立起整合知识，尤其是隐性知识的协调机制。斯彭德（Spend，1996）指出企业是一种动态演化的、半自治的基于知识生产和使用的系统，科层组织中组织学习是低效率的，而发散式、非科层的管理模式则更有帮助。野中郁次郎等（Ikujiro Nonaka et al.，1996）强调了隐性知识和知识情境在知识创新和知识共享中的重要性，提出了知识创造转换模式。认为组织并不仅仅是个体知识的总和，组织可以通过个体间的互动学习来创造知识，形成知识螺旋，实现企业的知识进化。佐罗和温特（Zollo & Winter，2002）也认为"企业能力产生于隐性经验的积累、显性知识的明确化和知识编码活动的协同进化"。

1.2.3.3　动态能力论

由于环境的动态变化，企业发现长期维持某一时点形成的核心能力是不现实的。蒂斯等（Teece et al.，1997）提出了"动态能力理论"，认为"动态能力是指企业整合（integrate）、建立（build）、重构（reconfigure）企业内外部能力（competences）以便适应快速变化的环境的能力"。苏巴和纳拉辛哈（Subba & Narasimha，2001）借用生物学中免疫系统产生抗体的能力，提出动态能力是产生多元化业务知识的特性。佐托（Zott，2003）认为动态能力是一种日常组织程序，用以指导企业资源重构、演进和运行。

蒂斯（1997）提出了一个动态能力的分析框架，建立了一种企业如何获得竞争优势的战略范式。其包含组织程序、所处位置和演进路径三个关键性要素。以惯例、技能和专用性资产作为基础的组织能力嵌入了大量独特的默会知识，这些知识具有无法通过市场进行复制，只能由企业当前位置所决定的演进路径通过长时间的组织学习和知识积累逐步建立。赫尔法特和罗比切克（Helfat & Raubitschek，2000）构建了一个知识、能力和产品共同演进的模型，企业的产品开发由企业的知识系统和学习系统所支撑，而产品的多元化开发又反过来发展企业的学习机会，从而提高企业的动态能力。

1.2.4　网络相关理论

网络理论的基本逻辑是使成员获得在不确定性下的合作优势，社会学和经济学都有很多学者就此开展研究。网络理论（network theory）认为，绝大部分的公司都在网络环境下运营，企业间的网络资源推动了网络关系的生成（Gulati，1999）。网络包括外部网络和内部网络（Jones，1997；Biggart，2004；Oliver，1990）。学者们通常所说的企业网络主要指外部网络，他们从组织结构形式（Jarillo，1988；Inkpen，1998；陈守明，2000）、企业与外部利益相关者关系管理（Brass，2004）、企业治理模式（Thorelli，1986；Podolny，1998）和企业网络功能（Coleman，1988；Gulati，1998）等不同角度对企业网络进行了界定，发展了社会网络理论。社会网络由节点和联系组成，节点的数量、质量、形式以及他们之间的作用决定了网络的松散紧密程度（Thorelli，1986），是网络内部构成主体所进行的一系列社会联系（Wellman et al.，1988），具体指社会单位之间的政治、经济、管理以及文化、传统和人与人之间多种关系结合而形成的网络关系（蔡铂，2003）。经典的社会网络理论主要有格兰诺维特的弱关系与嵌入性理论（Granovetter，1985）、林南的社会资源理论、伯特的结构洞理论（Burt，1992）以及边燕杰的强关系力量假说等。

1.2.4.1 弱关系与嵌入性理论

格兰诺维特（Granovetter，1973）认为用户间关系强度体现在用户间的亲密程度和接触频率，不同的关系对组织和个人产生不同的影响，因此将其分为强关系和弱关系，并由此产生了弱关系理论。强关系指关系紧密、互动频繁的主体之间关系称为强关系，如亲密的同事关系、朋友关系和家庭关系。弱关系是指联系较少、距离较远以及不熟悉的关系，相比强关系数量更多，但接触到的不同类型的组织和群体更广泛，因而可以提供一些宽泛的、碎片化的信息（Hansen，2000；Granovetter，1973；Tiwana，2008），更利于信息的扩散。

格兰诺维特（1985）最早提出"嵌入性"这一概念，嵌入性（embeddedness）描述了个体经济行为嵌入社会关系结构中的行为特征。组织或个体表着网络中的一些节点，当组织或个体通过网络获取各种自身所需资源并动用这些资源时，就是网络嵌入。网络主要作用是连接各个行为主体，而"嵌入性"则强调了一种过程和能力，即组织在网络中能够获取资源和获取何种资源。格兰诺维特将"嵌入性"分为关系嵌入性与结构嵌入性两个维度。古拉蒂（Gulati，1999）指出关系嵌入代表了交易双方相互理解、信任以及承诺的程度，结构嵌入主要强调企业在网络中的位置，如企业在网络中位置的中心度（李昕，2019），各个组织在网络中往往会处于不同的位置以及形成相应的结构形式。不同形式的网络嵌入决定了企业所获资源的差异，最终影响其绩效水平（易朝辉和罗志辉，2015）。

1.2.4.2 社会资源理论

林南（Lin，1982）对格兰诺维特提出的弱关系理论进行了扩展，提出了社会资源理论，强调了资源差异化的重要性。他把资源分为个人资源和社会资源。个人资源指个人拥有的财富、器具、自然禀赋、体魄、知识、地位等可以为个人支配的资源；社会资源指那些嵌入于个人社会关系网络中的资源，如权力、财富、声望等，这种资源存在于人与人之间的关系之中，必须与他人发生交往才能获得。社会资源的利用是个人实现其目标的有效途径，个人资源又在很大程度上影响着他所能获得的社会资源。当行动者采取工具性行动时，如果弱关系的对象处于比行动者更高的地位，他所拥有的弱关系将比强关系给他带来更多的社会资源。

1.2.4.3 结构洞理论

伯特（Burt，1992）针对网络结构如何为网络主体带来更多利益和回报的问题展开了研究，并开始关注网络位置的重要性，从而形成了具有创造性的结构洞理论。他提出，在网络中，如果两个主体之间不存在直接联系，只能通过具有"桥梁"身份的第三个主体才能形成联系，那么这两个主体之间就形成了一个结构洞，第三个主体也就在网络中占据了一个结构洞。在这三个主体中，形成结构洞的两个主体之间存在弱关系，占据结构洞的第三个主体充当两者之间资源交换的"桥梁"，拥有绝对的信息优势和控制优势，从而能够获得更多的利益和回报（Burt，1995）。结构洞理论将弱关系研究从内部效应扩展到外部效应，首次将弱关系结构作为独立的存在，并开始关注弱关系对第三个主体产生的影响（姜李丹，2020）。

1.2.4.4 强关系力量假说

边燕杰（2012）发现中国社会的强关系比弱关系在人际交往和信息获取方面更有效，这是因为中国人关系网络的核心是"人情"，而非单纯的信息交流。基于此，边燕杰提出了"强关系力量假说"，具体指通过长期合作建立强关系的两个行动者，相互了解并支持伙伴的需求，并且乐于提供情感支持、归属感，自愿投资相互关系。强关系在信息传递和人际关系两方面具有重要影响。在信息传递方面，强关系是重要的信息来源，有助于社会融合和市场准入，并且强关系能够降低机会风险，促进知识转移，是知识传播的主要渠道；在人际关系方面，强关系维系组织内部关系，帮助建立信任、理解和包容，有助于协调团队成员工作，对组织发展至关重要。

1.2.5 区域创新环境理论

1985 年，GREM 提出了创新环境论和创新环境（innovative milieu）模型，并诞生了创新环境学派（Camagnis，1993；Castells et al.，1998）。创新环境理论认为：企业是环境的产物，创新环境是培育创新和创新型企业的场所，是创新的温床或孵育器，对于创新的产生具有决定性作用（Aydalot，1986）。创新环境模型和创新环境概念补充了关键因素论在指导实践方面的空白（俞文华，2000），为如何推动创新实践提供了新的思路（陈柳钦，2007）。由于不同区域的社会文化、风俗习惯、历史发展过程和行政管理手段等都可能具有很强的地域特点，区域创新环境将对区域内企业的创新产生重要的影响。库克（Cooke，1992）提出了"区域创新环境"的概念，他将区域创新环境定义为：企业及其组织系统地从事交互学习的制度环境，包括治理结构和商业创新两个关键维度的创新环境系统。阿尔金杰（Alginger，1998）指出，区域创新环境主要由根植于同一区域的社会经济和文化环境中的两个子系统构成，即知识应用开发子系统和知识生产扩散子系统。阿谢姆和艾萨克森（Asheim & Isaksen，2002）认为，区域创新环境由区域集群组成，包括两类主体集群以及它们之间的互动。第一类主体是区域主导产业集群中的企业，第二类主体是制度基础结构，如高校和研究机构、技术扩散代理机构、职业培训机构、行业协会和金融机构等。

由于区域创新环境的重要性，关于区域环境要素的研究文献相当丰富，国外学者率先从不同维度和视角提出了区域创新环境要素，包括区域自我创新和改善的动态（Remigio et al.，1997），金融、文化与学习（Cooke et al.，1997；Boschma，2005），制度环境（Dasgupta et al.，2010）等。而国内许多关于区域创新能力的评价都是以行政区域为分析单元的，许多学者通过对不同区域创新环境要素与创新关系的研究，指出了区域环境要素对于区域创新的重要作用（柳卸林，2002；刘友金等，2001；刘顺忠和官建成，2002；官建成等，2003；侯润秀和官建成，2006；陈一鸣等，2011；戴淑芬等，2012；薛捷等，2015；彭莹莹等，2021）。总之，区域创新环境系统的构成要素主要有主体要素、功能要素和环境载体要素三部分（胡明铭，2004）。不同学者基于不同的研究情景和研究目的，提出的创新环境要素构成、重点讨论的创新环境要素有很大的不同，这些研究关注了产业、市场、技术、文化等环境，但几乎都把制度环境作为重要的创新环境要素，给予了特别多的关注。特别是中国作为市场经济转型国家，其制度环境尤为受关注。

新制度经济学的代表人物诺斯（North，1991）指出，企业的经济行为内生于制度环境，因而制度环境是企业经营环境的重要构成要素之一。埃茨科维兹和雷蒂斯托夫（Etzkowitz & Leydesdorff，2000）在过去重视技术、市场之外增加了制度，提出了技术、市场、制度结构三螺旋模型来描述创新环境。宏观上，阿西莫格鲁等（Acemoglu et al.，2005）认为国家经济增长差异的原因不是地理位置等因素而是制度，因为制度决定了社会中核心要素的激励结构。高尔德和马尔霍特拉（Gold & Malhotra，2001）和阿西莫格鲁等（Acemoglu et al.，2007）的研究还显示，较好的制度环境有助于发展分工密度和契约密集度较高的高技术产业。制度特别是正式制度作为重要的创新环境因素得到持续的关注，主流理论认为完善的市场机制、较高的市场化水平以及良好的政府治理会促进经济发展，并且得到一些实证研究的支持（Porter，1980；Yannis & Howward，2002；Boschma，2005；Acemoglu，2008；夏立军和方秩强，2005；刘慧龙和吴联生，2014；彭晓等，2020）；就企业创新而言，制度环境越完善，越能激励企业创新（何凌云等，2020；耿晔强和都帅帅，2020）。

与西方发达国家相比，我国作为市场转型国家，市场经济发展不够成熟，产权制度有待完善，加之各省技术基础、体制机制的不同，使得制度环境在不同省之间呈现出明显的差异性（李梦雅等，2021），制度对创新的影响甚大（张峰和王睿，2016）。中国的经济发展对主流理论产生了挑战。周（Chow，1997）、艾伦（Allen，2005）以及王永钦（2009）等认为，中国不具备必要的制度条件，却实现了经济的高速发展以及创新增长。因此，鉴于政府在转型期对经济活动影响的独特性，我国制度环境中政府特别是区域政府对企业的影响受到广泛关注，尤其是从中国式分权中区域政府的积极性这一宏观制度背景来展开探讨。钱颖一等（Qian et al.，1998）立足于中国现实，将中国分散化的财政体制称为中国式分权。布兰卡德和施莱费尔（Blanchard & Shleifer，2001）扩充了中国式分权的概念，强调财政分权和政治集权是中国式分权的本质。中国式分权的效应研究表明其有利有弊。有研究发现中国式分权背景下政府竞争的顺市场力量会促进地区专业化，但地方保护主义等消极竞争会使区域内形成大而全的产业体系不利于区域经济发展（王凤荣和董法民，2013）；中国式分权导致的区域政府的积极行为会造成偏向性投资（吴延兵，2017），也会抑制创新（谢乔昕和宋良荣，2015）。

1.3 问 题 提 出

1.3.1 文 献 缺 口

梳理现有文献发现，自从 1985 年西欧国家发起成立欧洲创新环境研究小组

（Groupe de Recherche Europen sur les Milieus Innovateurs，GREMI），提出创新环境论以来，国外有大量学者开展了不同国家和不同孵育情景下的创新环境要素及其对企业创新影响的相关研究。比如，对美国（Castells & Hall，1994；Saxenian，1995）、日本（Erickson，1996）、英国（Georghiou，1999；Saxenien，1988；Segal et al.，1985；Garnsey，1988）、欧盟（Storey & Tether，1998）的科技园区或者产业集群的创新环境的研究。21世纪以来，国内也有不少学者针对不同情景的创新环境要素开展了研究，包括对科技园（杨震宁等，2008；刘雯雯等，2009；朱建新等，2016）、大学科技城（成鹏飞；2021）、产业集群（彭莹莹等；2021）等的创新环境要素及其影响的研究，该领域已经取得了丰富的成果。这些研究发现，不同情景下对创新产生重要影响的环境要素是不同的，不存在适用于一切国家和地区的理想化创新环境，从而指出了创新环境作用的情景化特征，认为创新环境中特定的政策客体和恰当的支持结构协同合作，才能发挥更好的作用（Leung et al.，1995；赵彦飞等，2019）。对于入驻众创空间企业，其创新环境要素及作用机制需要结合情景开展讨论。

实践表明，入驻众创空间企业的创新同时受到政策制度支持和平台孵育服务两层面创新环境要素的影响，需要采用"制度－平台"整合框架开展双元驱动的分析。两层面的因素影响使众创空间入孵企业的创新具有了生态系统属性（Stam，2015；Spigel，2015；张玉利和白峰，2017；黄钟仪等，2020），环境要素之间具有复杂的、非线性的以及相互作用的关系，研究这些要素对入孵企业的创新产出影响机制问题，需要同时考虑这些影响因素之间的互动关系（Fiss，2011；黄钟仪等，2020）。从"制度－平台"整合框架视角来看，既有研究对于新兴的情景——众创空间情景下入孵企业创新的制度与环境影响因素研究存在以下不足：

（1）偏重平台孵育服务，缺乏"制度－平台"整合分析框架。现有缺乏基于严谨构建过程的完整的入孵企业创新产出外部环境影响因素模型，更多是零星、分散讨论众创平台的孵育要素，鲜少考虑区域政策等制度层面的创新环境影响因素；效率评价（如张丹宁等，2017；陈章旺等，2018；袁慧等，2018；陈武，2020；李翚，2022；等等）很少考虑政策要素，且更多偏重创新创业的综合效率，较少专门评价创新效率；实证研究更多讨论了某一项孵育服务的直接影响效应，如众创平台孵育赋能（刘新民等，2019）、创新氛围和项目运作（王兴元和朱强，2018）；多元网络等支持情境（胡海青等，2018）；网络支持、设备支持、资金支持（王是业和武常岐，2017）；孵化器的社会控制与契约控制行为（胡海青等，2017）等、创客团队的特点、知识共享的特点（霍生平等，2019）以及众创平台合作环境、创业培训环境、金融支持环境、技术供给环境等（王海花等，2020）对创新的影响；或者政府某项政策的直接效应，如区域政府补贴对入孵企业创新的影响（程郁等，2016；刘新民等，2019；高涓和乔桂明，2019；沈嫣等，2021）、区域知识产权知识服务与创新的关系（方琳瑜，2018；潘冬，2019），缺乏"制度－平台"整合框架下的实证分析。

（2）缺乏影响因素之间的协同路径和模式研究。提高入孵企业的高创新产出是重要目标，"制度－平台"两层面环境要素都是驱动入孵企业创新产出的环境因素，需要开展协同研究（Rihoux & Ragin，2009）。资源是有限的，政策支持以及孵育服务的所有策略都使用固然能够带来创新，但会导致资源的浪费。为了提高资源的利用效率，需要找到能够导致高创新产出的最少要素构成的"协同路径"。由于方法的局限，现有研究无法完全分析解释政府支持和平台赋能的多因素之间的协同影响。往往单独分析至多两至三个要素之间的关系，这样的分析隐含着对初创企业的孵育服务越多越好、越慷慨越好的意味（Castrogiovanni，1996），这种服务逻辑难免简单粗糙（Schwartz，2009），无法对实际孵育服务实践中需要权衡选择的服务决策做出指导，也无法得到要素之间协同驱动创新的协同路径。

（3）偏个体或偏情境视角研究孵育服务，缺乏"个体—情境"交互视角分析框架。关注创客已成为国外现有创客空间研究的一大主流（Browder et al.，2019），我国学者也意识到创客培育的重要性，指出目前政策和实践过于重视众创空间建设（张玉利等，2017），应转向更加关注创客的个体特征与需求（赵逸靖等，2017）。然而，既有研究只关注个体特质（刘志迎等，2017）或情境（王兴元等，2018）单一因素对创客创新行为的影响，忽视了个体特质与外部情境的交互作用对创客创新行为的影响。

（4）偏社会网络结构研究，缺乏网络关系特征和不同社会网络类型的分析视角。现有研究较多关注企业社会网络的结构特征（规模、密度和中心性）对于企业绩效的影响，少有学者关注网络关系嵌入与不同社会网络类型对企业成长与创新的作用。对于成立年限较短的入孵企业，其社会网络规模往往较小，也很难进入网络中心。然而，不同类型的网络关系、不同程度的关系嵌入意味着不同类型的资源渠道为企业提供不同机会组合和可以进行重构的资源，以实现新的效用（Chang & Webster，2019），因此网络关系类型、网络关系嵌入应被视为更为关键的网络特征。

总之，现有研究对于新兴的中国孵育情景——众创空间情境下入孵企业创新的环境影响因素，缺乏"制度－平台"整合分析框架下的要素构成、效率、影响机制及要素之间协同路径的研究，缺乏"个体－情境"交互视角、网络特征视角、对入孵企业/创客的创新与成长机制研究，不能系统回答"赋能视角下众创空间入孵企业/创客的创新成长孵化"的实践和理论问题。

1.3.2 研究问题

基于以上现实背景和文献缺口，本研究将对以下六个问题开展研究：

（1）根据入孵企业创新产出外部影响因素模型评价其创新效率，即外部环境支持与平台孵育赋能的创新效率如何，存在哪些问题？政府的政策支持、平台的孵育服务都是投入，这些投入的创新产出效率如何？明确创新效率状况是有效识别众创空间转型升级发展过程中的关键因素之一，也是为建设专业化众创空间的重要方向和实践提供数据指导。

（2）众创空间孵育赋能是否对入孵企业的创新有积极的影响？政府支持政策是否促进了众创空间的赋能效果？为了推动众创空间的发展，区域政府通过政府补贴等推动众创空间更好地开展孵育赋能服务活动，进而影响入孵企业的创新产出。这些因素是否以及如何影响众创空间内孵育服务对入孵企业创新产出的影响，尚需实证研究来加以讨论。

（3）提高入孵企业创新产出的路径是什么？从实践来看，不同地方众创空间内入孵企业创新产出间有巨大的差异，有一些众创空间的创新效率相对较高，他们凭什么得到了高创新产出？是否存在部分影响要素的协同就能够导致高创新产出？即是否有导致高创新产出的外部影响因素组合路径？

（4）创客个体特质是否促进创新？营造创新氛围能否促进创客创新？个体－情境交互理论认为，个体和情境并非独立的实体，而是一个整合的系统，个体行为是由外部情境和个体内在特质间的有机联系共同预测的（Tett et al.，2003），单独考察个体或者情境因素无法完全解释个体行为产生的真正原因（Magnusson et al.，1998）。根据个体－情境交互理论，创客个体特质、创新氛围是否以及如何影响创客的创新行为？尚需实证研究来加以讨论。

（5）受孵情境下的网络关系嵌入是否以及如何通过组织学习影响在孵企业创新绩效？孵化网络知识异质性是否以及如何影响关系嵌入与在孵企业创新绩效间关系？尚需实证研究来加以讨论。

（6）网络关系是企业重要的社会资本，受孵情境下的商业网络关系与支持性网络关系是否以及如何通过两种拼凑策略影响新创企业成长？是一个尚待揭开的机制"黑箱"，还需通过实证加以探索。

同时，本研究考虑区域政策环境和平台孵育赋能环境的协同影响，对以上六个问题开展系统深入研究，以构建入孵企业创新的环境要素模型，揭示政策和赋能实践投入的创新效率，分析政策和赋能实践的影响效果，确认创新效果提升的路径/模式，对从众创空间情境下丰富创新环境研究、孵化器研究具有重要的理论价值；并对孵育服务的转型、低效地区的发展、减少发展不平衡矛盾、促进政策支持的效果、优化孵育的战略提供理论指导和实证支持。

1.4　研　究　设　计

1.4.1　研　究　思　路

本书以众创空间在孵企业/创客为研究对象。一是分析众创空间的孵育机制，构建入孵企业创新成长的理论框架；二是实证区域政策支持与平台孵育赋能影响入孵企业创新的途径与方式；三是寻求提升众创空间及入孵企业的发展路径，以提高创新创业成功率、促进众创空间及入孵企业成长与创新。

本书基本研究思路是：

（1）根据众创空间的发展现实背景，结合国内外创新环境的情景性研究对众创空间的欠缺、众创空间入孵企业创新研究的不足提出本研究研究的主要问题。

（2）采用 CiteSpace 文献可视化分析以及 DEA 效率评价法对入孵企业的创新实践状况以及创新效率展开分析与评价。

（3）结合评价结果与实地调研资料分析，构建政府等宏观环境因素对孵育服务与入孵企业创新产出关系的调节效应模型，通过整理现有数据库数据，运用面板线性回归检验研究假设，得出结论。

（4）采用 fsQCA 方法，进一步探讨政府层面、平台孵育层面的六个环境赋能影响要素对众创空间内入孵企业创新产出影响的联合效应，对过去的创新实现路径/模式展开讨论和评价。

（5）基于上述结论，逐步从"创客创新提升""入孵企业创新提升""入孵企业成长"视角探讨众创空间的成长与孵化的提升路径。

（6）并据此从宏观、微观等方面提出提升众创空间及入孵企业成长与创新的对策与建议。

研究思路框架如图 1.3 所示。

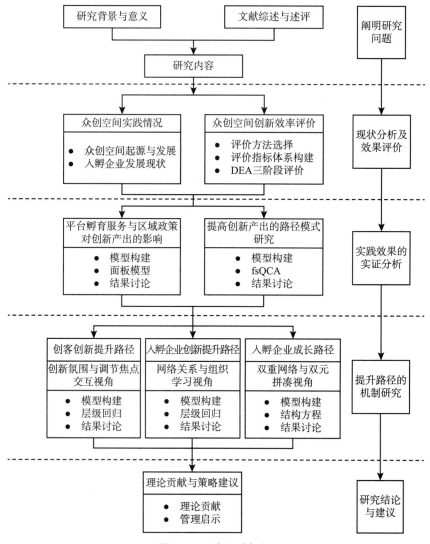

图 1.3 研究思路框架

1.4.2 研究内容

针对以上六个问题，本书将从以下六个方面对"孵育视角下众创空间的创新与成长孵化"问题开展系统深入研究。

（1）众创空间内入孵企业创新产出相对效率评价研究。本研究基于 2016～2020 年《中国火炬统计年鉴》公布的全国众创空间的数据，确定影响因素模型中各因素的替代变量，确定相关变量的发展状况，根据替代变量构建众创空间内入孵企业的创新效率评价指标体系，通过 DEA－BCC 模型、随机前沿分析以及剔除环境要素，开展三阶段 DEA 数据分析，得出各区域众创空间入孵企业的相对创新效率，比较不同区域的效率状况，比较分析政府与平台在众创空间内入孵企业创新产出效率中的作用效果，为众创空间转型升级发展的方向提供数据指导。

（2）区域政府层面因素对众创空间孵育服务效果影响效应的实证分析。构建政府层面影响因素对孵育服务与入孵企业创新产出关系的调节效应模型，然后基于《中国火炬统计年鉴》公布的 2016～2020 年全国众创空间的数据以及各地知识产权保护指数，运用面板效应模型开展实证研究。先分析众创空间的三类孵育服务（即经济服务、网络服务、能力服务）对入孵企业创新产出的直接影响以及三类服务的组合效应对创新产出的直接影响，然后分析政府层面的影响因素（包括政府补贴、知识产权保护）对上述影响的调节作用。

（3）区域政府支持与平台孵育赋能协同提升入孵企业创新的路径或者组合模式研究。本研究回答区域政府支持和平台孵育赋能的六个要素"如何协同才能导致入孵企业的高创新产出"问题。因为影响因素之间存在着复杂的、非线性的关系，而且因素之间相互影响，并可能有替代与互补效应，因此，本研究采用可以开展"整合协同"研究的定性比较分析法，即 QCA 法（Fiss，2007，2011），确认区域政府与平台层面环境要素之间的协同影响模式/路径。

（4）基于"个体－情境"交互理论视角，探讨众创空间创新氛围对创客创新效果的实证研究。构建"创客个体特质×创新氛围－创新产出"的研究模型，通过问卷调查收集数据，运用层级回归开展实证研究。先分析创客创新氛围、创客调节焦点对创客创新产出的直接影响，然后分析创客创新氛围和创客调节焦点交互作用对创客创新产出的影响。

（5）基于网络关系嵌入与组织学习视角，探讨在孵企业创新绩效的实证研究。构建"关系嵌入 – 组织学习 – 在孵企业创新产出"的研究模型，通过问卷调查收集数据，运用层级回归开展实证研究。首先分析网络关系嵌入对在孵企业创新绩效的直接影响，然后分析组织学习在网络关系嵌入与在孵企业创新绩效间的中介作用，最后分析在孵网络知识异质性对上述影响的调节作用。

（6）基于双重网络与双元拼凑视角，探讨入孵企业成长路径的实证研究。构建"双重网络嵌入 – 双元拼凑 – 新创企业成长"的概念框架模型，通过问卷调查收集数据，运用结构方程模型开展实证研究。先分析受孵情境下商业网络关系与支持性网络关系对新创企业成长的影响，然后分析并行性拼凑和选择性拼凑对上述关系的中介作用。

1.4.3　研究方法

根据"孵育视角下众创空间的创新与成长孵化"研究问题的需要，以及研究内容设计的安排，除了通常的文献综述、文献计量、实地访谈观察之外，本研究需要综合采用数据包络分析（Data Envelopment Analysis，DEA）、面板线性回归以及定性比较分析方法（Qualitative Comparative Analysis，QCA），以系统深入地对相关问题进行探讨。

（1）文献研究法。通过检索中国知网、万方、Web of Science 等数据库，或查阅相关书籍、报告，进行关键词索引，搜索标题或关键词含有"maker space"（创客空间）、"crowd space"（众创空间）、"business incubator"（商业包容性）的文献，并将文献来源进一步限定在经济（economic）、管理（management）和商业（business）领域，并借助 CiteSpace 计量软件，完成对文献的收集与整理。

（2）理论分析法。在文献研究的基础上，溯源相关的理论，从"资源相关理论""企业能力理论""网络能力理论""区域创新环境理论"等相关理论出发，深入探究众创空间的创新与成长的影响因素，为众创空间成长与创新的提升路径奠定理论基础。

（3）调研分析法。对众创空间在孵企业、众创空间管理者、创业专家等进行访谈并与其交流，以初步确定众创空间成长和创新的影响因素和提升机制，同时，了解并掌握在孵企业的孵育环境和发展状况，收集掌握一手信息和资料。

（4）DEA 效率评价法。DEA 效率评价是用于评价相同部门间的相对有效性的数据包络分析法，适用于分析具有多投入、多产出决策单元的相对效率。该方法最早开始于 1978 年著名的运筹学家查恩斯（Charnes）、库珀（Cooper）和罗德斯（Rhodes）提出的第一个被称为数据包络分析（Data Envelopment Analysis，DEA 模型）的 C2R 模型。经过三十多年的发展变化，DEA 模型已从一阶段模型改进至二阶段模型，甚至与其他模型组合构成复合 DEA 模型。DEA 模型广泛应用于多个领域的相对效率评价，随着对创新效率的关注，陆续被一些学者引入探析研究创新效率的测度、影响因素与发展变化。因为影响众创空间内入孵企业创新产出的外部环境因素有区域政策和平台孵育赋能的多方面要素，具有多投入、多产出决策单元的特征，因此，本书采用三阶段 DEA 方法，根据 2017～2020 年 4 年的综合数据对众创空间的创新效率进行测算评价，以评价各区域众创空间内入孵企业创新效率的状况，为下一步探寻投入要素的影响效果和影响路径提供数据分析的起点。

（5）面板回归方法。面板数据进行回归影响关系研究时，即称为面板模型（面板回归）。一般情况下，面板模型可分为三种类型：FE 模型（固定效应模型）、POOL 模型（混合估计模型）和 RE 模型（随机效应模型）。最终应该选择哪个模型，可通过各个检验进行判断。在关于区域政府支持、平台孵育赋能和入孵企业创新产出的定量研究中，还缺乏对区域政府支持、平台孵育赋能和入孵企业创新之间统计相关性的直接证据。本书通过搜集整理相关变量、数据，对众创空间的服务、政府补贴以及与创新产出之间关系进行随机面板回归，进而找准当前众创空间是补贴效应还是孵育服务发挥更重要的作用，以为众创空间转型升级路径提供实证支持。

（6）定性比较分析（QCA）。定性比较分析方法最早由拉金（Ragin）提出，它承认事物之间的复杂联系性，与回归分析、典型相关分析、判别分析和聚类分析把每个因素看成是结果之间的关系不同，QCA 以集合论和布尔运算为基础，强调引致结果的各前因条件之间存在复杂的互动关联、承认不同前因条件组合的结果等有效性，能够探究各影响因素之间的互动（包括互补、替代和抑制）如何共同引致被解释结果（Fiss，2011）。同时，QCA 可以适用于十几个至上千个数量的样本，样本小和大都可以使用。运用集合论的视角，QCA 方法可以识别哪些条件（组态）是结果的充分或必要条件（组态），基于这种集合关系得出的实践启示，远比回归分析的净效应得出的实践启示清晰和明确（Fiss，2007）。根据数据类型，QCA 可以分为 csQCA（清晰集定性比较分析，二分数据）、mvQCA（多值集定性比较分析，多值数据）和 fsQCA（模糊集定性比较分析，连续数据）。QCA 最开始主要应用于政治学和社会学领域，之后在管理学领域迅速发展，目前国内外顶级期刊《管理世界》《南开管理评论》及 *AMJ*、*AMR*、*SMJ*、*ASQ* 等近两年 QCA 文章发表都呈上升趋势，QCA 已成为构型研究的主要工具。本书选择 fsQCA 作为第三个研究问题的研究方法，用以确定导致高创新产出的区域性支持政策与平台孵育赋能的协同影响路径。

1.5 研究的理论和实践价值

1.5.1 理论价值

（1）将创新评价从众创空间内入孵企业创新效率评价从创新创业效率评价中单独明晰出来，找出了 DEA 相对效率低的地区（占 40%），以及影响大的外部支持环境要素（主要为政府的政策支持）。本研究全面评价 2016～2020 年区域宏观政策－微观平台孵育投入的创新产出效率，弥补了"双创"战略实施以来全面评价其环境投入的总体创新效率研究的不足，从外部环境支持投入视角丰富了创新产出的评价模型。

（2）结合理论分析与实地调研，提出的"政府政策支持－平台孵育支持"整合分析模型，考虑了区域政府政策支持以及众创平台的孵育服务的协同影响，是从宏－微观环境协同视角对入孵企业创新产出影响因素的探索式研究。本研究既突破了既有单一视角入孵企业创新产出影响模型研究的局限性，也是对"制度基础观－资源基础观"整合模型的扩展性应用，并从众创空间情景视角丰富了政府支持与创新关系及政策支持与孵育服务效果关系的文献，为众创空间内入孵企业创新实践转型升级的挑战和着力点提供了实证指导。

（3）基于 QCA 方法分析导致众创空间入孵企业高创新产出的路径，得到两条等效路径：政府支持为主型、政府支持与平台孵育协同型，并且既有两种路径说明了当前孵育服务效果不佳，这个结果与大多数采用问卷数据效果不同。路径/模式研究是构型研究方法在环境支持影响方面的创新性运用，同时丰富了孵育服务有效性的研究文献，指出提高孵育能力既是众创空间转型升级的重点，也是其可持续性面临的主要挑战。

（4）从创新氛围与调节焦点交互视角探究创客创新成长提升的影响机制，将调节焦点与创新氛围纳入交互模型，在众创空间情境下检验了个体特质与外部情境的交互作用对创客创新行为的影响，突破了既有研究只关注个体特质（刘志迎等，2017）或情境（王兴元等，2018）单一因素对创客创新行为的影响的局限，丰富了"个体－情境"交互理论的研究情境以及调节焦点和创新氛围的相关研究。

（5）从网络关系与组织学习视角探究入孵企业创新成长提升的影响机制，从网络关系和组织学习的视角出发，深入讨论了在孵企业孵化网络关系嵌入、组织学习与创新绩效之间的作用机理，分析孵化网络的知识异质性在新创企业的组织学习行为对创新绩效的影响中的调节作用。研究结论解释了新创企业的度化网络关系嵌入性与其创新之间的关系，强调了众创空间等孵化器的内部特征的重要性，证明了企业可以在不同特征的孵化网络中选择合适的组织学习模式与路径，为在孵企业的成长与创新提供科学合理的指导依据。

（6）从双重网络与双元拼凑视角探究入孵企业成长的影响机制，从双重网络与双元拼凑视角出发，深入探讨不同类型社会网络对在孵企业成长的影响机制研究，得出相对弱势的新创企业同时需要商业和政治两类网络关系，新创企业对政治网络关系更为依赖的结论，为在孵企业的孵育实践提供理论指导。

1.5.2 实践价值

本研究对于区域创新发展、提高政府政策支持的效果、提高平台孵育赋能的效果，以及指导入孵企业的发展，具有重要的实践价值、指导作用以及启示意义。

（1）对于区域创新驱动战略的推进和实施具有重要价值。成长和创新的高不确定性自初创企业成立伊始就与其相伴而行，政府的政策支持和平台的孵育服务是其避免风险，实现创新成长的关键环境支持。"如何提高众创空间内入孵企业创新产出效率"是当前众创空间以及入孵企业共同面临的主要挑战之一（黄钟仪等，2021）。同时，作为新兴的创新创业服务平台，众创空间在国家创新创业生态系统中发挥着重要作用（黄钟仪等，2021），其对大众创新、双创发展提供了重要的动力。近年来，大众创新有低迷的倾向，为有效推进大众创新的积极性、提升众创空间的活力，进而刺激地区创业创新发展活力，对于提高入孵企业的创新产出、推进众创空间的转型升级，进而推动区域创新战略实施具有重要价值。

（2）对于政府支持政策的制定具有重要的指导作用和启示意义。本书第5章研究发现政府补贴政策和知识产权保护促进了众创空间经济服务入孵企业创新产出，但在推动网络服务、能力服务效果方面效果不显著。而能力服务、网络服务是孵育类组织的首要任务。未来的政府政策补贴可以考虑将补贴支持与这两类服务的实施以及实施效果结合起来；知识产权保护方面，进一步加强知识产权保护，推广一些地方的做法，在众创空间内、孵化器内设置知识产权服务辅导；另外，本研究的实证分析发现区域众创空间规模（密度）无显著效果，也说明政府应在保证质量的情况下放缓众创空间数量的发展，这也说明科技部从2019年开始摘掉不合格众创空间牌子的举措传递了注重质量的信号，但能力提升这块还需要加强。所以，区域政府支持政策的制定应注意其与众创平台孵育服务的协同，注意知识产权保护、专利培育与众创平台孵育服务的协同，切实推动众创平台服务的质量和效果。

（3）对众创平台的孵育服务具有重要的指导作用和启示意义。作为服务大众创新的新兴平台，众创空间是国家创新驱动发展战略背景下的重要产物。本书第4章的研究发现，众创空间在各地的发展并不平衡，全国有16个地区的创新产出具有DEA效率，其余地区都不具有DEA效率。同时，就众创空间的三类孵育服务中经济服务有显著效果，但网络服务和能力服务的效果不显著。在很大程度上可以说，众创空间的服务还停留在较为基础的水平，专业化孵育和服务能力还比较薄弱。这一研究发现对于众创平台的孵育服务有两点启示：首先，众创平台应从提供场地等基础服务转向有效网络构建、技术支持上来，从追求活动次数、辅导人数、培训长度转移到切实加强专家的对口、内容的契合度以及活动的有效性上来，促进众创空间从集聚驱动向创新驱动的发展。其次，众创空间对接风险机构、天使投资等时不仅要与众创空间建立联系，更应帮助入孵企业与其建立网络关系，包括直接对接，并帮助建立与网络服务与能力服务的协同。此外，本书第7章研究发现，众创空间提供的社区支持对高促进焦点创客与对高防御焦点创客的创新行为具有促进作用，因此，社区支持应是众创空间创新氛围营造的首要策略。同时，任务导向只在与高促进焦点创客互动时会促进其创新行为，而与高防御焦点创客的创新行为没有关系，创客赋权甚至对高防御焦点创客的创新行为有负向影响。因此，众创空间在创新氛围营造以及创客孵育过程中，可以进行创客特质测试，并根据不同创客特质因人施策，加强创新孵育针对性，提高有效性，减少负面效应。

（4）对入驻初创企业的创新发展具有重要的指导作用和启示意义。入驻初创企业接收区域政府和平台的孵育或者说赋能，其效果也跟自身的受孵行为和能力有关。经济服务的效果更好，一个很重要的原因是入孵企业更多的是冲着经济补助而进入的。同时也说明：不太重视平台提供的网络服务和能力服务（除了活动的针对性不强以外，入孵企业对这些服务的重要性的认识不足也是重要原因）；或者，接受和有效运用平台提供的网络服务和能力服务吸收能力不强。因此，入孵企业应积极主动提升自己的孵育服务运用能力，主动联系，加强交流。此外，本书第 8 章研究发现，关系嵌入能显著提升企业创新绩效，所以在孵企业可以积极入驻众创空间等孵化器，并与孵化网络中的成员形成积极的沟通与交流，充分利用孵化网络资源以促进自身的成长与创新。近年来，众创空间等孵化器的发展进一步释放了市场活力，释放互联网创业的活力，为新创企业提供服务供给，是初创企业的"摆渡人"，从众创空间生态系统的视角分析，它发挥着创业资源积聚（陈夙等，2015）、创意诞生、创新孵化与创业支撑等功能，因此，初创企业应当利用好这个"摆渡人"，突破自身由于合法性不足而难以获得资源和市场的困境。

第2章

研究现状与文献综述

文献综述的方法正在经历从定性描述向定性与定量相结合转变（刘洋，2014），文献计量方法的优点在于能够全景呈现研究主题的发文现状、研究领域或流派以及研究热点和趋势（Fagerberg，Fosaas et al.，2012；Ronda，Guerras，2012）。本章采用定量方法开展文献综述。遵照文献计量的一般规则，采用描述性统计分析、引文分析（citation analysis）和共词分析（co-word analysis），描述国外创客空间和国内众创空间的发文现状、研究领域、研究热点和趋势。

2.1　国内外研究的文献计量分析

2.1.1　国外创客空间研究的文献计量分析

本研究采用最常使用的 Web of Science 数据库，将文献来源门槛设置为 SSCI，涵盖了 2000 年至今全部文献（截至 2022 年 6 月）。通过关键词索引，搜索标题或关键词含有"maker space"（创客空间）、"crowd space"（众创空间）、"business incubator"（商业包容性）的文献，并将文献来源进一步限定在经济（economic）、管理（management）和商业（business）领域，共检索文献 223 篇，进一步地精练出论文（article）和报告（review）两类文章，有效文献一共 199篇。在初步对文献整理的基础上，请团队老师与本研究作者共同对检索文献摘要进行翻译与阅读，剔除没有实质众创空间研究内容的文献或者与众创空间孵化意义无关的文章（对于存在争议的文章，邀请另外的团队成员参与，以保证剔除的信效度），剔除后共得到文献 159 篇。本研究将 159 篇文献的题录数据导出为文本形式，作为后续用 CiteSpace 软件及开展相关数据分析的研究样本。

研究采用 CiteSpace 分析软件的 5.7R2 版本开展文献计量分析。CiteSpace由大连理工大学长江学者陈超美教授开发，用以追踪一个研究领域的演进历程以多元、分时、动态的可视化技术绘制成知识图谱的软件，其创新之处在于可以直观展现一个学科或者研究领域的发展脉络以及演进趋势，即所谓"一图谱春秋，一览无余；一图胜万言，一目了然"（谭力文和丁靖坤，2014；陈悦等，2014）。基于社会网络理论、共引分析理论和寻径网络算法，本研究利用CiteSpace 软件，通过对文献知识图谱的可视化分析，梳理创客空间的研究现状、热点、发展脉络以及未来演进趋势。下文文献分析的数据报告结果涵盖描述性统计分析、引文分析、共词分析。

2.1.1.1　描述性统计分析

（1）发文国家分析。软件生成创客空间领域研究的国家合作知识图谱（见图 2.1）。由图 2.1 可以看出：国家分布较为集中，美国位于整个图谱中心，说明在众创空间研究领域，美国与其他国家合作较多，这有利于创客空间理论在不同情境下的发展及融合；美国是发文数量最多的国家，加拿大、新加坡分别位于第二、三位。其中，美国发文量 29 篇，遥遥领先于其他国家。国家间的合作网络方面，创客空间研究"围子"在境外学术界正逐渐成形。

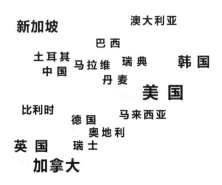

图 2.1　创客空间研究领域发文国家发文量的知识图谱

（2）发文机构分析。创客空间研究领域发文机构发文量知识图谱见图 2.2。从图 2.2 中可以看出：在发文量方面，佛罗里达州立大学和詹姆斯麦迪逊大学领先于其他研究机构，是创客空间研究领域的重要研究基地。在研究机构的合作方面，各国研究机构分布集中且网络连接较为密集，说明各国机构之间联系紧密，合作交流较多，有利于促进众创空间理论的深入发展。

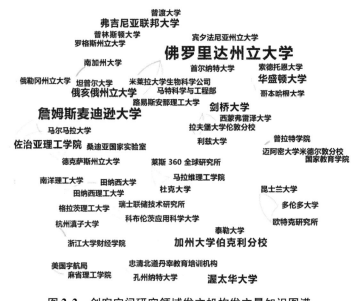

图 2.2　创客空间研究领域发文机构发文量知识图谱

（3）高发文量作者分析。作者特征对一篇文章影响力有最强的解释力度，在一段时期内作品较多的学者对学科研究的影响更大。创客空间研究领域高发文量作者知识图谱见图 2.3。在众创空间研究领域发文数量超过 5 篇的作者有阿夫拉·昆杜和斯瓦米纳坦·拉贾拉曼（Avra Kundu & Swaminathan Rajaraman），并且形成了以他们为核心的两大研究团体。绝大多数作者的名字只出现过一次。

2.1.1.2　共被引分析

通过文献共被引分析可以识别出最具影响的文献及与此相关的理论（Calero - Medina & Noyons，2008），据此可以确定某学科的理论起源和知识基础（陈悦等，2008）。在一个学科逐渐发展成熟的过程中，其研究文献往往会集中在与其上一级学科主题相关的重要期刊上（孙晓宁等，2014）。本研究通过文献共被引分析和作者共被引分析两种途径，探寻创客空间研究的知识基础及来源。

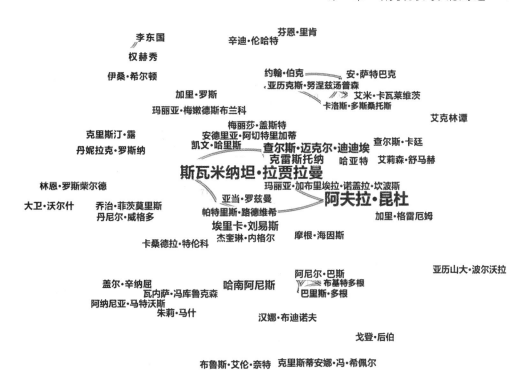

图 2.3 创客空间研究领域高发文作者知识图谱

（1）文献共被引分析。在 CiteSpace 软件中，节点选择"cited reference"引用文献，阈值选择 50，进行文献共被引知识图谱的生成，得到图 2.4。根据被引次数列出排名前 4 的高共被引文献见表 2.1。

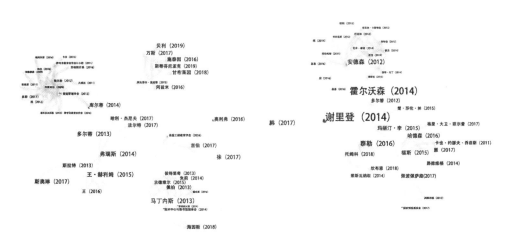

图 2.4 创客空间研究领域文献共被引知识图谱

表 2.1　　　　　　　　创客空间研究领域文献共被引排名前 4 文献

序号	年份	文献名称	频次
1	2014	Halverson E R, Sheridan K. The Maker Movement in Education [J]. Harvard Educational Review, 2014, 84 (4): 495 – 504.	12
2	2014	Halverson E R, Sheridan K. Learning in the Making: A Comparative Case Study of Three Makerspaces [J]. Harvard Educational Review, 2014, 84 (4): 505 – 531.	12
3	2018	Roldan W, Hui J, Gerber E M. University Makerspaces: Opportunities to Support Equitable Participation for Women in Engineering [J]. Eng Educ, 2018, 34: 751 – 768.	5
4	2016	Taylor, Nick, Hurley, Ursula and Connolly, Philip (2016) Making Community: The Wider Role of Makerspaces in Public Life. In: Proceedings of the 2016 CHI Conference on Human Factors in Computing Systems (CHI '16) ACM, New York: 1415 – 1425.	4

共被引文献排名第一的是 2014 年发表在《哈佛教育评论》(*Harvard Educational Review*) 上的《教育领域的创客运动》(*The Maker Movement in Education*),该文中,埃里卡·哈尔弗森 (Erica Halverson) 和金伯利·金罗丹 (Kimberly Sheridan) 论述了教育领域中创客运动的理论源起,提出了"制造"和正式教育实践之间的紧张点、正规教育和非正规教育的相关性、创客运动对教与学的潜在的教育影响和在教育中的新兴作用 (Halverson E R & Sheridan K, 2014)。

共被引文献排名第二的是 2014 年发表在《哈佛教育评论》上的《在制作中学习:三个创客空间的比较案例研究》(*Learning in the Making: A Comparative Case Study of Three Makerspaces*)。该文章通过比较案例研究,探索了创客空间如何作为学习环境发挥作用;通过实地观察、访谈以及对人工制品、视频和其他文件的分析,描述了创客空间的三个特点,描述了创客空间如何帮助个人识别问题、构建模型、学习和应用技能、修改想法、与他人分享新知识,以及参与者如何通过复杂的设计和制作实践来学习和发展 (Halverson E R & Sheridan K, 2014)。

共被引文献排名第三的是 2018 年发表在《国际工程教育杂志》(*International Journal of Engineering Education*) 上的《大学创客空间:支持女性平等参与工程的机会》(*University Makerspaces: Opportunities to Support Equitable Participation for Women in Engineering*)。该文章认为,大学课堂不具有留住工科女生的

潜力，大学女生比她们的男同学更有可能离开工程专业，因为她们觉得自己不属于工程专业的课堂。该研究设计了一项为期 13 个月的质性研究，采访了 27 名创客空间中工科女大学生和创客空间的领导者，并参与了对大学和独立创客空间的参与性观察，从而对女性如何通过公平的视角体验创客空间中的众创平台进行批判性的考察，以确定支持和限制女学生群体归属感的方法（Roldan et al.，2018）。研究发现大学创客空间的发展为建立新的互动模式提供了潜在的机会，从而为女大学生提供了一种创客平台感。

共被引文献排名第四的是 2016 年发表于 CHI 会议上的《打造众创平台：创客空间在公共生活中的更广泛作用》（*Making Community*：*The Wider Role of Makerspaces in Public Life*）。该文章认为，创客空间作为一个让创客分享工具和知识的公共工作室，除了被广泛讨论的在创新和同行学习中的作用外，还通过服务其所在众创平台的需求和接触被排除在外的群体来提高创客的福祉。创客空间正在成为业余爱好者和专业人士的一种日益增长的资源，在公众生活中扮演着更广泛的角色。

（2）作者共被引分析。在 CiteSpace 软件中，节点选择"cited author"（引用作者），阈值选择 50，生成作者共被引知识图谱如图 2.5 所示。从图 2.5 中可以看出，在创客空间领域的高共被引作者与高发文作者一致，都为阿夫拉·昆杜（Avra Kundu）和斯瓦米纳坦·拉贾拉曼（Swaminathan Rajaraman）两位所属的两大研究团体。其余则比较零散。

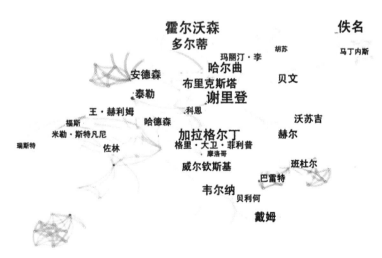

图 2.5　创客空间研究领域作者共被引知识图谱

2.1.1.3 关键词分析

（1）高频关键词分析。高频关键词反映了受到研究者们普遍关注的议题，也就是前沿热点（谭力文和丁靖坤，2014）。创客空间研究的关键词共现知识图谱如图2.6所示。热点词主要有立体（3D）打印，创客文化、众创空间、教育、工程教育、设计等。由此可见孵育服务中，制造设备提供、培育以及设计等创意领域得到了较多的关注。

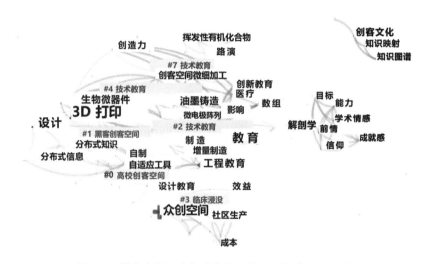

图2.6 创客空间研究领域关键词共现及聚类知识图谱

（2）关键词聚类分析。同一篇文献中的多个主题词存在一定程度上的联系，通过对多个主题词的组合分析能够很大程度描述该研究的内容；若一对主题词同时出现在多篇文献中，则说明该对主题词之间的联系较为紧密（钟伟金等，2008）。根据该研究原理，使用 CiteSpace 软件进行 LLR 算法（对数似然率）计算，对创客空间文献进行关键词聚类分析，得到 8 个关键聚类群（见图2.6）。

第一个关键词聚类群是高校创客空间（university makerspace）。此聚类群主要关注高校创客空间相关研究，一方面聚焦于三螺旋理论视角下高校创客空间的优势；另一方面研究以学校为主导的创客空间与以政府为主导和以企业为主导的创客空间的差异。第二个关键词聚类群是黑客创客空间（hybrid work-shop）。此聚类群主要探讨类似于实验室的创客空间，主要关注创客精神的培育。第三个关键词聚类群是技术教育（technology education）。此聚类群主要探讨创客空间提供的技术服务，包括#2、#4、#7 等，主要关注创客空间的技术服务研究。

（3）关键词共现时区视图分析。本研究通过 CiteSpace 软件绘制关键词共现时区视图，能够展示在不同的研究阶段、不同的时间维度关键词的分布（Shin & Zhou，2003），进而从整体至局部获取众创空间理论研究热点随着时间变化的动态过程。创客空间研究关键词共现时区如图 2.7 所示。

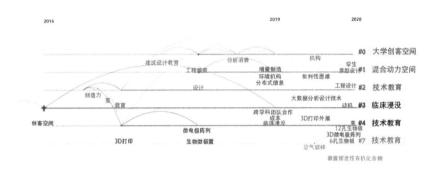

图 2.7 创客空间研究领域关键词共现时区知识图谱

从图 2.7 中可知，创客空间研究在不同时区的分布特征——即关键词布局，随着时间的推进不断发生改变。选择每年度前三的共现关键词作为创客空间研究前沿节点进行分析，发现研究前沿主要涉及高校创客空间、技术教育、设计等。由此可见，创客教育与制造在创客空间领域十分重要。

总体而言，国外创客空间研究表现出以下几个特点：

第一，发文国家分布较为集中。美国是发文数量最多的国家，加拿大、新加坡分别位于第二、三位；美国佛罗里达州立大学和詹姆斯麦迪逊大学是发文最多的机构。

第二，该领域的大咖相对较少。发文数量超过 5 篇的作者仅有阿维拉·昆杜（Avra Kundu）和斯瓦米纳坦·拉贾拉曼（Swaminathan Rajaraman），并且形成了以他们为核心的两大研究团体，他们同时也是高被引作者，其余则比较零散。

第三，由高频关键词、热点词以及关键词聚类群等表明，创客教育、制造、技术辅导是国外创客空间里非常重要的内容。高频关键词、热点词主要有3D 打印、创客文化、众创空间、教育、工程教育、设计等；关键词聚类群前 3 个是高校创客空间、黑客创客空间、技术教育；研究前沿主要涉及高校创客空间、技术教育、设计等。

2.1.2 国内众创空间研究的文献计量分析

本研究采用中文文献中最常使用的 CNKI 数据库，并筛选文献来源于 CSS-CI 期，文献来源年份为 2000 年至 2022 年 6 月。首先，确定文献查找的关键索引词，限定在商业、经济和管理三大领域，搜索主题词含有众创空间的文献，得到文献 263 篇。其次，对所得文献按照文章和评论进行分类，剔除无关或非两类文章后共计文献 256 篇。最后，请团队其他老师和作者共同对文献进行阅读，剔除与众创空间概念研究无关或没有实质众创空间研究意涵的文献（提出文献出现争议时，邀请其他成员再次参与讨论，以保证剔除的信效度），剔除后共计得到文献 237 篇。将 237 篇文献的题录保存为 Refworks 形式，作为后续分析的研究样本。同前述英文期刊分析一致，本研究仍然使用 CiteSpace 软件进行中文文献的计量分析，包括作者分析、机构分析、关键词共现、关键词聚类以及时空知识图谱五部分。

2.1.2.1 作者分析

作者特征对一篇文章影响力有较强的解释力度，在一段时期内作品较多的学者对学科研究的影响更大。创客空间研究领域高发文量作者知识图谱见图 2.8。

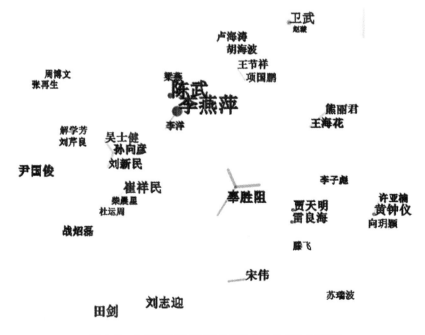

图 2.8 众创空间研究领域高发文量作者知识图谱

如表 2.2 所示，相对于其他情景，众创空间领域研究者中并没有大咖性的研究专家，集中在众创空间研究领域发文数量超过 5 篇的作者仅有 4 位，并列前 5 位的有 3 位作者，高发文量的 4 位作者以第一作者身份的发文数量都没有超过 5 篇，仅有 3 篇。

表 2.2　　　　众创空间研究领域高发文量作者前 8 位及发文数量

排名	作者	发文量	排名	作者	发文量
1	李燕萍	12	5	雷良海	3
2	陈武	7	6	宋伟	3
3	卫武	6	7	王海花	3
4	崔祥民	5	8	黄钟仪	3

2.1.2.2　机构分析

众创空间研究领域高发文量机构发文数量以东北大学文法学院最多，发文 22 篇；西南大学教育学部发文 16 篇次之；武汉大学经济与管理学院与武汉大学中国产学研合作问题研究中心分别发文 11 篇和 9 篇，考虑到单位重复的问题，两者取最高 11 篇。总体而言，高发文量机构的发文数量并不多，没有超过 30 篇，东北大学、西南大学、武汉大学勉强算高发文机构，是目前开展众创空间研究相对集中阵地，总体而言，该领域的高质量研究并不多（见图 2.9）。

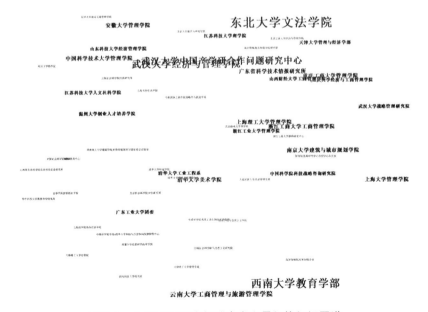

图 2.9　众创空间研究领域高发文量机构知识图谱

2.1.2.3　关键词分析

（1）关键词共现和高频关键词分析如下。

众创空间研究的关键词共现知识图谱如图 2.10 所示。从现有众创空间研究的关键词共现可以看出众创空间的主要研究对象、方法以及内容等。从表 2.3 可以看出，从区域视角研究的区域众创空间开始得到关注；另外，在研究方法上，案例研究、扎根理论、模糊集定性比较分析等方法运用较多。

图 2.10　众创空间研究领域关键词共现知识图谱

表 2.3　　　　　　　　　　众创空间研究领域高频关键词前 8 位

排名	关键词	频次	排名	关键词	频次
1	众创空间	188	5	平台组织	16
2	创客	27	6	商业模式	16
3	创客空间	25	7	孵化器	14
4	创新创业	25	8	创客文化	13

文章中的高频关键词反映了受到研究者们普遍关注的议题，也就是前沿热点（谭力文和丁靖坤，2014）。众创空间研究的热点词主要有众创空间、创客、创客空间、创新创业、平台组织、商业模式、孵化器、创客文化等，可见总体而言还是比较宏观。

（2）关键词聚类分析如下。

同一篇文献中的多个主题词存在着一定程度上的内在联系，因此，本研究通过多个主题词的组合分析能够很大程度反映该类文献的研究主要内容；如果一对主题词同时出现于多篇文献，则说明该对主题词之间的联系较为紧密（钟伟金等，2008）。根据这一原理，通过 CiteSpace 软件进行 LLR 算法（对数似然率）计算，对创客空间文献进行关键词聚类分析，结果报告了 14 个如图 2.11 所示的关键聚类群。

图 2.11　众创空间研究领域关键词聚类知识图谱

第一个关键词聚类群是万众创新。此聚类群主要探讨跟万众创新相关的双创、知识服务的交互作用，跟创业导向、创业绩效之间的关系以及仿真的研究方法开展的研究。第二个关键词聚类群是创客空间。此聚类群主要介绍国外的各类创客空间，阐释创客空间所推动的创客文化、大众创业、万众创新、众创、云创新，并重点介绍国外高校、图书馆创客空间以及"互联网＋"与创客空间的关系等。政府主导的众创空间的发展路径、创业导向与绩效等。此聚类群主要探讨类似于实验室的创客空间、高校创客、图书馆众创空间以及创客文化等。第三个关键词聚类群关注了创客空间里的主体——

创客，主要开展创客精神、创新创业过程等案例研究。第四个关键词聚类群是创新，这些研究主要探讨众创空间的商业模式、创业、共生行为与创新的关系。其他的关键词聚类群分别是吸收能力、价值共创、影响因素、创客教育、大众创新、创业过程、发展路径等。可以看到，对于影响众创空间内入孵企业创新的区域环境，众创空间的重要职能——孵育服务，尚未得到应有的讨论。

总体而言，国内众创空间的研究文献表现出以下几个特点：

第一，众创空间领域研究者中尚没有形成大咖性的研究专家。集中在众创空间研究领域发文数量超过 5 篇的作者也仅有 4 位，并列前 5 位的有 3 位作者，以第一作者身份的发文数量都没有超过 5 篇，仅有 3 篇。

第二，众创空间领域尚没有出现引领性的高质量研究机构。最高发文量的机构的发文数量并不多，没有超过 30 篇。东北大学发文 22 篇，西南大学发文 16 篇，武汉大学发文 11 篇，勉强算高发文机构，是目前开展众创空间研究相对集中阵地。

第三，研究主要在现象描述，并主要采用案例研究等方法。众创空间研究的前沿热点词主要有众创空间、创客、创客空间、创新创业、平台组织、商业模式、孵化器、创客文化等；关键词聚类群前四个分别是万众创新、创客空间、创客、创新。其他的关键词聚类群分别是吸收能力、价值共创、影响因素、创客教育、大众创新、创业过程、发展路径等。对于影响众创空间内入孵企业创新的区域环境，各类孵育服务，尚未得到应有的讨论。

2.2 众创空间运营效率评价研究综述

2.2.1 效率评价研究现状

既有关于国内众创空间的评价研究主要有运营效率评价、创新创业效果评价、政策运营效果评价三类（主要评价文献的总结见表 2.4），对创新相对效率的评价相对缺乏。下面开展具体分析：

表 2.4　　　　　　　　国内众创空间效率评价主要研究文献基本情况汇总

作者	时间	研究方法	评价主题	指标体系	
				投入指标	产出指标
张月宁	2017	"锡尔指数"测算	运营效率评价	服务能力（众创空间的总面积、常驻团队和企业使用面积比率、服务人员数量、举办创新创业服务活动场次、创业教育培训场次、创业导师人数、专职导师与全部创业导师的比率）、融资能力（众创空间的收入成本比、获得投资总额、种子资金总额、天使投资总额、ABC 三轮融资总额及新三板挂牌数量）	服务创业团队数量、常驻创业团队数量比、连续创业个数、科技人员创业数量、留学归国创业数量、大学生创业数量、吸纳就业情况、吸纳就业的人数占应届毕业大学生就业的比率
郭淑芬	2018	CCR－DEA、BCC－DEA 和 Malmquist－DEA	创新效率	劳动（R&D 人员参与人数；公有经济企事业专业技术人员）、资本（R&D 经费内部支出）、科技设施（工业企业投入仪器与设备原价；规模以上工业企业研究机构数量；国外主要检索工具）	收录科技论文数、专利授权数、高技术产业主营业务收入、技术市场交易金额
李洪波等	2019	CCR 模型及超效率 DEA 模型	运行效率评价	创新创业培训（举办创新创业活动场次；开展创业教育培训场次；创业导师人数）、资金技术服务（提供技术支撑服务的团队和企业数量；团队及企业当年获得投资总额）	创业集聚能力（创业团队数量；初创企业数量）、创新创业成效（创业团队和企业吸纳就业情况；创业企业和团队拥有的有效知识产权数量）
张静进	2019	二阶段 DEA	创新创业效率评价	人员投入（各地参与众创空间建设和运行的科技人员数量）、经费投入（各地众创空间投入的建设和运行经费）	总收入（众创空间内部开展创新创业活动所获得的盈利性收入）、吸纳就业（依托众创空间平台开展创新创业活动所吸纳的各种就业人员）
徐莉	2019	DEA－BCC；DEA－Malmquist	运行效率评价	人力（从业人数；导师数量）、物力（工位）、财力（财政补贴）、创新要素（研究与开发支出）、创新主体（高校在校学生人数）、创新集群（高新技术企业数量）、社会效益（吸纳就业）	经济效益（众创空间总收入；创业团队及企业当年获得投资总额）、创新效益（入驻团队和企业拥有的有效知识产权数量）、服务能力（服务的创业团队和初创企业数量）

作者	时间	研究方法	评价主题	指标体系	
				投入指标	产出指标
许亚楠 黄钟仪	2020	DEA - BCC、DEA - Malmquis 模型	运营效率评价	经济支持（享受财政资金支持额）、技术支持（当年服务人员数量；创业导师数量；提供的工位数）、社会支持（开展创业教育培训次数；举办创新创业活动次数）	经济成果（众创空间总收入）、社会成果（创业团队和企业吸纳就业人数）、创新成果（常驻企业和团队拥有的有效知识产权数）、服务成果（服务创业团队数量；服务初创企业数量）
李荣	2020	三阶段 DEA 模型	运营效率评价	服务人员数量、创业导师人数、享受财政资金支持额、提供工位数	服务的创业团队数量、团队及企业当年获得投资总额、众创空间总收入
陈武	2020	DEA - CCR 模型	发展效率评价	提供工位数、众创空间服务人员数量、创业导师人数、享受财政资金支持额、举办创新创业活动、开展创业教育培训、当年提供技术支撑服务的团队和企业数量	常驻企业和团队拥有的有效知识产权数量、众创空间总收入、团队及企业当年获得投资总额、创业团队和企业吸纳就业情况
刘筱寒	2020	三阶段 DEA - BCC 模型	创新效率	人力资本（服务人员数量；创业导师团队数）、财力资本（运营成本；当年政府财政支持额）、结构资本（基础设施面积；开展创业教育培训数；举办创新创业活动数）	创新能力（常驻企业拥有有效知识产权数；发明专利数）、发展能力（吸纳投资总额；累计服务团队数）、社会贡献能力（吸纳就业人数）
王君华	2022	DEA - BCC 模型	运营效率评价	人力资本投入（服务人员数量）、财力资本投入（享受财政资金支持额）、创业服务投入（开展创新创业活动和培训）	经济效益（总收入）、社会效益（在孵企业吸纳就业人数）、创新效益（拥有有效知识产权数量）、孵化效益（当年服务的在孵企业数量；在孵企业当年获得投资总额）
李犟	2022	DEA	创新创业效率	提供工位数、服务人员数、众创空间运营成本	入孵企业数、企业融资总额、有效知识产权数、创业团队吸纳就业人数
卜令通	2021	PMC 指数	政策评价	构建了政策性质、政策时效、激励措施、政策领域等评价指标	
林妙昕	2021	统计分析	区域发展评价	对广东省众创空间的发展现状、政策支持情况等做了分析	

资料来源：作者根据期刊文献整理。

（1）对区域甚至全国众创空间的运营效率进行评价，这一类研究是最多的。例如：徐莉（2019）基于 DEA 评价模型对东部、中部和西部地区众创空间运行效率差异的分析；李洪波（2019）运用 DEA 一阶段测量方法对国内众创空间的运营效率的评价；许亚楠和黄钟仪等（2020）基于 DEA 评价模型，从经济、社会、服务等方面测量了国内众创空间运营效率；李荣（2020）运用 DEA 三阶段评价模型，从众创空间服务的创业团队数量以及帮助其获得融资额方面对国内众创空间的运营效率进行了评价；陈武等（2020）基于 CCR 模型从入孵企业的收入、获得投资额等维度对众创空间的孵化效果进行了评价。通过评价研究，指出中国众创空间存在的一些问题，如整体发展呈现出创业聚集水平高、服务能力水平低（单鹏等，2018；仲深等，2018；黄钟仪等，2020）；服务缺乏或服务不到位或者服务错误（李名梁和葛静，2016）、入驻绩效不佳（许素菲，2015；李燕萍等，2017）、产业与资源利用效率低（陈章旺等，2018；高涓和乔桂明，2019；仲深等，2018）；服务能力水平低于整体绩效水平，这严重阻碍了众创空间的创新发展（单鹏和裴佳音，2018）。2020 年，陈武通过数据分析后指出：众创空间发展规模基本饱和，发展效率逐步下降；资源投入增长迅速，但其有效性却逐渐降低；管理能力和技术水平不足成为抑制众创空间发展效率的最核心要素，众创空间存在着"繁荣"与"过剩"并存的问题（陈武，2020）。

（2）创新创业效果评价研究。例如：郭淑芬（2018）从专利知识产权、技术收入等维度分析了不同省市的科技创新效率和科技投入；李洪波（2019）运用 DEA 一阶段测量方法评价了众创空间的创新创业成效（吸纳就业情况）；张静进（2019）评价了不同区域众创空间总收入和吸纳就业产出等创业效率的差异；李翚（2022）评价了我国众创空间的招商引资效率和孵化培育效率。

（3）政策运营效果评价研究。例如：卜令通（2021）构建了 PMC 指数模型，从政策角度评价了全国不同省市众创空间政策的运营效率，比较了东西部众创空间政策支持的差异；林妙昕（2021）梳理和评价了不同时间点众创空间的政府推动政策的运营效果。

2.2.2　效率评价研究评述

以上评价从不同角度探讨了众创空间的运营效率问题，但对众创空间的特点回应不足：众创空间作为服务"大众创业，万众创新"的战略、服务创新驱动战略的新型科技创新服务平台，与传统孵化器内入孵企业更多以科技型企业为主导、以科技成果转化为目标显著不同，其入驻主体更多为创客和初创企业，主要服务于大众创新（陈武，2020），更多提供创客教育、创业孵化、资源共享等，且同时受到政府支持和平台孵化赋能的影响。随着众创空间的蓬勃发展，对政府支持与孵化赋能的相对效率开展评价，是揭示实践策略效果的需要。从揭示实践和政策效果的角度来看，既有研究有以下不足：

（1）虽有学者开展了区域角度效率评价研究，但更多关注众创空间的运营效率评价，对众创空间的创新产出效率的评价关注不够；众创空间服务"大众创业，万众创新"的战略、服务创新驱动战略的需求的角色和使命定位，实践指导需要开展创新产出效率评价研究。

（2）评价指标体系忽视了区域政府支持以及环境的影响。有个别学者开始关注众创空间的创新评价，但是其选择的投入指标主要考虑的是资金投入，对政府支持以及区域氛围因素考虑不够，虽然有研究关注了知识产权对创新产出的影响，但显著忽略区域政府支持作用。本团队实地调查发现，区域政府的支持是重要的投入因素，其效果如何需要开展评价研究。

（3）在数据和方法运用上，大多数研究只采用某一年的截面数据，不能对政策实施的整体情况开展评价；方法上，虽然少数学者运用 DEA/SFA 综合评价众创空间的效率，但缺乏基于 DEA/SFA 综合方法评价针对创新开展的交叉验证研究。

为此，本研究将基于实地调研总结的评价指标，开展创效产出的相对效率评价研究。

2.3 孵育服务与企业创新关系研究综述

2.3.1 孵育服务综述

孵育服务指的是孵育组织为入驻其中的中小企业提供的相关服务。对孵育服务进行分类是一种较为有效地掌握孵育服务的方法。现有研究围绕着初创企业的创立和发展展开了大量孵育服务的应然类型研究。梳理现有文献，概括起来主要有二分法、三分法、四分法和五分法。二分法对孵育服务的分类包括：商务支持与技术支持（Dilts & Hackett，2008；胡海青等，2012）；一般性服务和网络关系服务（Soetanto & Jack，2013）；一般性资源和关键性资源（宁静和徐凯，2004）；缓冲服务（buffering）和桥接服务（bridging）（Amezcua，2013；王是业和武常岐，2017）；网络支持情境和制度支持情境（胡海青等，2018）。三分法将创客空间对新创企业提供的支持分为技术服务、经济服务和社会支持三类（Sang et al.，2017）。技术服务表现为提供空间、工具、材料、培训计划以及项目的现场帮助（Han et al.，2017）；经济服务表现为提供低成本的资源（Fontichiaro，2016）；社会支持则表现为通过入孵企业之间以及入孵企业与相关机构之间的合作与互动，获得相互学习、相互探讨的机会（Baichtal，2011；Hlubinka，2013；Milne et al.，2014）。也有研究按照创客团队需要的支持视角提出工具性支持、知识性支持和社会关系支持（王兴元和朱强，2018）三类服务，或者网络服务、专业建设以及直接支持三类服务（Amezcua，2013）。网络服务指的是为新组织提供与外部资源提供者联系起来的服务；专业建设指引进专业化的新组织以及与外部同行业的新组织建立联系；直接支持指为新组织提供知识、资本和劳动力。四分法包括硬件支持、技术支持、商业支持和网络支持四类服务（卫武等，2021）。

五分法对孵育服务的分类包括提供物质资源、行政服务、财政资源以及创业程序和网络关系支持五类服务（Carayannis & Zedtwitz，2005）；通过创业平台提供：结构赋能、领导赋能、心理赋能、资源赋能、文化赋能五类赋能服务（周文辉和李兵；2018）；创业阶段的技术辅导服务、市场辅导服务、知识产权服务、金融服务和宣传推广服务（黄玉蓉和郝云慧，2016）五类服务；以及创立和发展等一般业务服务的需要提出的"业务培训，经营建议，管理团队建立，提供会计、广告、法律援助以及财务援助"（Bøllingtoft & Ulhøi，2005；Chan & Lau，2005；Lee et al.，2007）五类服务。还有一些研究总结的服务类型超过了五类。比如，哈基特和迪尔茨（Hackett & Dilts，2004）认为，孵化器会提供办公空间、行政服务共享、资本和融资、法律咨询、社会网络、管理培训六类服务。桑松尼等（Sansone et al.，2020）就总结了超过十类的孵化服务：管理支持、物理空间和共享服务、融资渠道、网络、创业和管理教育视为重要因素、商业与管理经验指导（Nowak & Grantham，2000）、专业知识培训以及办公空间共享服务、社会影响测量服务、企业道德、企业社会责任培训/咨询十方面的服务。对于后面五类服务，桑松尼的研究指出，一些孵化器在给他们的调研回答中说，这些服务对他们来说并不重要。

在以上孵育服务中，除了资金服务、能力服务以外，网络服务得到了较多的关注，并对网络服务进行了进一步细分。早在 2000 年，汉森（Hansen et al.，2000）提出了网络化孵化器概念，包括组织内部商业网络和外部非正式的网络活动；帮助入孵企业连接企业家与外部资源（Barrow，2001）也被认为是重要的网络孵化服务。伯林托夫特和乌尔霍伊（Bøllingtoft & Ulhøi，2005）花了 6 个月时间考察了一个名叫 MG50 的典型网络孵化器。休斯等（Hughes et al.，2007）提出了有助于提升竞争绩效和创新产出的基于资源寻求和知识寻求的两种网络行为。库珀等（Cooper et al.，2012）对一个大学孵化器以及其内部的 18 家入孵企业的案例研究指出，强大的商业和社会网络能够以知识和物质资源的形式为其入驻公司带来价值；入驻公司的物理邻近性影响了租户之间网络关系，入驻公司的社交动机、早期启动阶段的时间限制、入驻租户的信息以及信任等影响网络构建。克罗伊斯和李（Creso Sá & LEE，2012）研究了一个加拿大科技型孵化器中的高科技企业网络战略与孵化器环境之间的相互作用，发现了咨询型、衍生型和战略型三种不同类型的网络；咨询组织主要参与孵化器内的咨询网络，偶尔作为外部投资者参与战略网络；大型企业参与了战略网络，以寻求与利益相关者建立伙伴关系；中小企业参加了所有这三种网络；三种网络推动了入孵企业的成长和发展。坎图（Cantù，2017）对意大利一个孵化器内入孵企业进行了案例研究后发现，创业型企业通过孵化器与其商业伙伴建立两种网络关系：一种是入孵企业与其商业伙伴之间的"生成关系"（generating relationship），另一种是入孵企业与商业伙伴之间的"接收关系"（recipient relationship），知识转移通过业务关系邻近的异质性参与者之间的网络关系溢出，由此推动初创企业的成长。达切 - 维尔和蒙托罗 - 桑切兹（Díez - Vial & Montoro - Sánchez，2016）对马德里科学园区企业的实证研究发现，园区企业通过和大学之间的网络得到科技知识的流入，从而促企业的创新。作为大学学术衍生品的公司或者与大学拥有长期关系的公司能够从大学获得更多的知识。在当地公司网络中处于中心地位的公司可以获得更多技术知识的补充来源。米安等（Mian et al.，2016）甚至认为，孵化器发展的第一个阶段的主要任务是发展成一个网络化的孵化器。不少学者研究指出，创业者网络促进了租户之间的信任、合作以及成长，不仅与企业整体绩效而且与创新绩效都有正向联系。因此，网络服务往往成为租户最看重的服务，网络服务也被认为是孵化器的关键服务（Sansone et al.，2020）。

既有文献从各个角度论述了孵育组织提供的各类服务，但对众创空间而言，其最主要的孵育服务类型仍需要通过扎根予以明确。

2.3.2 孵育服务与入孵企业创新

不少学者对孵育服务的效果及影响开展了实证研究。早期的学者从组织赞助（organizational sponsorship）视角讨论孵育与新创企业发展效果之间的关系，比如，弗林（Flynn，1993）使用"赞助"一词分析区域孵育新创企业行为与地区内基础设施对新创企业的联合影响，发现区域内总体的赞助水平与新组织的诞生和生存密切相关。吉恩和奥代特（Jean & Audet，2012）的实证研究表明，创业导师的指导、建议和角色榜样能有效促进创客的认知学习和情感学习，增强其创新创业知识技能、机会识别和开发能力，从而提高创业创新绩效。

对于近 10 年来特别是 15 年来出现的大众创新孵育组织创客空间和众创空间，国内外都有不少学者对其对推进创新的效果进行了较为热情洋溢的论述。国外不少国外学者认为，纵横交错的创业生态网络中，不同层次的创客空间相互嵌套并推动动态演化，具有鲜明的生态系统属性（Rona & Rahul K，2010；Muhammad R K，2013）；在充满活力但越来越不确定的创业型社会，创客空间这种新型创业支持系统比传统的知识转移系统更有效，对社会的影响也比前几年大得多（Coenen & Diaz Lopez，2010）。他们分三个层面论述了这种积极效果：在个体层面，创客空间在赋予个体以能量（Lindtner et al.，2014）、培养未来所需技能（Lindtner et al.，2014）等方面具有不可思议的力量。从企业层面来看，创客空间在创业企业和企业家之间建立了联系（Porter & Kramer，2011），使鼓励创业更为可能，有助于成功企业的产生。从宏观层面来看，创客空间在增强区域投资水平（Fehder & Hochberg，2015）、激发创业创新活动（Maria A，2018）、推动国家创新（Maria A，2018；Svenssona & Hartmannb，2018）等方面也展现了一定成效，是下一次工业革命的催化剂（Anderson，2012），将形成经济发展的新动力。

国内也有不少研究者论述了众创平台的积极孵育效果。一是关于总体效果的论述，比如，孵育服务在更加广泛的层面上推进了协同创新（王佑镁等，

2015），同时可降低企业的创新成本、促进竞争优势的形成（吕力等，2015）；帮助初创企业应对资源短缺，发挥着创业资源积聚（陈凤等，2015）。众创平台举办的区域性、全国性甚至国际性的创业大赛、投资路演、创业沙龙、创业训练营、导师分享会等，帮助入孵企业之间以及入孵企业与相关机构之间进行交流互动，实现知识共享（李燕萍等，2017；黄钟仪等，2020），促进了成员与成员之间的分享，帮助入孵企业、创客获得了整合外部知识、获取异质性知识（李燕萍等，2017）、隐性知识（付群英等，2016）的机会。李燕萍和陈武（2017）特别指出，有力的金融支持和经济服务是促进众创空间内入孵企业创新发展的重要力量。更重要的是，众创平台在提供经济服务同时，还凭借其丰富的管理经验与专业的知识技能，帮助新创企业/创客进行更有效的配置资金（谢光华等，2018），促进创业创新产出效果。

二是特别针对创客效果的少量讨论，包括创业导师为创客提供创意诞生、创新孵化与创业支撑等功能（李万等，2014）；为入驻者/创客提供创业战略规划与商业模式设计培训，可以为创客带来广泛而丰富的商业视野、市场信息和创业经验，从而提高创客创新创业战略与模式的成功率（陈凤等，2015）；以创客为对象和主体的创新创业孵育活动，更加关注个体的创造性需求，能更有效地提升创客创新的激励效果，提升创客的创新水平（李燕萍等，2017）。高校大学生创客空间的发展也推动了大学科技园向企业治理模式转型（费坚等，2015），帮助大学生全面发展，激发大学生的创业热情并提高创业成功率（李瑞军等，2015）。

三是构建网络服务的效果，得到了较多研究者的实证关注。比如，陈凤等（2015）认为网络服务推进了密度高而中心度低的创客网络的形成，从而促进了新知识吸收、创造力的形成以及探索式创新。李燕萍等（2017）特别指出，知名创业导师参与促进了众创平台与相关各方之间的强联结，占据了结构洞中最有利的位置，他们的网络价值嵌入到创客所寻求的异质性资源中，影响了创客的结构洞，有助于提高创客的社会链接能力，提升资金拥有者在创客的创意转化过程中资源承诺的程度，减少创客创意转化的障碍，从而促进创客的创新。社会网络形成的社会资本，通过机会开发对众创空间的创新孵化绩效均有正向影响（梁祺和张宏如，2019）。胡海青等（2018）的实证研究表明孵化环境的较高支持情境，可以推进在孵企业加强外部知识整合行为获取异质性知识，从而有助于弥补入孵企业自身的知识缺陷。也有研究众创空间有关要素作为调节变量的情形，如姜骞（2019）的研究指出，孵化器的定制化服务在价值平台与其创新孵化绩效之间有着显著的正向调节作用。

但是，资源是有限的，有效使用资源是十分重要的，因此，对初创企业的孵育服务并不是越多越好、越慷慨越好。早有学者指出，这样的服务逻辑是简单粗糙的，无法对实际孵育服务实践中如何权衡资源使用的服务决策做出分析，提供指导。孵育服务不仅应该关注数量，其有效性更值得关注。孵化行为不当，会导致孵化资源的浪费、孵化效率的降低和孵化关系有效性的降低（Ratinho & Henriques，2010）。亚历杭德罗·阿梅斯库（Alejandro S. Amezcua，2013）以美国 178 个大学孵化器和其中的 2 100 个入孵企业的 8 991 样本为关注对象，发现服务资源的宽裕并不一定预示着入驻新创企业的生存，服务是否有效取决于资源类型与其基于地理的创业密度的匹配程度。国内学者王是业和武常岐（2017）对 2008～2010 年中国科技企业孵化器数据的实证研究发现，资金支持、设备支持对企业研发投入有正向影响，但网络支持与在孵企业研发投入之间呈现倒 U 型关系。而且这种效果，受到在孵企业人力资源的影响：减弱网络支持与在孵企业研发投入之间的倒 U 型关系，削弱设备支持与在孵企业研发投入之间的正向关系。孵育服务带来的资源丰裕度并不是越多越好，其效果孵化情景密切相关。

因此，对众创空间的孵育服务是否有效、如何有效以及哪些服务更为有效等问题，并不能由服务数量至多推导结论，尚需要通过实证研究来进行回答。同时，从成本视角来看，同时采取所有的政府支持政策和所有类型的孵育服务是不经济的，是否存在部分影响要素的协同组合就能够导致高创新产出？即是否有导致高创新产出的部分影响因素组合路径？这些问题需要同时考虑政策支持与孵育赋能多因素之间的"协同路径"加以回答。

2.4　区域支持政策与企业创新关系研究综述

2.4.1　政府支持与企业创新

2.4.1.1　政府支持企业创新的理论基础

学界当前普遍认同的政府支持企业创新的理论可以追溯到以凯恩斯等

（1936）为代表的"政府干预理论"和以熊彼特等（1979）为代表的"技术创新理论"。

（1）政府干预理论。

由于企业的研发活动（尤其是基础研究领域）具有一定的外部性，研发活动带来的未来收益往往具有不确定性。林高榜（2012）、阿罗（Arrow，1962）等学者强调了技术创新存在的溢出效应，也就是说，技术创新本身具备一定的公共产品的特性，其往往会诱发"价格溢出"和"知识溢出"两种正向的溢出效应，其中"价格溢出"是指创新产品或服务所带来的价值增加并没有完全体现在价格差异上；"知识溢出"是指技术创新所产生的新知识可能通过专利、交叉许可协议、研发人员流动等形式溢出到竞争企业，却没有给原先创新主体提供足够的补偿。后续的研究进一步表明，溢出效应的存在极大地降低了企业开展创新活动的主动性和积极性，抑制了企业创新的动力和热情，造成了企业创新投入的不足。由此可见，市场结构的内在缺陷及研发活动的溢出性特征，单纯依靠市场机制很难促使私人企业的技术创新水平达到社会的期望水平（郑烨，2017）。实现社会最优化水平的创新活动必须依靠政府修正市场机制对研发活动的刺激失灵等问题（郑烨，2017；郑绪涛等，2008；曾萍和邬绮虹，2014）；需要政府支持来主动补偿企业创新活动的外部性溢出效应，帮助增加企业的创新收益，提高企业的创新动力（郑烨，2017；曾萍和邬绮虹，2014）。

（2）技术创新理论。

技术创新理论的奠基人约瑟夫·熊彼特指出：技术创新具有高投入和高风险性特征，因此，研发活动的投入和风险只有大企业能够承担；而小企业在资金和资源方面的劣势，往往不足以支撑技术创新的实现（郑烨，2017）。由于研发投资外部性的存在，研发投资的社会回报往往大于私人回报（Hejazi et al.，1999）。政府的研发支持可以改善企业的研发劣势，降低企业的研发风险，从而提升企业的技术创新能力（Czarnitzki & Licht，2005）；对于不同的创新参与主体，政府可以通过不同的支持行为来平衡大中小企业的利益，使不同规模的企业都能够健康持续的发展。在美国、英国、日本、德国等国家技术高速进步的过程中，政府始终扮演着十分重要的角色，在技术创新方面投入了巨大的资金和人力，为实体经济的技术创新提供了强大的支持，政府支持在国家科技进步中发挥着重要作用。同样，中国在整体技术进步的进程中，政府也为技术创新提供了巨大的支持，尤其是1995年科教兴国战略的实施，国家和企业层面均提高了对研发投入的重视，尤其是国家层面，进一步确定了科技作为经济持续稳定增长的重要位置。

2.4.1.2　政府支持对企业创新的影响

现有关于政府支持对企业创新影响的研究，主要包括直接效应、间接效应、中介效应以及调节效应研究。直接效应分析包括某一种政府研发支持行为和不同的政府研发支持行为组合对创新的影响。

（1）政府研发支持行为对企业创新绩效的直接效应研究。

梳理国内外相关研究文献发现，这种直接效应主要包括两个方面：单独某种政府支持行为对企业创新绩效的影响；不同的政府研发支持行为的组合对企业创新绩效的影响（郑烨，2017）。

第一，某一种政府研发支持行为与企业创新绩效的关系。

综合来看，现有的研究对某一种政府支持行为与企业创新绩效间的关系有四种结论：促进企业创新绩效、抑制企业创新绩效、对企业创新绩效没有显著影响或根据具体研究情景确定，具体情况主要如下：

①政府支持行为的"促进论"。大多数学者的研究支持了政府支持行为促进企业创新绩效提升的论断（Garcia & Mohnen，2010；Maseko，2011；邵传林，2015；尹志锋等，2013；郑烨，2017；靳光辉等，2023）。比如，亚伯拉罕（Abraham et al.，2010）研究发现来自中央政府的财政支持促进了奥地利企业对于研发创新的投入。马塞科（Maseko et al.，2011）的研究进一步支持了政府补贴能够促进中小企业的创新绩效这一结论。邵传林（2015）利用中国工业企业的微观数据实证发现"受政府补贴的企业创新绩效比未受补贴的企业高出1.48%"。杨洋和魏江（2015）等研究发现"政府补贴对国有企业的创新绩效促进作用小于民营企业，对要素市场扭曲程度较低的地区企业创新绩效促进更大"。王丛虎（2006）和尹志锋等（2013）研究发现"政府采购支持对企业创新的影响作用远不能由其他方式替代"。陶虎等（2013）对山东省企业的研究发现，政府的科技减免税政策对所有企业有效，同时非政府科技资金比科技财政资金对提升企业自主创新能力更有效率。曾萍等（2016）考虑制度环境和企业所有权属性的作用，实证发现政府支持更有利于制度发展水平高的地区的民营企业的探索式创新。关成华等（2018）基于2016年全国孵化器数据的实证研究发现，直接投资、财政补贴和税收优惠等政府支持行为对孵化绩效都有显著的激励作用；税收优惠政策最为有效；直接投资对企业绩效的激励稍强于

财政补贴。李颖等（2018）的研究发现，政府支持能够通过创业导向的中介效应显著提升创业企业创新绩效，在有失败经验和低水平竞争强度时，政府支持通过创业导向促进创业企业创新绩效的作用更强。高涓等（2019）基于2016年省级地方众创空间运行数据的分析发现，财政补贴和税收优惠都促进了众创空间绩效，并且经济发达地区优于其他地区。陈婕（2021）对中小板上市企业的实证发现，政府支持能够促进企业的创新。宋砚秋等（2021）发现创新补贴可以有效地促进企业创新产出的数量和质量，且对发明专利申请促进作用好于非发明专利；来自中央及省级政府的创新补贴效果优于地市级的创新补贴；国有企业使用补贴的效果好于民营企业；高科技行业的企业更倾向于使用创新补贴提高其实质性创新产出，即发明专利。魏巍等（2021）讨论了高新技术企业减免税、研究开发费用加计扣除以及政府创新补贴（财政拨款、财政贴息、税收返还、无偿划拨非货币性资产）等政府的直接创新支持对企业创新的倒 U 型作用。王宏伟等（2022）基于光伏产业的研究样本，发现政府补贴对国有企业的研发投入和创新产出的影响不显著，但促进了非国有企业的研发和创新对产业链中游的企业影响最大，产业链中、下游企业获得的政府补贴对上游企业的研发投入和创新产出具有正向溢出效应。

②政府支持行为的"抑制论"。部分学者实证发现在一定的条件下政府支持才会对企业的创新行为有抑制作用（Shu，2015）。比如，瓦尔斯滕（Wallsten，2000）的研究发现，政府研发补贴企业的研发投入有挤出效应，从而不利于创新产出。林克等（Link et al.，2009）的研究发现，政府对中小企业的创新支持计划（SBIR）并没有带来高的商品转化率。苏等（Shu et al.，2015）分析指出政府的政策与项目支持、技术支持、资金支持、许可获取支持等政府支持企业创新活动存在着"双刃剑"效应。国内学者的相关研究中也有类似发现。比如，白俊红等（2009）的研究表明，政府支持并没有促进企业技术创新效率的提升。冯宗宪等（2011）的研究表明，政府支持与创新效率之间具有不显著的负向关系，与创新的规模效率之间也具有显著的负向关系。余泳泽（2011）的研究发现，政府支持对于科研机构和高校创新效率的影响具有不确定性，而对于企业具有负影响。肖文等（2014）通过随机前沿分析研究发现，相对于企业研发投入和外资研发投入，政府的直接和间接支持行为对于企业技术创新效率都具有负面作用（从长期看）。李万君等（2019）对种子企业的实证研究发现，若知识产权保护力度小，提供税收优惠将给企业的技术创新质量

带来负面影响。对于政府支持造成负向结果背后的原因，学者们提出了以下几个解释：政府支持对企业研发投入的挤出效应（白俊红等，2009）；政府介入对企业投资的挤出效应（白俊红等，2009）；政府决策层远离技术发展前沿，由于信息不对称导致创新资源和服务等并没有进行最优配置，资助项目存在高失误率（安同良等，2009；冯宗宪等，2011）；逆向选择行为和缺乏政府监管、企业的寻租是导致政府的支持作用可能失效（冯宗宪等，2011；童馨乐等，2022）；政府支持损害创新活动的竞争环境，导致支持作用无法实现（冯宗宪等，2011）。

③政府支持行为的"无效论"。少数学者认为政府支持对企业创新活动的影响不显著，或者结果不确定，即称之为"无效论"（郑烨，2017）。比如吴剑峰等（2014）研究发现，政府补贴行为并不能促进企业技术创新绩效的显著提升。王俊（2010）、孔淑红（2010）、陈修德和梁彤缨（2010）、熊维勤（2011）、郑烨等（2017）的研究发现，不同的政府支持行为，如研发资助/财政补贴/税收优惠等，对企业创新产出或效率（专利产出、研发效率、自主创新效率、技术创新效率）等都没有显著的影响。吉姆（Kim，2011）认为政府资助等支持行为对企业研发的作用是有条件的，对于更高层次的企业创新并没有统计学上的意义。巫强等（2014）研究基于上市公司数据表明"对战略性新兴产业而言，定额补贴对其创新产出无显著影响，且直接补贴的效果好于比率补贴"。赵袁军（2017）的研究发现，单独的补贴或者税收政策等政府支持方式同企业创新绩效之间的正相关关系不具有统计上的显著性。

④政府支持行为的不确定性，包括倒U型作用以及情景差异性（崔兆财等，2023；王永贵和李霞，2023）。比如，林洲钰（2015）等发现，政府补贴对企业创新产出之间呈现倒U型关系，即政府补贴在突破临界值之后，对创新产出的影响由促进逐渐变为抑制。冯海红等（2015）研究发现，税收优惠存在一个最优区间（3.93%~12.00%），在区间内，税收优惠对企业研发投资起强促进作用，低于该区间作用减弱，超出该区间，起反作用。程郁等（2016）实证研究发现，税收优惠政策对在孵企业创新绩效更重要的投融资服务和社会网络服务的激励效应不显著，能有效激励场地及技术人员提供等对在孵企业创新绩效关系不大的基础服务。陈子韬（2020）研究表明，政府支持在不同行业中发挥的作用存在差异性：政府支持在医药制造行业、航空航天器制造业、电子计算机及办公设备制造业中对创新效率影响并不显著；在医疗设备及仪器仪表

制造业与电子及通信设备制造业中，政府支持与创新效率呈现倒 U 型关系。成琼文（2021）对资源型上市公司经验数据的实证分析表明，政府补贴对资源型企业的实质性创新产出有显著的门限效应，存在补贴强度的最优区间，并在国有企业、具备政治关联的民营企业以及不具备政治关联的民营企业间存在显著差异。魏巍等（2021）基于高新技术企业的样本，研究发现政府的创新支持行为与企业创新之间存在倒 U 型关系，且产权性质可以调节政府创新支持与企业创新的关系。许治（2021）基于广东省孵化器数据的实证研究发现，孵化补贴强度与创业指导服务之间存在倒 U 型关系，与网络服务间存在正相关关系，与投融资服务间没有显著的相关关系。余典范和王佳希（2022）对 A 股上市公司的实证研究发现，补贴对成长期企业的创新具有显著激励效果，对成熟期和衰退期企业创新无显著正向影响。童馨乐等（2022）基于 2001～2017 年中国非金融类 A 股上市公司面板数据的实证分析发现，在控制内生性后，政府研发补贴对企业专利产出具有不显著的负向影响；在法治水平较高、政府干预程度较低的情况下，政府研发补贴能够提升企业专利产出。

第二，政府支持行为组合对企业创新绩效的影响。

有学者指出，某一种政府支持行为存在一些缺陷，不能有效地促进企业的创新行为，通过不同的政府支持行为"组合拳"，能更有效地促进企业创新（郑烨等，2017；曾萍等，2014）。已有研究从协同视角出发，探究不同的政府支持行为的"组合影响"，但大多从两种支持行为的组合来进行分析，极少数文献分析了三种及以上支持行为组合对企业创新的影响（郑烨等，2017）。大多数学者讨论了政府研发补贴和税收优惠支持行为对企业创新绩效的影响（朱平芳和徐伟民，2003；张新和任强，2013；周海涛和张振刚，2015）。朱平芳等（2003）研究发现，政府研发补贴和税收减免政策工具的组合，更能发挥出效果。康等（Kang et al.，2012）基于韩国中小型生物技术企业的数据研究，分析了政府研发支持对企业创新产出的直接和间接影响，研究发现，政府通过直接参与研发项目投资来刺激企业内部研发投入、通过与上下游合作间接影响企业创新。张新等（2013）研究发现政府的直接补贴对企业创新带来的增长效应最为显著；"减中央、增地方"的税收结构调整有助于实现税收制度对企业创新激励的最大化。郑烨等（2017）、周海涛和张振刚（2015）研究发现，相较于税收优惠，研发经费补贴更能促进企业创新绩效；对于不同的企业类别促进作用有所不同，经费补贴更能够促进初创企业创新绩效，税收优惠更能够显著促进大型企业的创新绩效。

一些学者探讨了政府财政补贴与其他政府支持行为的组合作用，比如：政府采购（李蕊和周平，2012）、创新政策支持（Li & Wei，2015）、科技服务（Xu et al.，2014）、创新环境建设（曾萍等，2014）等与政府补贴的组合作用。李蕊等（2012）实证研究发现，政府直接财政科技投入与政府采购的结合能显著促进企业自主创新绩效。李和魏（Li & Wei，2015）研究发现，相较于税收减免政策，直接的研发补贴更能促进企业创新绩效。徐等（Xu et al.，2014）实证研究发现，政府研发补贴和科技服务支持行为均能促进企业新产品的开发。在政府支持行为的四类组合方式研究中，杨向阳等（2015）的实证研究发现，政府支持显著影响软件类和信息服务类企业的创新类型选择及企业创新频次，不同类型的政府支持行为对企业创新效果影响不同。李万君等（2019）基于 197 家种子企业的调查数据，研究发现：从政策异质性来看，直接补助和税收优惠只对种子企业技术的创新数量有显著的提升作用；信贷支持则对种子企业技术创新数量和质量具有显著的提升影响。从组织异质性来看，政府支持更能够促进规模较大的非公有种子企业技术创新绩效。从市场异质性来看，在强市场竞争和强知识产权保护环境中，政府支持更能提升种子企业的创新质量；在弱市场竞争环境中，信贷支持更有助于提升种子企业技术创新的数量；在弱知识产权保护力度的产业市场中，税收优惠负向影响技术创新的质量。

（2）政府支持行为对企业创新绩效影响的间接效应。

学者发现政府支持行为对企业创新绩效的影响路径并非总是直接的，需要通过中介变量发挥作用，并且基于不同的情景，政府支持行为对企业创新绩效的影响程度明显不同。中介变量和调节变量的存在，使政府支持行为与企业创新绩效关系呈现出更细致的和情景化的结论（郑烨，2017）。

（3）政府支持行为与企业创新绩效间关系之间的中介效应。

梳理现有研究文献，政府支持行为与企业创新绩效间关系的中介变量可以归纳为企业战略、组织能力和外部网络等方面。从企业内部战略执行方面出发，通过学者的研究梳理发现，政府支持行为与创新绩效之间的中介变量如下：企业自主创新意愿（洪勇和李英敏；2012；成琼文和丁红乙，2021）和创新行为（洪勇和李英敏，2012）、管理创新和突破式技术创新（韩晨和高山行，2018）、创业导向（李颖等，2018）、内部激励（聂岸羽，2011）与研发资源投入（聂岸羽，2011；薛阳和胡丽娜，2020；陈婕，2021；成琼文和丁红乙，

2021）。从组织能力方面出发，政府支持行为与企业创新绩效关系间的关系主要有以下中介变量：双元学习能力（薛捷，2015）、资源吸收能力（薛捷，2015；Naqshbandi，2016）、孵化器的孵化服务（程郁等，2016）以及企业创新活力（宋砚秋等，2021）。从企业外部网络出发，政府支持行为与企业创新绩效间主要有以下中介变量：政府权力运作方式（龙静和刘海建，2012）和服务性中介机构（龙静等，2012）。

（4）政府支持行为与企业创新绩效关系间的调节效应。

梳理当前研究文献，政府支持行为与企业创新绩效之间关系主要的调节变量可以归纳为企业基本特征类、企业战略管理类以及区域环境类三类。

从企业基本特征角度看，学者们先后采用了企业产权比重（冯海红等，2015；丁凯和朱顺林，2016）、行业技术水平（丁凯和朱顺林，2016）、企业类型（江静，2011）、企业规模（冯海红等，2015）、企业知识技术密集度和企业所有制特征（冯海红等，2015）、失败经验（李颖，2018）、产权性质（魏巍等，2021）作为调节变量。企业战略管理变量主要有：知识产权保护与企业创新能力之间的调节变量包括企业利用知识资源的动机、战略环境以及企业知识产权所有者与使用者之间的战略实践（杨震宁和李东红，2010）、研发投入强度调节政府科技项目投入与企业创新效率之间的关系（李左峰和张铭慎，2012）。政府补贴与企业技术创新绩效关系之间的调节变量主要有企业首席执行官（CEO）两职合一、控股股东所有权和控制权的两权分离（吴剑峰和杨震宁，2014）。研发投入补贴与自主创新产出关系的调节变量有：企业所处的外部区域环境视角、经济发达程度和科研基础设施状况（樊琦和韩民春，2011）；区域经济发展水平在税收优惠政策和技术创新效果之间起调节作用（孔淑红，2010）；制度环境正向调节在政府补贴行为与企业创新绩效的关系（邵传林，2015；薛阳和胡丽娜，2020；马永军和李毅凡，2021）；政府支持与企业创新绩效之间关系的调节变量有：要素市场扭曲程度和所有制（杨洋等，2015）、市场竞争强度（李颖，2018）。区域知识产权保护程度显著调节政府补贴与创新的关系（刘钧霆和曲丽娜，2020）。市场竞争与政府支持的交互（即市场竞争）对企业创新有影响，即市场竞争调节政府支持与创新的关系（康志勇和刘馨，2020）。融资获取和高新技术服务能显著增强财政补贴和税收减免的对众创空间内入孵企业创新绩效的政策效果（沈嫣等，2021）。政府干预程度、法治水平，调节政府研发补贴与专利产出之间的关系（童馨乐等，2022）。

综合分析政府支持行为与企业创新绩效间的大量实证研究，可以得出以下两个基本判断，值得在后续研究中予以关注：

第一，政府支持与创新绩效之间关系研究结论的差异原因在于：政府支持与企业绩效之间关系与情景高度相关，并没有一个适用于所有情景的结论。讨论某种情境下政府支持的效果以及产生效果的途径、方式以及机制，需要针对该特定情景开展研究，才能对此情景的实践有较为有效的指导作用。

第二，政府支持行为并不是单独起作用，仅仅分析某一个方面，有很大的局限性。从系统视角同时考虑政府支持和其他策略对企业创新的协同影响，才能更趋近现实情景。将制度基础理论、资源基础理论与技术创新理论等理论结融合，从协同视角构建政府支持行为与孵育环境组合影响入孵企业创新理论框架，并通过实证研究检验政府支持行为影响企业创新绩效的作用机制，是值得关注的方向。

2.4.2　知识产权保护与企业创新

知识经济时代下，知识产权保护制度是激励企业创新最为重要的制度保障，它通过赋予创新成果一定的垄断利润产生"激励效应"；但其独占性同市场经济打破资源流动壁垒的要求背道而驰，可能导致"挤出效应"。学者们纷纷探究了其在不同情景下对企业创新的各种影响，形成了丰富的研究文献。下面从直接影响效果、中介效应、调节效应以及知识产权保护的影响因素等方面开展综述。

2.4.2.1　知识产权保护对创新的直接影响效果

知识产权保护与创新关系的相关文献相对丰富，并形成了三种结论：

（1）知识产权保护"促进"企业创新论。促进论者认为，知识产权保护为入孵企业提供了良好的创新氛围及成果转化环境，使得相关技术得以传播和扩散，进而对创新产生影响。加强知识产权保护力度可以通过以下几个方面路径促进企业创新：

第一，完善专利保护制度，公开相关专利申请信息以促进技术的共享与传播，不仅可以避免重复投资造成的资源浪费，又可以推动其他成员在巨人的技术基础上进行创新（Moser P, 2012；叶静怡等，2012；Tassey & Evenson, 2003）；对于技术落后的发展中国家而言，也能够利用技术的扩散提升本国的创新水平（Chen & Puttitanun，2005）；还可以降低企业内外部的研发信息不对称，从而促进企业创新（Hussinger & Pacher，2019）。

第二，加强对企业专有技术的保护和激励，保障知识产权尤其是发明的专有权作为企业重要无形资产的垄断租金，降低投资者对专有技术溢出的担忧，保证专有技术的未来期望收益，从而产生直接的研发投入激励效应（Kanwar & Evenson，2003；王华，2011；史宇鹏等，2013；王海成和吕铁，2016），促进创新水平的提升（Yang & Maskus，2013；尹志锋等，2013；刘思明等，2015；吴超鹏和唐菂，2016；张峰和王睿，2016；王钰和胡海青，2023）。

第三，保护创新技术的专有性，提高创新投资者的预期收益，增加企业通过不同方式（出售、自用生产等）得到专利研发收益（Besen & Raskind，1991）的保障性，直接提高了专利价值（Lanjouw & Lerner，1998；Schankerman，1998），保障了企业创新投入的回报，从而促进了企业创新（Besen & Raskind，1991；Gallini & Scotchmer，2002），避免了专利溢出对企业自身研发投入造成抑制效应（张杰等，2015），进而通过创新的事前激励促进企业的创新行为（Pinto & Picoto，2018）。

第四，降低技术许可的成本，鼓励更多的技术转移和创新（Yang & Maskus，2001），鼓励企业后续的研发创新行为（Besen & Raskind，1991；Fleisher et al.，2010；Cassiman & Valentini，2016；Kang et al.，2014）。

第五，强知识产权法律体系增强合同执行的保障，促进企业正当利益的维护（Ang et al.，2014；吴超鹏等，2016），从而激励企业间开展研发创新合作，推进企业创新能力的发展（Chen et al.，2015）。但研究同时也表明，正向效应的大小在不同行业有差异（Schankerman；1998；庄子银等，2021）。

（2）知识产权保护对创新影响不大或者"抑制"企业创新论。一些研究发现，加强知识产权保护不一定促进技术创新。这些研究认为，加强知识产权保护阻碍了知识流动和技术学习，抑制了企业创新能力的积累。同时，随着创新市场垄断程度的加剧、市场竞争和资源分配的扭曲度增加、产品价格的提高（Boldri et al.，2013），超额利润的获得会抑制企业进一步创新的动机，进而导致创新频率和复杂程度降低（Brüggemann et al.，2016）。如：巴森和马斯金（Bassen & Maskin，2000）的研究也表明，强化知识产权保护只是增加了保护成本，但并没能对本国的创新产生积极影响。这两个研究的共同缺陷是，仅仅分析国家某项知识产权保护政策变动前后的影响效果。布兰斯泰特（Branstetter，2006）基于 1982～1999 年 12 个发展中国家企业的面板数据，研究发现，对于发展中国家的技术创新而言，知识产权保护的增强并不存在显著影响。一些研究发现知识产权保护力度对创新的抑制主要通过以下几种途径：较弱的知识产权环境可以促进市场竞争，从而促进创新；聚集在知识产权保护薄弱的环境中的企业可以采取"搭便车"行为，从而促进本地企业的知识获取和创新。但较强的知识产权保护力度提升了垄断，从而减少了技术溢出与知识溢出，从而不利于创新（Engel & Kleine，2015；Lamin & Ramos，2016）。

（3）知识产权保护水平与企业创新之间的"非线性关系"。非线性关系有多种表现，一种是明确的 U 型或者倒 U 型关系，有些是不同的关系，取决于不同的情景。比如，有的学者在标准的内生性增长框架内引入"干中学"效应（Furukawa，2010；2007），基于产业组织视角，以序贯或互补创新为基础（Bessen，2009），在传统模型的基础上，认为"知识产权保护与创新之间的关系是非线性的"。还有一种折中的意见认为，知识产权保护与创新之间存在复杂的倒 U 型关系，即过紧或过松的知识产权保护都不利于技术创新（O'Donoghue & Zweimuller，2004；Gangopadhyay & Monda，2012；余长林和王瑞芳，2009；刘思明等，2015），存在一个最优的知识产权保护水平，帕克（Park，2008）在此基础上提出了"最优知识产权保护假说"。因此，知识产权保护需要在促进知识的广泛传播和有效利用两者之间进行协调，在社会公共福利和创新激励与保护力度之间进行权衡（党国英等，2016）。

不过，刘思明（2015）的研究发现，超过 95% 的样本位于倒 U 型拐点的左侧，强化知识产权保护有利于我国绝大多数工业企业的创新能力提升。而且，知识产权保护对发明专利的促进作用要显著于实用新型和外观设计专利。比如：陈和普特提农（Chen & Puttitanun，2005）利用 64 个发展中国家在 1975～2000 年进行的实证分析表明，一国的最优知识产权保护水平与国家经济发展水平呈倒 U 型关系。钱（Qian，2007）使用 26 个非经济合作与发展组织（OECD）国家 1978～2002 年的面板数据进行研究，发现专利保护对于医药行业的创新水平整体上不存在显著的影响，但是在经济发展程度较高、教育水平较高以及市场自由度较高地区的知识产权保护对于创新明显得到加速。一些学者通过构建理论模型来解释经济发展程度、知识产权保护水平和创新之间的关系，发现较低的知识产权保护水平可以促进企业对国外技术的模仿，而较强的知识产权保护水平有利于提高国内企业创新水平（林菡馨，2019）。斯威特和马乔（Sweet & Maggio，

2015）使用 1965～2005 年 94 个国家的数据进行的实证研究也发现了类似的规律：知识产权保护程度越高的国家所拥有的创新产品数量较多，并且这些国家的创新产品出口到了更多的国家。有学者发现产业技术模仿程度与产业创新活动、企业创新价值之间存在倒 U 型关系（Im et al.，2019），而认为知识产权保护对 OFDI 逆向创新溢出的调节作用是 U 型的非线性影响（李勃昕等，2019）。

2.4.2.2 知识产权保护与企业创新之间的中介效应和调节效应

除了讨论知识产权对创新的直接效应外，也有少量的研究讨论了其中介效用和调节效应。如尹志锋等（2013）的研究发现，研发投入和外资进入在政府知识产权保护与企业创新产出之间起到中介作用。除了上述影响关系，企业内外部情境的调节作用也是研究的重点，相关调节变量主要有：企业规模（Holgersson，2013；Nikzad，2015）、金融发展水平（吴先明等，2016；Maskus et al.，2019）、外部利益相关者（Henttonen et al.，2016）及所有权性质（Fang et al.，2017）等。

2.4.2.3 知识产权保护创新效应的影响因素

考虑到知识产权对创新影响的多效性，一些学者开始研究知识产权保护创新效应的影响因素，提出了包括国家、行业以及企业层面的异质性因素。国家层面的异质性影响因素包括一国的研发强度、初始知识产权保护强度、人力资本水平、资源约束、制度体系、经济开放性以及经济发展阶段等（Qian，2007；Mohtadi et al.，2014；Loukil et al.，2020）。行业层面的关键异质性影响因素包括创新能力（Chen et al.，2005）、创新密集度（Dutta & Sharma，2008）、市场规模（Boldrin，2013）和竞争结构（Horii et al.，2007）。企业层面的异质性影响因素包括企业规模（Kim et al.，2011）、产权性质（Fang et al.，2017）、行业技术地位（Acemoglu，2012）、国际化特征（赵忠秀等，2022）、产权性质（史宇鹏等，2013；庄子银等，2021）、企业规模（庄子银等，2021）、技术类型（寇宗来等，2021）等，这些研究表明，加强知识产权保护对不同类型企业创新的影响是非对称的。

由此可见，理论上，在一定范围内提高知识产权保护水平有利于促进创新，但是在具体情景中，知识产权保护能否促进创新、最优程度的确定仍然存有争议，要依据情景而定。

2.5　文献评述

既有研究主要从两个角度关注创新环境：一是对特定区域的创新环境系统要素开展研究，二是对某一个或者几个环境要素与企业创新的关系开展研究。本研究梳理文献发现，不同情景下对创新环境产生重要影响的环境要素是不同的，不同情景下，创新环境要素对企业创新的效果也是不同的，也就是创新环境及其影响的情景化特征。既有研究讨论了区域、产业园区、科技城甚至企业的创新环境及其影响，但对于新兴的情景——众创空间情境下企业创新的环境因素及其影响，已有文献只有零星讨论。从系统整合的视角来看，入孵环境中的入驻创客/初创企业的创新产出受到区域政策支持和孵育赋能服务两个层面、多个因素的影响。现有研究对这两个层面因素对创新影响的讨论形成了较为丰富的文献。但从系统整合的视角来看，既有研究存在如下四个缺口。

2.5.1　缺少一个完整的在孵企业创新产出外部环境影响因素模型

众创空间的创新产出受到区域政府政策和平台孵育服务共同的影响。现有文献更多关注众创空间孵育服务与实践对于入驻创新的影响。如众创平台孵育服务（刘新民等，2019）、创新氛围和项目运作（王兴元和朱强，2018）；多元网络等支持情境（胡海青等，2018）；资金支持、设备支持、网络支持（王是业和武常岐，2017）；孵育器的契约控制和社会控制行为（胡海青等，2017）等、创客团队的特点、知识共享的特点（霍生平等，2019）以及众创平台合作环境、创业培训环境、金融支持环境、技术供给环境等（王海花等，2020）。同时，关于区域层面因素的影响研究屈指可数，有少量研究开始关注区域政策支持比如政府补贴对入孵企业创新的影响（程郁等，2016；刘新民等，2019；高涓和乔桂明，2019；沈嫣等，2021）；有很少的文献讨论了区域知识产权知识服务与创新的关系（方琳瑜，2018；潘冬，2019）。

但上述研究只是分别讨论区域政策支持因素或者微观孵育服务的某一个/些因素，研究涉及的影响因素是分散的、零碎的、不完整的。比如，对在科技城、孵化器等孵育组织研究中受到较多关注的规模、区域知识产权保护程度等环境因素也缺乏讨论；同时，这些研究对影响入孵企业创新的政策支持和平台孵育赋能的重要因素并没有形成一致认识。

因此，现有研究未能从系统整合的视角回答影响在孵企业创新的外部支持环境包括哪些要素？这些要素有什么样的影响效果？各要素间的相互关系如何等问题。这些问题的讨论尚缺乏一个系统的影响因素维度模型。

2.5.2 缺乏政策支持与孵育赋能创新效率的评价研究

近几年，众创空间迅速发展。现有研究更多是采用逻辑分析和论证的方式指出众创空间对于大众创新的重要意义。既有的定量分析和评价主要是从运营和创业绩效角度展开，对入孵企业创新产出效率的评价主要以空间的投入和产生为指标进行整体运营效率为主。如张丹宁等（2017）对沈阳市众创空间的运营效率指数的测算；陈章旺等（2018）对福州众创空间的产业效率的评价；袁慧和赵四化（2018）对四川省地方高校众创空间的运营效率进行的评价；陈武（2020）对中国 31 个省、区、市众创空间的资源配置使用效率、规模效率、管理效率等进行的比较研究；李翚（2022）对中国众创空间内入孵企业创新创业效率的综合评价。

现有众创空间的评价研究主要存在以下问题：一是多以运营效率评价为主，掺杂了对于创业效率的评价，因此，对创新效率的评价准确性受到影响。

二是投入方面，既往研究主要考虑政府层面的财政资金投入、众创空间平台层面的经济投入，对区域层面的知识产权保护、众创平台的非经济类的孵育活动投入等缺乏考虑。

三是数据方面，既有研究往往采用某一年的数据进行分析，缺乏对众创空间实施以来投入产出的整体分析以及分阶段情况的分析，尚不能有效把握创新效率的总体情况及变动情况。因此，需要将宏观、微观的经济与非经济投入都纳入研究框架中，才能对环境支持和平台赋能的整体投入的创新效率进行相对更全面的评价。

2.5.3 缺乏政府支持政策与平台孵育赋能影响效果的实证研究

众创空间开展的孵育赋能服务活动是否对入孵企业的创新有积极的影响？

政府支持政策是否促进了众创空间的赋能效果？这些问题需要实证来加以检验。现有研究隐含着对初创企业的孵育服务越多越好、越慷慨越好的意味（Castrogiovanni，1996），这种服务逻辑难免简单粗糙。但早已有实证研究表明孵育服务的有效性并不一定是由孵育服务的多寡决定的，孵育服务并不是越多越好。同时，关于政府支持与创新的关系的研究（陈婕，2021；宋砚秋等，2021；肖兴志和王伊攀，2014；庄子银，2007；吴超鹏等，2016；张峰等，2016；Engel & Kleine，2015）表明，并非所有的政策支持都能对入孵企业创新产出以及孵育服务与创新产出的关系可能存在积极影响、消极影响或者倒 U 型关系，甚至没有关系。因此，现有孵育服务和创新文献虽讨论了各种情境下的孵育服务与创新，但对于宏观环境中政府补贴和知识产权保护对众创空间孵育服务与创新产出关系的影响效果并没有得到讨论。众创空间的孵育服务是否有效、如何有效以及哪些服务更为有效等问题；需要实证检验。同时，现有文献尚未对政策支持对孵育服务效果的影响作用展开讨论。有一些研究考虑了直接影响，但是对于众创空间的政府政策支持和知识产权服务，不是直接针对入孵企业的，如补贴等是发放给众创平台的，期望通过影响众创平台的孵育服务来影响效果。再则，在其他孵育研究中考虑的区域知识产权保护、区域的孵育密度等因素，众创空间文献的研究中尚没有得到考虑。政府补贴、知识产权保护如何影响孵育服务与创新产出的关系还需要通过实证研究进行回答。

2.5.4　缺乏提高入孵企业创新产出的系统整合路径研究

不少研究者的研究指出，众创空间系统包含了与创业活动相关的所有参与主体及环境要素，具有生态系统属性（Stam，2015；Spigel，2015；张玉利等，2017；李燕萍等，2017）。从实践来看，区域政府政策支持要素和平台孵育赋能要素都是入孵企业创新的重要影响因素；从系统整合视角来看，这些要素之间具有复杂的、非线性的和相互影响的关系，回答"如何提高众创空间的创新产出"问题需要采用"整合协同"的方法研究其影响因素之间的互动关系（Fiss，2011）。既有研究由于方法的局限，主要讨论单个影响因素的"净效应"；或者单独讨论政府补贴对众创空间内入孵企业创新产出的促进作用（高涓等，2019）；或者单独研究众创平台孵化赋能（刘新民等，2019）、创新氛围和项目运作（王兴元等，2018）；网络情境（胡海青等，2018）；资金、设备与网络支持（王是业等，2017）；以及孵化器的契约控制和社会控制行为（胡海青等，2017）等对创新产出的影响，无法完全解释政府支持和平台赋能的多因素之间的因果复杂性（Rihoux & Ragin，2009）及其"协同效应"，就不能很好地回答"如何提高众创空间的创新产出"问题。

因此，对于中国情境下众创空间内入孵企业创新环境对其创新的影响问题，需要从系统整合的视角，研究其要素构成、影响效果和实现路径问题。既从众创空间情境下丰富创新环境要素研究的文献，也为孵育服务的效果以及创新实现机制文献做贡献。

第 2 篇
政策支持的效果与路径

中国政府特别是地方政府在转型期对经济活动影响具有显著的影响，众创空间的发展也表现出明显的政策驱动特征。区域政策支持推动了众创空间的蓬勃发展，并推动众创空间积极开展孵育服务。本书比较数据发现，不同省市政府对众创空间的政策力度、众创空间的发展规模以及众创空间的服务水平间存在巨大的差异。各区域实际政策的实施效果、获得高绩效产出的路径模式是什么？需要通过实证研究来加以揭示，以丰富和发展孵育服务相关理论，政府支持政策的决策和实践提供理论指导和实证支持。

本篇采用二手数据，从四个角度对区域政府的积极施策效果和路径开展实证研究，包括第3、第4、第5、第6共4章。第3章是对众创空间发展状况的描述性研究；第4章对政策支持与孵育服务投入的相对DEA创新效率进行了评价，指出了各区域的相对效率情况；第5章对区域两类政策支持对平台孵育服务于入孵企业创新的影响效果进行了多元回归分析；第6章运用QCA方法，探寻了目前政府层面、平台孵育层面的六要素能够导致入孵企业高创新产出的可能组合路径。

本篇四个研究采用了相同的数据源，即2016~2021年的《中国火炬统计年鉴》《中国知识产权指数报告》公布的有关指标。科技部公布的《中国火炬统计年鉴》涵盖北京等30个省份（除西藏及港澳台地区）的众创空间发展数据，详细统计了不同省市众创空间的规模、服务发展情况、政府支持情况等主要指标，较为全面展示了2016~2020年我国众创空间的发展情况；《中国知识产权指数报告》是由国家知识产权局发布，涵盖北京等30个省份（除西藏及港澳台地区）的知识产权保护情况。不同研究根据需要采纳其他数据，如一些控制变量来源于《中国统计年鉴》《中国城市年鉴》。

第3章

众创空间发展状况的
描述性研究

3.1 实践状况

3.1.1 国外众创空间的起源背景和发展状况

在全球第四次创新创业浪潮背景下，以"互联网＋"为代表的新一代信息技术快速发展，推动了封闭式创新向开放式创新进一步转变，带来了创新速度比以前更快、创新能力比以前更强、创新更具有可持续性的"创新2.0时代"。开放式创新进一步突破了组织的边界，推进欧美广泛普及的 DIY（do it your-self，自己动手做）文化（徐思彦和李正风，2014）向创客文化演化，推进最早形态表现为20世纪90年代欧洲出现的黑客空间（hackerspace/makerspace）的创客运动的蓬勃兴起。创客运动提供了开放、共享的技术文化，但创客运动的对象仅限于部分创新创业者。

随着创新的范式和方法的革命性变化，创新主体的范围也从专业的研发人员扩展到了更广泛的普通大众。信息通信技术的融合与发展促进了知识社会的形成，而知识社会的流体特性推动了创新民主化，因此，传统意义上的实验室边界及创新活动的边界正在消融。这种变化为企业利用大众创新提供了契机，比如，Linux 开放源代码软件的开发就充分利用了来自互联网普通大众的智慧，使得创新跨越了地理障碍和社会障碍，只要有才能的人都可以参与软件的开发；Threadless. com 在线 T 恤设计网站成功利用大众参与来设计和选择优秀的 T 恤图案，也起到了良好的效果；保洁公司通过 Innocentive 网站的"创新中心"平台将企业内部的部分研发任务发布到该网站，吸引来自世界各地的智囊团提供解决方案，并提供丰厚的报酬，近年来为企业节约了大量的研发成本。Web 2.0 的信息共享优势，使企业和大众真正获得了学习创新知识、寻找创新灵感、交流创新思想、改进创新产品、分享创新成果的大舞台。创新的主体、范式和方法的变化并引领着全球众创空间的发展。

因此，可以说创客空间（maker space）起源于创客运动，但又是一种全新的组织形式和服务平台、真实存在的物理场所，一个具有加工车间、工作室功能的开放交流的实验室、工作室、机械加工室（美国《创客杂志》）、相对线上虚拟社区而言的实体空间和开放式社会化平台，具有相同爱好的技术人员会定期在这里组织活动以及开展合作研究。旧金山创客空间噪声桥（Noisebridge）的创始人米奇奥特曼（Mitch Altman）提出，一个典型的创客空间通常配备有包括 3D 打印、激光切割、数控机床等新型的生产设备以及各种生产工具，并且广泛采用 Arduino 单片机等开源硬件。全球第一家真正意义上的创客空间混沌电脑俱乐部（Chaos Computer Club）1981 年在德国柏林诞生，具有典范意义的创客空间当属欧洲的生活实验室（Living Lab）以及美国的装配实验室（Fab Lab）。欧洲在 2006 年 11 月创建了生活实验室网络，将其作为欧洲创新系统的关键组成，目的是提高创新洞察力和促进科技成果转化。它采用新的工具和方法，特别是现代信息技术，调动全社会的集体智慧和创造力；强调以人为本、以用户为中心、共同创新，是一种致力培养以用户为中心、面向未来的科技创新模式。装配实验室即微观装配实验室（Fabrication Laboratory，2001），是美国 MIT 比特与原子研究中心创建的一项新颖的实验室，相当于一个拥有各种工具几乎可以制造任何产品的小型车间。阿姆斯特丹的虚拟众创空间和美国波特兰创业园区也是典型模式。阿姆斯特丹是欧洲的创客中心，当地政府出资，利用商业创客网站的数据打造阿姆斯特丹创业平台，借助地理信息系统技术提供创新与创业服务，该平台可以呈现创业企业、政府或民间孵化器、投资者及行业投资情况；美国波特兰创业园区将相关资金投入城市更新，以增强吸引力，并利用创新大赛、种子基金等为创业者提供各类支持。除了以上介绍的装配实验室（Fab Lab，2001）、生活实验室（Living Lab，2006）以及阿姆斯特丹的虚拟众创空间和美国波特兰创业园区外，国外创客空间涉猎范围广泛，典型的还有如雷格斯（Regus，1989）、可达空间（Access Space，2000）、技术工作室（TechShop，2006）、美特创客空间（Metlab，2006）、纽约电阻器实验室（NYC Resistor，2007）、噪音桥实验室（Noise-bridge，2008）、工匠庇护所（Artisan's Asylum，2010）、共享办公（WeWork，2010）等世界知名的创客空间，在世界范围内产生了广泛影响。

整体看，国外众创空间经历了从自发、分散、个人的民间创新，到有组织有计划、集聚分享、团队合作的商业化创新创业孵化的过程。起步早、领域广，形成以DIY为理论渊源，以开源创新、互联网为形成条件，以开放创新、社区化创新为发展类型，其模式已经从计算机领域延伸到更多领域，并发展出许多不同的创客空间，形成的商业模式主要有工具服务＋社交服务＋知识服务＋创投服务，创客空间＋购物中心，创客空间＋实验室，创客空间＋互联网。近几年，模式和应用领域也逐年增加，涌现出各类创客空间，包括基于分享经济的经济创客空间（Bauwens，2012）、艺术实验室、计算机实验室、科学实验室和木工房相结合的创客空间、高校创客空间、图书馆创客空间、博物馆和社区组织类型的创客空间（Leanne & Ryan，2016）、公司创客空间、医院众创空间（Maria，2018）。纵横交错的创业生态网络，不同层次的创客空间相互嵌套并推动动态演化，具有鲜明的生态系统属性（Rona & Rahul，2010；Muhammad，2013）。

众创空间相对于实践历史和学术研究历史更长，发展相对比较成熟，商业模式清晰，集空间、投资、创业服务等为一体的其他创新创业服务机构形态，包括孵化器（Incubator，代表机构Idea Lab）；加速器（代表机构Y Combinator）；综合创业服务机构（代表机构Rocket Space）；联合办公空间（代表机构We Work）；创客空间（代表机构1010社区）等侧重于大众创新。英国智库NESTA（2016）则把众创空间定义为提供一个免费或付费的开放空间以及一定的设施，任何人可以到这里来进行创造。不少相关研究关注了创客空间如何孕育大众商业利益特别是大众创业公司等问题。安德森（Anderson）在《创客：新工业革命》一书中指出：人人都是创造者的时代已经到来，在全球得到积极回应，各国积极出台政策推动其发展，客观上推动了创客空间的进一步发展。相关政策与措施见表3.1。

表 3.1   美、德、英三国推动创客空间发展的政策与措施汇总

国家	相关政策与措施
美国	2009 年、2011 年和 2015 年三次推出《美国国家创新战略》，发起了"创客之国倡议"，在引领和促进美国创新创业方面发挥了重要作用。《美国创新战略》高度重视创客创新，大力支持创客运动，强调要通过支持创客文化来充分挖掘创新者的聪明才智
	2011 年，白宫启动实施创业美国倡议，从降低资本进入门槛、搭建创业培训平台、减少行政阻碍、加速创新转化，以及释放市场活力五大方面，支持民众创新创业
	2012 年初，美国政府提出：计划未来 4 年内，在 1 000 所学校引入创客空间，同时配备各种数字制造工具，培养新一代生产创新者和系统设计师
	2012 年《美国先进制造业国家战略计划》：美国政府将创客空间誉为推动制造业振兴的重要平台
	2014 年 6 月美国政府举办首届"白宫创客大会"，发布了创客运动的整体措施，并将每年的 6 月 18 日定为"国家创客日"。之后，又将第二届"白宫创客大会"的举办日期定为"国家创客周"
	2015 年的"国家创客周"期间，美国政府提出《进一步推动全美创客行动的倡议》，再次倡导要为学生提供亲自动手实践的学习机会
	2019 年 3 月，美国国会正式通过了第一部有关于创客教育的法案《发展活力教育、研究和技能法案》（Makers Act），该法案规定了国家科学金基会主任为创客空间的研究和发展提供赠款以此促进创客教育发展
德国	2013 年 4 月，德国政府在汉诺威工业博览会上正式提出了"工业 4.0 战略"，为创客空间的发展营造了良好的政治环境
	2014 年，德国政府发布题为《新高科技战略——为德国而创新》的报告，鼓励创客空间发展，旨在推动德国成为世界领先的创新国家
	2019 年 2 月，德国联邦经济与能源部发布《国家工业战略 2030》，旨在有针对性地扶持重点工业领域，通过积极发展创客空间来激发制造业领域的创新，进一步提高德国的创新能力，以在新一轮世界产业竞争中保持德国的领先地位
英国	1993 年，英国政府发布《实现我们的潜力：科学、工程与技术战略》：明确科技创新能够提升国家实力，呼吁社会各界充分发挥科学、工程和技术的潜力
	2009 年 1 月，英国创客空间基金会成立，促进了英国新创客空间的建立和已有创客空间的发展。同年，英国国际生命中心开始每年主办一次英国"制汇节"（Make Faire UK）
	2011 年，英国政府发布《增长的创新和研究战略》报告，明确高校在创新生态系统中的重要地位，并通过一系列具体措施鼓励大学生创新创业
	2012 年，英国政府成立数码创客基金，助推创客空间的发展
	2013 年，英国政府提出《英国工业 2050 计划》，通过积极发展创客空间来激发制造业领域的创新或刺激全社会创新对制造业的贡献，进而实现国家经济再平衡
	2015 年，英国政府发布了一系列共享经济扶持政策，提出要将英国建设成为"共享经济全球中心"。这一系列政策的制定，为创客空间的发展提供了有力的政策支持
	2017 年，英国政府颁布了《工业战略建设指南》，突出创新创业对成功实施工业战略的重要性
	2018 年 1 月，英国高等教育质量保障署（Quality Assurance Agency for Higher Education，QAA）发布了创新创业教育标准文件，强调创新创业教育对于学生创造力的积极影响

资料来源：根据李燕萍，李洋. 中美英三国创客空间发展的比较及启示 [J]. 贵州社会科学，2017（8）：82-88；王静，冯利娜，明均仁，等. 创客运动背景下英国高校创客空间建设现状及启示 [J]. 图书馆学研究，2019（9）：82-88. 整理。

麻省理工学院等 8 所美国顶尖高校共同发起高等教育创客空间倡议并成立全球学术创客协会，旨在合作解决学术型创客空间面临的挑战并促进其在高等教育中的应用。创客空间的数目一直持续增长，形成了较为稳定的组织网络，并拥有特定的学习理论和文化观念等作为发展支撑。通过创客空间推动创新创业的发展已经成为一种现象级的事物（Browder et al.，2019），数量在逐年增加，现在已经分布到全球 100 多个国家和地区（Halverson & Sheridan，2014；Browder et al.，2019），并呈现指数级的发展。目前国外 120 多个国家和地区有创客空间，欧美创客空间已超过 2 230 家，美国、欧洲各占 40% 左右。随着进一步演变，创客空间越来越走向多样化，制造的产品包括实体产品，也包括软件产品，还包括艺术产品，创客空间也越来越走向专业化。通过众创空间的推动，创新不再是少数被称为科学家技术家的人群所独享的专利，每个人都可以是创新的主体，传统意义的实验室边界和创新活动的边界开始融化（宋刚等，2008）。

不少学者认为，在充满活力但越来越不确定的创业型社会，创客空间这种新型大众创业支持系统比传统的知识转移系统更有效，对社会的影响也比前几年大得多。他们分四个层面论述了这种积极效果：在个体层面，创客空间在赋予个体以能量（Lindtner et al.，2014），培育企业家精神，培养未来所需技能（Fox，2014；Lindtner et al.，2014）等方面具有不可思议的力量。在企业层面，创客空间在创业企业和企业家之间建立了联系，在更加广泛的层面上实现协同创新（王佑镁和叶爱敏，2015），促成企业形成竞争优势和降低创新成本；帮助初创企业应对资源短缺，发挥着创业资源积聚（陈夙等，2015）、创意诞生、创新孵化与创业支撑等功能（李万等，2014），使鼓励创业成为可能，有助于成功企业的产生。在高校层面，众创空间能够推动大学科技园向企业治理模式转型（费坚和赵海涛，2015），促进大学生全面发展并提高创业成功率（李瑞军等，2015）。在宏观层面，创客空间在增强区域投资水平、促进创业资源集聚并实现大众创业、引发创业大潮（刘佳薇等，2015）、激发创业创新活动（Maria，2019）、推动国家创新（Maria，2018；Svenssona，Hartmannb，2018）等方面也展现了一定成效，是下一次工业革命的催化剂（Anderson，2012），将形成经济发展的新动力。

3.1.2　国内众创空间的起源与发展

3.1.2.1　国内众创空间的起源

我国众创空间起源于国外的创客空间。国内的传统科技企业孵化器大多是一种准政府性质、靠优惠政策来扶持弱小企业，具有温室意味的避风港。2010年以来，在国内双创政策的推行下，国内的科技企业孵化器与外来的创客运动、创客空间逐渐地合作、参与地方发展，在概念上出现了交融的趋势（陶蕾，2014）。当创客运动进入中国，通过一系列政府文件、双创政策建构出新的本土定义，转化为群众、大众的众创空间载体建设。创客与企业孵化器的概念结合了本土认同，又具有权威文件的诠释，在适逢转型社会的经济动能条件下，被视为互联网技术带来"创新民主化"的时代，使更多群众能够参与创新活动。经济学人提出的"mass innovation"（大众创新），被认为是大众创新的概念先声。但中文的"众创"一词，在英文的诠释中被视为"mass"（大众）显得过于广泛，且众创不仅是体现为数量（group），由于众创并无封闭性，有人提出"创客群体"（crowd）的概念，强调志趣相同的人组成的群体，与"众筹"（crowd funding）或"众包"（crowd sourcing）相近。随后，刘志迎等（2015）进一步认为众包只是企业利用大众创新的典型实践模式之一，并不能体现大众创新的所有内涵，因此，这种新型的基于互联网的大众创新模式被称为"众创"（crowd innovation），并定义众创为：在现代互联网背景下，一方面，热爱创新的大众（创新者）基于由企业搭建的或者自发形成的互联网平台实施创新活动并且通过互联网进行创新成果的展示或出售；另一方面，其他企业或个人（需求者）通过互联网搜寻和获取创新成果并加以利用的一种新型创新模式。

创客和我国众创空间在理论上的探索，都与创业孵化的观念相互交织，且高度关联。众创空间是科技企业孵化器转型、升级为后者的概念，是创业服务的延伸（乔辉和吴绍棠，2017）。科技部也着重强调众创空间是在各类新型孵化器的基础上，打造的一个开放式的创业生态系统。创客空间关注的是如何将创意思想转化为现实，却不太关注商业价值的实现，而众创空间还进一步关注创意成果能否实现商业价值。同时，众创空间通过创新创意的自造与分享，最终直接指向创业孵化，因此，众创空间可理解为"创客空间＋创业孵化"（王佑镁和叶爱敏，2016）。

众创空间是一种新型的创新创业服务模式，具有参与式的特点，强调以大众为主体，以互联网为载体，实质上是"动机 - 机会 - 能力"模式的具体应用（刘志迎，2015），是众多创业活动在特定地理空间集聚所形成的复杂创业生态系统。作为众多创业者积聚创业的空间，众创空间基于创客精神，促进创客不断成长，为创客们提供社区互动平台与生活休憩场所；作为孵化技术创新、商业创意、促进创业的空间，众创空间是孵化新技术与新商业模式的土壤；作为丰富多样的创业资源集聚空间，众创空间促进创业资源和创客们的对接，搭建创业的基础设施平台，同时也是一系列创业政策的集成空间（陈夙等，2015）。

众创空间不是由单一要素构成的，开放式创新 2.0 时代的众创空间尤其如此。除了空间场地、基础服务等标准配置，它还需要配置精细全面的创新创业服务来吸引创业者。众创空间改变了传统孵化器的单一地理集聚功能，其有效的创新资源链接和开放式创新知识扩散模式使创新创业加速发展成为可能。众创空间在创新创业活动中遵循一定的方法与路径，历经从 0 到 1 的过程和路径创造，逐渐演变为开放式的创新创业生态系统。目前正在兴起的一些社会企业孵化器，借鉴了创意空间的模式，从硬体规划着手，为社会企业入驻打造办公、社交、活动等为一体的新型工作场所，并将创业辅导、资源平台、学习网络构建等一揽子软性服务充实其中，是具有活力的社会创新空间。同时，还借助社区营造方法，推动居民参与社会创新。

2010 年 10 月建立的上海新车间是我国的第一个众创空间。2015 年以后，随着众创空间概念的提出，创新工场、车库咖啡、创客空间、天使汇、亚杰商会、联想之星、创业家等近百家创新创业服务机构在北京、深圳、武汉、杭州、西安、成都、苏州等创新创业氛围较为活跃的地区涌现出来。这些机构各具特色，犹如星星点点的特有群落彼此连接在一起，加速了内外部各种创新创业资源的集聚，孵化了大量全新组织并培育了大批创客人才，营造了良好的创新创业氛围，逐渐成为科技服务业的一支重要新兴力量，成为创业型社会这个创新创业生态系统的重要组成部分。政府、企业、高校、科研院所、国家高新开发区等主体协同构建了诸多功能更完善、系统更复杂、创新创业能力更强的众创空间创新生态系统。在国家大力推动双创升级的大背景下，作为双创载体的众创空间的进一步深入发展，为创业者提供了专业化、个性化的创业服务。众创空间的创新创业与经济社会发展深度融合，对于推动产业升级发展，有效推动着科技创业热潮，形成"大众创业，万众创新"的创新氛围，引领中国创业迈向新的时代，对于中国经济高质量发展具有重要作用。2016 年到 2018 年，众创空间数量从 4 298 家增加到 6 959 家；收入从 150.67 亿元增加到 190.5 亿元；服务的创业团队和初创企业从 27.37 万个到 41.4 万个；从业人员从 12.8 万人增加到 14.5 万人；入孵企业拥有有效知识产权从 8.0 万件到 21.6 万件。

目前在中国，典型的众创空间生态系统主要有：海尔众创意，目标是吸引全球热爱生活热爱创意的设计师、创客、用户共同创造出互联网时代引领用户需求的产品和服务；华强云＋产业运营系统，目标是构建融合"创意、融资、研发、制造、销售、服务"六位一体的产业加速体系，并首创"未来＋"个性化产业服务，全面整合政府、专业机构、华强集团等五大产业资源，为企业提供全发展周期的一键加速系统；腾讯众创空间硬件创业生态，以"孵化平台＋创业投资＋产业资源"的运营模式，重点孵化和培育"互联网＋"、物联网、智能科技等领域的智能硬件创业企业，共同打造硬件创业生态，为硬件创业者打造"创客空间"；梦想小镇，以产城融合的理念、"互联网＋"的思维、"店小二"式的服务，帮助无资金、无土地、无办公楼、无地位但有激情、有能力、有想法、能无中生有的"四无四有"创业者，实现创业创新梦想。

据地区分布情况来看，众创空间主要集中在北京、上海、广东、深圳等创新创业资源丰富的发达地区。概括起来，目前众创空间可以划分为三个层次。

一是北上广深等一线发达城市的众创空间。一线城市经济发达、科技资源丰富，信息技术、先进制造等高科技行业发展迅速，政策支持力度大，创业活动也相对活跃。比如，北京中关村内被评为创新孵化器的众创空间，享受税收减免、场地补贴等优惠政策和服务支持。

二是有一定资源的中心城市众创空间。在杭州、南京、成都、武汉、厦门等地区众创空间也如雨后春笋般涌现。但这些城市的产业基础以及科技服务相比一线城市还是有所滞后，众创空间发展缺乏比较系统的计划、政策资金的支持力度也不如一线城市大。

三是依托高校或高新区建立的众创空间。高校的科研资源条件较好，能发挥教室和科研人员的力量，挖掘学生的专业特长和兴趣爱好，而高新区内科技资源丰富。资金来源也相对丰富，目前一些城市也都掀起了在高校和高新区内发展众创空间的热潮。

3.1.2.2　众创空间的分类及运营模式

（1）依据功能和特征划分。根据投中研究发布的《众创空间专题研究报告》指出，可以依照众创空间的功能和特征、将众创空间分为七种模式，分别为活动聚合型、培训辅导型、媒体驱动型、投资驱动型、地产思维型、产业链服务型和综合创业生态系统（见表 3.2）。

表 3.2　依据功能和特征划分的众创空间类型

类型	特点	举例
活动聚合型	以活动交流为主定期举办想法或项目的发布、展示、路演等创业活动聚合，为创业企业提供社交网络、专业技术服务平台、产业链资源支持等	北京创客空间、上海新车间、深圳柴火空间
培训辅导型	旨在利用大学的教育资源和校友资源，以理论结合实际的培训体系为依托，是大学创新创业实践平台	清华 X - Lab、北大创业孵化营、亚杰汇
媒体驱动型	由面向创业企业的媒体创办，利用媒体宣传的优势为企业提供线上线下相结合，包括宣传、信息、投资等各种资源在内的综合性创业服务	36 氪、创业家、创业邦
投资驱动型	针对初创企业最急需解决的资金问题，以资本为核心和纽带，聚集天使投资人、投资机构，依托其平台吸引汇集优质的创业项目，为创业企业提供融资服务，从而提升创业成功率	车库咖啡、Binggo 咖啡、天使汇
地产思维型	由地产商开发的联合办公空间，通过附加服务、引进天使投资和一定的政策优惠吸引租客	SOHO 3Q、优客工场
产业链服务型	产业链服务为主，包括产品打磨、产业链上下游机构的合作交流、成立基金进行合投等	创客总部
综合创业生态体系	提供综合型的创业生态体系，包括金融、培训辅导、招聘、运营、政策申请、法律顾问乃至住宿等一系列服务	创业公社、科技寺、融创空间

资料来源：根据投中研究报告、郝君超，张瑜. 国内外众创空间现状及模式分析 ［J］. 科技管理研究，2016，36（18）：21 - 24. 整理。

（2）依据参与主体划分。刘春晓（2015）提出可以按照参与主体不同划分为：政府主导型、中小企业主导型、高校和科研机构主导型、创投机构主导型、大型企业主导型以及中介机构主导型的众创空间（见表 3.3）。

表 3.3　　　　　　　　　依据参与主体划分的众创空间类型

分类	类型	目的
公益性/教学性的众创空间	政府主导型	创意分享和科技教育
	高校/科研机构主导型	
	大型企业主导型	
社会化的众创空间	中小企业主导型	强调创业项目的开发与孵化
	创投机构主导型	
	中介机构主导型	

资料来源：刘春晓. 创新 2.0 时代：众创空间的现状、类型和模式［J］. 互联网经济，2015（8）：38－43.

（3）按照对创业企业的服务阶段和专业服务能力划分。按照对创业企业的服务阶段和专业服务能力的不同，众创空间分为创意阶段、种子阶段、创业阶段、成长阶段及成熟阶段（见表 3.4）。在不同阶段，创业教育、创业孵化、天使投资、创业社区等各类服务靶向集聚，推动创业生态链的良性循环。

表 3.4　　　　　　　依据服务阶段和专业服务能力划分的众创空间

项目	创意阶段	种子阶段	创业阶段	成长阶段	成熟阶段
活动内容	创业教育	孵化场所			
	创始资金	天使投资			
	创业咖啡、网络社交、商务社交		风险投资（VC）		
	创业媒体、商务社交			股权投资（PE）	
	天使投资联盟				上市（IPO）

资料来源：刘春晓. 创新 2.0 时代：众创空间的现状、类型和模式［J］. 互联网经济，2015（8）：38－43.

3.1.2.3　众创空间的运营模式

众创空间的主要功能是通过创新与创业相结合、线上与线下相结合、孵化与投资相结合，以专业化服务推动创业者应用新技术、开发新产品、开拓新市场、培育新业态。现有研究表明，在经济社会发展层面：众创空间能够促进创业资源集聚并实现大众创业，引发创业大潮，形成经济发展的新动力。在高校层面：众创空间能够推动大学科技园向企业治理模式转型，促进大学生全面发展并提高创业成功率。在企业层面：能够促成企业形成竞争优势和降低创新成本，并在更加广泛的层面上实现协同创新。众创空间的功能体现出创新生态系统理论所倡导的协同整合，实现跨界互补的要求。

从众创空间前身创新型孵化器的商业模式来看，包括但不限于以下八种。

（1）以"开放技术平台＋产业资源支持"为特征的大企业带动小企业模式。平台型企业依托行业领军优势，征集筛选创新项目和团队，提供技术服务平台、种子基金、团队融合、行业资源对接等服务，帮助小企业快速成长。微软创投加速器面向早期创业团队和初创企业，提供为期半年的"开放技术平台＋全球技术专家指导＋创业辅导"孵化服务，由 3 位微软研究院副院长和 5 位美国 IEEE 院士等 22 位微软技术专家组成辅导团、16 位资深投资人和成功创业者组成创业导师团，为创业者在技术开发、产品构建、资源对接等方面提供专业辅导。石谷轻文化产业孵育基地依托趣游集团，建立了从研发到产品再到销售的轻游戏产业孵育生态价值链，为小企业设立了 5 000 万元早期投资基金。

（2）以"产业基金＋专业技术平台"为特征的产业链模式。云基地聚焦云计算应用，以投资为纽带，引入云计算领域优秀项目和企业，提供云计算服务运营验证平台、仿真实验室以及产业链资源支持，打造完整的云计算产业链。为入驻企业提供银行贷款授信支持，帮助入驻企业解决进京户口、外籍员工绿卡、居住证等。目前已经集聚云计算企业 24 家，获得融资近 3 亿元。

（3）以"早期投资＋全方位服务"为特征的创业模式。创新工场设立系列化的投资基金，组建专业服务团队，为创业团队提供从开放办公空间到早期投资、产品构建、团队融合、创业辅导、市场开拓等全方位的创业服务解决方案。清华厚德创新谷搭建开放式资源聚合平台，建立涵盖"5 万～50 万元、50 万～150 万元、150 万～600 万元"等不同阶段的系列早期投资基金，联合 30 余位天使投资人，共同开展投资、创业辅导、行业资源支持等服务，与 500 st-artup 等国际国内知名机构合作，发掘优秀项目。

（4）以"交流社区＋开放办公"为特征的开放互动模式。创业咖啡搭建起各类创新创业资源交流融合的平台，形成了不同创业群体聚集交流的圈子。车库咖啡通过实体与虚拟相结合的方式，聚集全国各地乃至海外的创业者，提供行业交流、开放办公空间、技术服务包、融资对接、产品构建等服务。3W 咖啡面向大公司的职业经理人和技术骨干，通过俱乐部聚集优秀创业人才。

（5）以"创业培训＋早期投资"为特征的发掘培育模式。联想控股与中科院共同推出的"联想之星创业 CEO 特训班"提供"创业教育＋创业投资＋创业辅导＋创业交流平台"服务，企业家、投资人、教授联合授课和指导。亚杰商会的"摇篮计划"每年邀请十多位科技商业、投资金融界精英人士作为导师，为有潜力的创业家进行一对一、长达两年的免费指导与互动交流，目前已设立种子基金，部分收益将继续用于免费的创业辅导活动。清华大学与清华科技园共同推出的"创业行"，按照"创业培训＋早期投资"的方式，将专业投资机构和培训机构的优势结合，为青年人才、大学生创业提供创业培训、创业辅导、早期投资等服务。

（6）以"线上媒体＋线下活动"为特征的融资对接模式。创业媒体搭建项目展示推广、交流对接等平台，发掘、筛选、推广优秀创业项目。36氪采用"网络媒体＋线下活动"的方式，帮助创业企业推广产品、提供投融资对接与交流。创业邦采取"媒体＋创业大赛＋创业家俱乐部＋基金"的方式，发挥创业导师优势，发掘优秀创业项目。创业家以"媒体＋创业大赛＋基金"的方式，定期举办"黑马大赛"、创业沙龙、项目展示等活动。常青藤创业园面向高端人才初创企业，提供创业一对一指导、并购导师等服务，与62家创业投资机构、天使投资人建立了紧密的合作联系。

（7）以"传统地产＋创业服务"为特征的联合办公空间模式。这种模式越来越被转型中的房地产企业所关注，有搭建平台做运营商，盘活自己的存量资源或者租赁市面上的存量资源为创业者提供联合办公空间。SOHO 3Q项目，主打"办公室在线短租"。万科集团原副总裁毛大庆离职创办"优客工场"，短短一个月在北京"圈地"逾5万平方米。花样年准备另辟一个平台公司"美易家"，盘活旅游地产物业存量，现在城镇已经形成了5 000多万套空置房屋。绿地、亿达等知名房企开始嫁接"互联网＋"因子，企图打造中国版联合办公租赁空间运营商。上实集团旗下上实发展，牵手美国柯罗尼资本成立"上海帷迦科技有限公司"，通过对存量物业的二次开发，采取创新与创业、线上与线下、孵化与投资相结合的方式，为创业者提供全方位创业服务的众创空间及生态体系。翌成创意通过每平方米200元~3 000元的改造成本，将市中心一些地段较好的商办项目改造成创意办公空间，仅2014年就实现1 000万元净利润。

（8）以"创业教育＋联合孵化"为特征的高端系统孵化模式。新华都商学院和中国科学院大学相继开设了创新创业MBA硕士学位教育，全新探索更加系统化的创新创业人才培养孵化模式。新华都商学院不仅聘请来了诺贝尔奖得主埃德蒙·费尔普斯领衔的高端创业导师，而且设立了2 000万元的专项创业基金扶持 MBA 学员创业。并且用商业路演作为创业学员的入学面试方法，优秀项目学员不仅获得预录取资格还可以直接获得 10 万～20 万元的公益创业基金。中科院大学更是聚集了 300 多名院士科技力量，以风险投资之父成思危领衔的本院师资力量和以海尔集团董事长张瑞敏领衔的创业导师力量为主，率先发起成立了中科院大学创新创业孵化联盟、创新创业与风险投资协会等组织，联合一线创投基金和孵化器共同为学员服务，仅开设两届，已经成功孵化出创业项目 60 多个，仅在 TMT 领域，便诞生了 36 氪、威客网、魔屏动漫爱投资、星天际网络、账房管家等系列代表项目。

武丽娜（2016）通过分析中国众创实体发展现状，认为中国现存的众创空间主要存在以下几种模式：产业链模式、互动交流型模式、培训开发型模式、O2O 模式、人才培养孵化模式、投资－服务型模式。

3.1.2.4　政策支持

中国众创空间的发展具有明显的政府政策导向。为了鼓励众创空间创新创业活动，政府相继出台了一系列政策文件，对开展创新创业进行宏观规划和实践指导。相关政策见表 3.5。

表 3.5　　中国 2015 年以来出台的支持众创空间发展的相关政策汇总

时间	文件或会议名称	主要内容
2015 年 3 月	《关于发展众创空间推进大众创新创业的指导意见》	提出到 2020 年，形成一批有效满足大众创新创业需求、具有较强专业化服务能力的众创空间等新型创业服务平台；完善投融资机制、拓宽投融资渠道；孵育一大批创新型小微企业
2016 年 2 月	《关于加快众创空间发展服务实体经济转型升级的指导意见》	提出推进众创空间专业化发展，重点在现代农业、新能源新材料、医药卫生、电子信息、高端装备制造、生物技术、文化创意、节能环保以及现代服务业等产业领域加快建设一批专业众创空间
2017 年 6 月	《国家科技企业孵化器“十三五”发展规划》	提出到 2020 年，围绕大众创新创业需求，完善多类型、多层次的双创孵育服务体系，聚集国内外资源、融合全球各类孵育要素，增添各类孵育服务，提升企业创业水平
2017 年 10 月	《国家众创空间备案暂行规定》	提出了众创空间的发展目标和主要功能，明确众创空间主要提供的服务，明确了申请国家备案众创空间所需要具备的条件
2018 年 5 月	《关于推动民营企业创新发展的指导意见》	大力支持民营企业参与实施国家科技重大项目，积极支持民营企业建立高水平研发机构，鼓励民营企业发展产业技术创新战略联盟，力促民营企业推动大众创业、万众创新，加强优秀创新型民营企业家培育

时间	文件或会议名称	主要内容
2018 年 11 月	《关于科技企业孵化器、大学科技园和众创空间税收政策的通知》	2019 年 1 月至 2021 年 12 月，对各级科技企业孵化器、大学科技园以及国家备案众创空间自用、无偿或通过出租等方式提供给在孵对象使用的房产、土地，免征房产税和城镇土地使用税；对其向在孵对象提供孵化服务取得的收入，免征增值税
2019 年 6 月	《"大众创业万众创新"税收优惠政策指引》	在促进创业就业方面，小型微利企业所得税减半征税范围已由年应纳税所得额 30 万元以下逐步扩大到 300 万元以下，增值税起征点已从月销售额 3 万元提高到 10 万元，在鼓励科技创新方面，金融机构向小微企业、个体工商户贷款利息免征增值税的单户授信额度，已由 10 万元扩大到 1 000 万元
2019 年 12 月	《科技部关于公布 2019 年度国家级科技企业孵化器的通知》	经地方省级科技主管部门评审推荐，科技部审核并公示，确定北大医疗产业园科技有限公司等 197 家单位为国家级科技企业孵化器
2020 年 3 月	《科技部火炬中心关于做好创业孵化机构科学防疫推进创业企业有序复工复产保持创新创业活力的通知》	各级主管部门要根据疫情防控实际，帮助创业孵化机构以及入孵企业有序复工复产，为其逐步恢复正常生产经营秩序创造有利条件。对于疫情期间支持扶持中小微企业政策的落地
2021 年 9 月	"国务院常务会议"	时任总理指出，要推动大学、科研院所和高新技术企业等深度融合，增强高水平交叉前沿性研究能力，支持产业共性基础技术研发，建设开放式、专业化众创空间，纵深推进大众创业万众创新
2022 年 5 月	《关于开展"携手行动"促进大中小企业融通创新（2022～2025 年）的通知》	提出到 2025 年，引导大企业通过生态构建、基地培育、内部孵化、赋能带动、数据联通等方式打造大中小企业融通典型模式；通过政策引领、机制建设、平台打造，推动形成协同、高效、融合、顺畅的大中小企业融通创新生态；助推各类众创空间建设，促进各类创新要素高效配置和有效集成

资料来源：作者根据网站资料整理。

3.2 众创空间发展及入孵企业受孵状况的数量描述

2015 年 3 月，国务院办公厅印发顶层设计文件《关于发展众创空间推进大众创新创业的指导意见》，以推动我国众创空间的发展。经过几年的发展，已经形成了较有影响力的、具有中国特色的和多种类型并存的众创空间，这些众创空间在推动大众创业、万众创新中发挥着引领与示范作用，逐渐成为支撑科技创新的重要新兴力量，成为我国创新创业生态系统的重要组成部分（李燕萍，2016；刘志迎，2018）。下面对其发展总体情况及其在区域间的分布进行数量描述，以有助于对其总体情况形成初步判断。

3.2.1　总体发展状况

3.2.1.1　众创空间总体规模

根据《中国火炬统计年鉴》统计数据显示，2016～2020 年，我国众创空间的总体数量（规模）不断增长，增长率分别为 33.53%、21.26%、14.96%、6.34%。虽然增长率逐年下降，但是因为基数在增大，所以绝对数量的增加还是较大的，总体规模已经非常客观：众创空间的数量已经从 2016 年的 4 298 个，上升到 2020 年的 8 507 个，5 年之内增加了 4 209 个；国家备案众创空间从 2016 年的 1 337 个，上升到 2020 年的 2 386 个，5 年增加了 1 049 个（见图 3.1、图 3.2）。

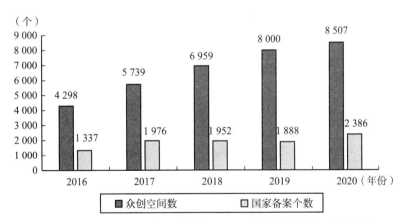

图 3.1　2016～2020 年中国众创空间、国家备案众创空间数量规模

资料来源：《中国火炬统计年鉴》（2017～2021）。

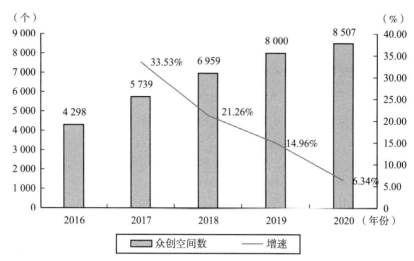

图 3.2 2016～2020 年中国众创空间数量规模

资料来源：《中国火炬统计年鉴》（2017～2021）。

3.2.1.2 众创空间区域分布

众创空间在区域间的发展非常不均衡，呈现出很大的发展差异性（见图3.3、图3.4）。从省份之间的情况来看，2020年，排在前10位的依次是广东、江苏、浙江、河北、山东、湖北、山西、福建、陕西、河南，其众创空间数量依次是993个、898个、735个、645个、525个、346个、343个、336个、298个、286个；可见前10位之间的发展都有巨大的差距：排在第一位的广东省2020年拥有的众创空间数量为993个，占全国总数的11.67%，是排名第10位的河南省（286个众创空间）的接近3.5倍；倒数后10位依次是宁夏、海南、西藏、新疆兵团、青海、黑龙江、新疆、贵州、吉林、广西，拥有的众创空间数量依次是6个、19个、22个、31个、36个、47个、62个、78个、121个、121个，竟然有七个区域的众创空间数量只有两位数，甚至排名倒数第一的宁夏只有个位数（6个众创空间）。倒数10位的区域众创空间加起来只有543个，不到排名第一的广东的55%。对比东、中、西部地区的数据，东、中、西部地区以及东北地区的数量分别为4 736个、1 692个、1 661个、418个，占全国众创空间总数的比例分别为56%、20%、19%以及5%。东部地区力度大、发展快、数量多，远远领先于中西部。

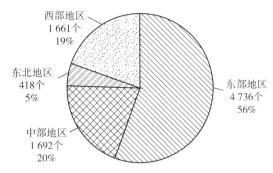

图 3.3 2020 年中国各地区众创空间数量分布情况

资料来源:《中国火炬统计年鉴》(2021)。

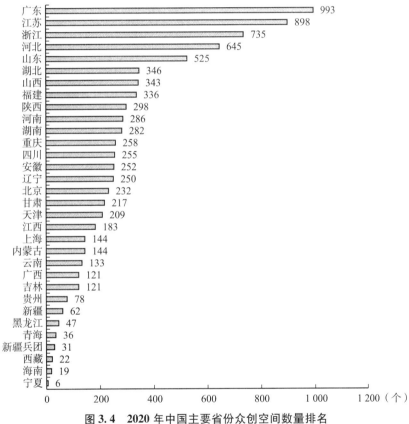

图 3.4 2020 年中国主要省份众创空间数量排名

资料来源:《中国火炬统计年鉴》(2021)。

3.2.1.3 创业导师人数

根据《中国火炬统计年鉴》统计数据显示,2016~2020 年,我国众创空间创业导师人数不断增长。截至 2020 年末,我国众创空间创业导师共有 160 967 人(见图 3.5)。

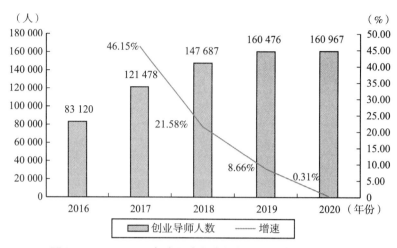

图3.5 2016~2020年中国众创空间创业导师人数变化情况

资料来源:《中国火炬统计年鉴》(2017~2021)。

从地区分布来看,东部地区众创空间的创业导师最多,共46 324人,约占我国众创空间创业导师总数的56%(见图3.6);从省份分布来看,浙江省众创空间的创业导师较多,共13 362人,占全国总数的8.3%;广东、江苏、河北、山东、北京、陕西、福建、辽宁、天津为全国第2至10位(见图3.7)。

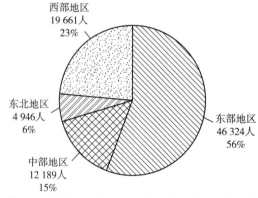

图3.6 2020年中国各地区众创空间创业导师人数

资料来源:《中国火炬统计年鉴》(2021)。

3.2.2 政府支持情况

政府对众创空间的支持主要是财政资金支持,包括税收减免和直接补贴两种方式。下图的数据是减免加补贴的数据。2016~2019年全国众创空间享受财政资金支持额总体呈上升趋势,2020年达到32.22亿元,但较2019年下降了8.67%(见图3.8)。

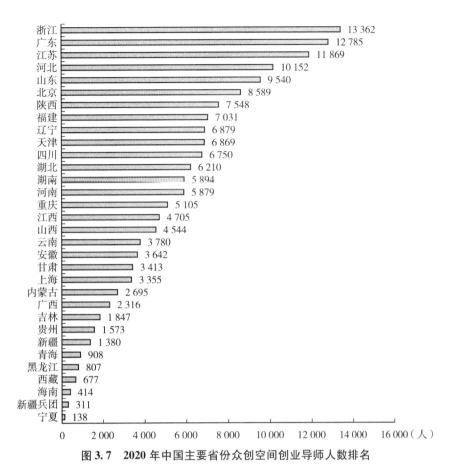

图 3.7 2020 年中国主要省份众创空间创业导师人数排名

资料来源:《中国火炬统计年鉴》(2021)。

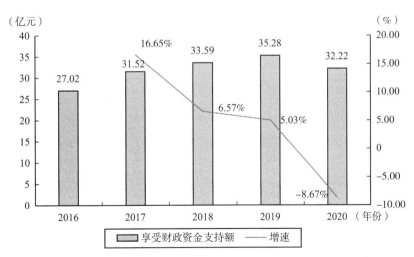

图 3.8 2016～2020 年中国众创空间享受财政资金支持额及变化情况

资料来源:《中国火炬统计年鉴》(2017～2021)。

从地区来看，东部地区众创空间享受财政资金支持额最高，达 20.92 亿元，约占全国众创空间财政资金支持额的 65%（见图 3.9）；从省份来看，浙江省众创空间享受财政资金支持额 4.73 亿元，占全国的比重达到 15%；其次为江苏省，享受财政资金支持额 4.67 亿元，占比 14%；上海位列第 3 位（见图 3.10）。

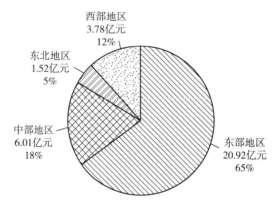

图 3.9　2020 年中国各地区众创空间享受财政资金支持额

资料来源：《中国火炬统计年鉴》（2021）。

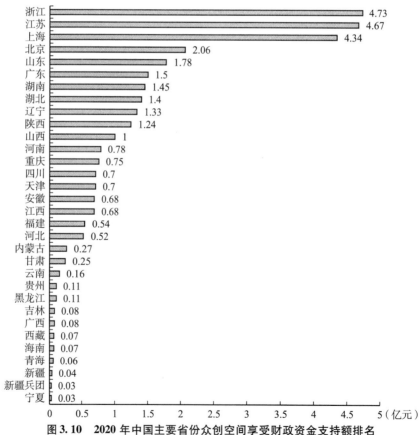

图 3.10　2020 年中国主要省份众创空间享受财政资金支持额排名

资料来源：《中国火炬统计年鉴》（2021）。

3.2.3 空间孵育情况

3.2.3.1 举办创业活动场次

2016～2020 年，全国众创空间举办的创新创业活动场次都在 10 万场次以上，最高的超过 15 万场以上（见图 3.11）。

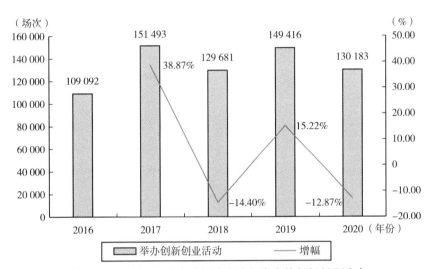

图 3.11 2016～2020 年中国众创空间举办的创新创业活动

资料来源：《中国火炬统计年鉴》（2017～2021）。

从地区来看，东部地区众创空间举办的创新创业活动场次最多，约占全国总场次的 49%，接近一半（见图 3.12）；从省份来看，广东省众创空间举办的创新创业活动最多，达 11 290 场次，约占全国总场次的 8.67%；其次为江苏省，活动场次达 10 352 场次，占比 7.95%；浙江省位列第 3 位（见图 3.13）。

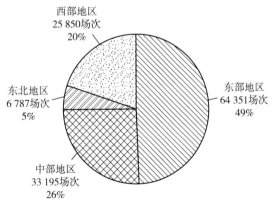

图 3.12 2020 年中国各地区众创空间举办的创新创业活动

资料来源：《中国火炬统计年鉴》（2021）。

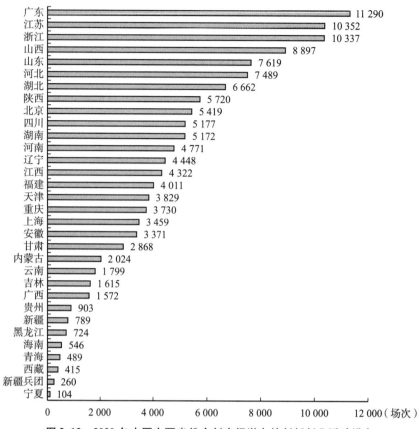

图3.13　2020年中国主要省份众创空间举办的创新创业活动排名

资料来源：《中国火炬统计年鉴》（2021）。

3.2.3.2　培训活动次数

2016～2020年，全国众创空间为入孵企业提供的创业教育培训活动都在7万次以上，最高的达到11万场次（见图3.14）。

从地区来看，东部地区众创空间为入孵企业提供的创业教育培训活动场次最多，已达到48 460场次，约占全国总场次的49%（见图3.15）；从省份来看，河北省众创空间为入孵企业提供的创业教育培训活动最多，达7 924场次，约占全国总场次的8.08%；其次为广东省，活动场次达到7 744场次，占比7.9%；江苏省位列第3位（见图3.16）。

3.2.3.3　帮助获得投融资总额

2016～2019年，众创空间入孵企业获得投融资总额呈现递增趋势，但在2020年全国众创空间获得的投融资总额有所下降，较上年下降了33.18%，接近2016年的水平（见图3.17）。

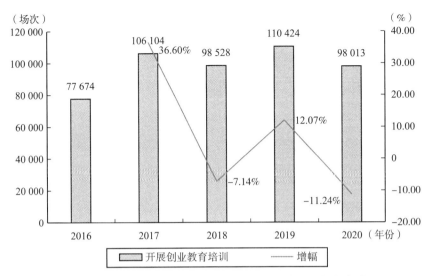

图 3.14　2016～2020 年中国众创空间开展的创业教育培训

资料来源:《中国火炬统计年鉴》(2017～2021)。

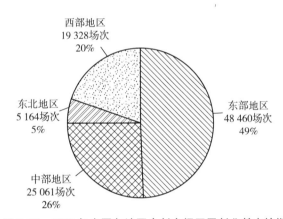

图 3.15　2020 年中国各地区众创空间开展创业教育培训

资料来源:《中国火炬统计年鉴》(2021)。

　　从地区来看,东部地区众创空间入孵企业获得的投融资总额最多,已达到 501.85 亿元,约占全国投融资总额的 86%(见图 3.18);从省份来看,北京市众创空间入孵企业获得的投融资总额为 299.52 亿元,约占全国投融资总额的 51%;其次为上海市,投融资总额为 56.72 亿元,占比 10%;广东位列第 3 位(见图 3.19)。

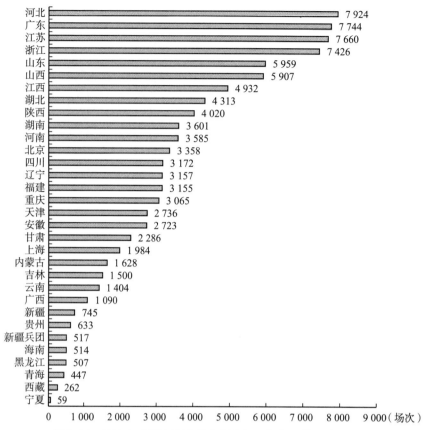

图 3.16 2020 年中国主要省份众创空间开展创业教育培训排名

资料来源：《中国火炬统计年鉴》(2021)。

图 3.17 2016～2020 年中国众创空间投融资总额

资料来源：《中国火炬统计年鉴》(2017～2021)。

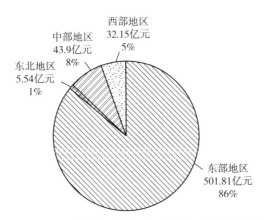

图 3.18　2020 年中国各地区众创空间入孵企业获得的投融资总额

资料来源:《中国火炬统计年鉴》(2021)。

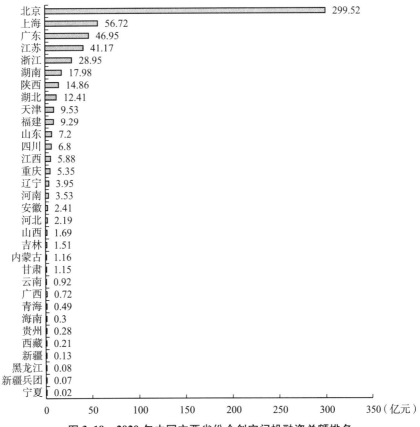

图 3.19　2020 年中国主要省份众创空间投融资总额排名

资料来源:《中国火炬统计年鉴》(2021)。

3.2.4 总体效果

3.2.4.1 总体收入

2016~2020 年，我国众创空间的总收入不断增长，2020 年达 227.32 亿元（见图 3.20）。其中，服务业务的收入占比最大，达 34%；其次是房租及物业收入，收入占比达 33%（见图 3.21）。

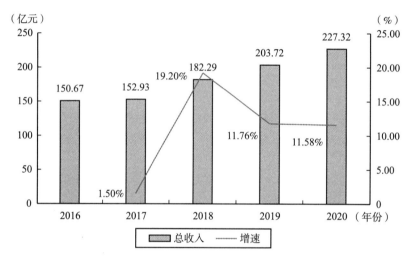

图 3.20　2016~2020 年中国众创空间总收入情况

资料来源：《中国火炬统计年鉴》（2017~2021）。

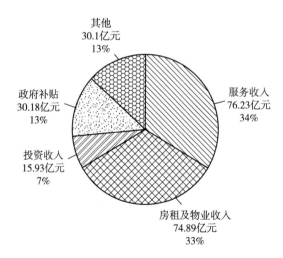

图 3.21　2020 年中国众创空间收入情况

资料来源：《中国火炬统计年鉴》（2021）。

　　从地区分布来看，东部地区众创空间的收入最高，达 146.97 亿元，约占全国众创空间总收入的 65%（见图 3.22）；从省份分布来看，北京市众创空间的总收入稳居榜首，达 54.15 亿元，占全国众创空间总收入的 24%（见图 3.23）。

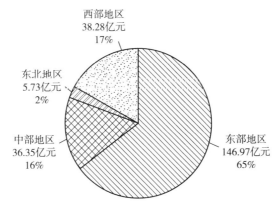

图 3.22　2020 年中国各地区众创空间收入情况

资料来源：《中国火炬统计年鉴》（2021）。

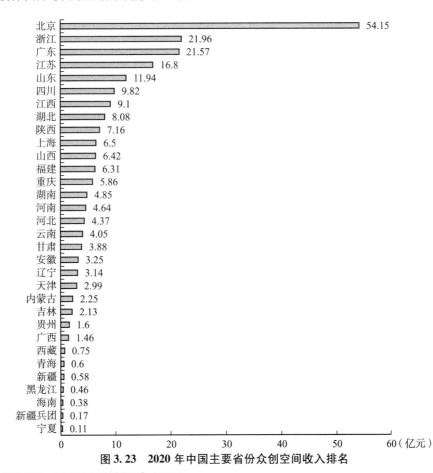

图 3.23　2020 年中国主要省份众创空间收入排名

资料来源：《中国火炬统计年鉴》（2021）。

3.2.4.2　发明专利数量

2016～2020 年，众创空间的发明专利数量不断增长。2016 年为 17 957 个，到 2020 年，全国众创空间入孵企业的发明专利数量为 66 191 个，是 2016 年的 3.68 倍（见图 3.24）。可见，众创空间在创新推动上的效果显著。

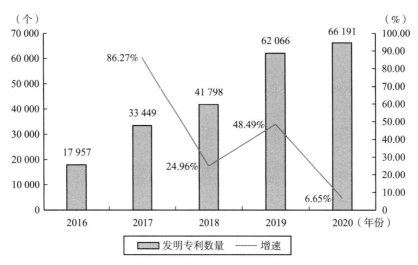

图 3.24　2016～2020 年中国众创空间发明专利变化情况

资料来源：《中国火炬统计年鉴》（2017～2021）。

从地区来看，东部地区众创空间入孵企业的发明专利数量为 43 430 个，约占全国总数的 65%（见图 3.25）；从省份来看，北京市众创空间入孵企业的发明专利数量为 15 995 个，约占全国总数的 24%；其次为江苏省，发明专利数量为 6 935 个，占比 10%；广东位列第 3 位（见图 3.26）。

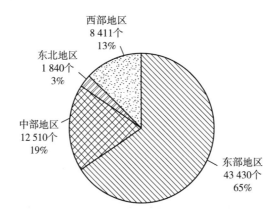

图 3.25　2020 年中国各地区众创空间发明专利情况

资料来源：《中国火炬统计年鉴》（2021）。

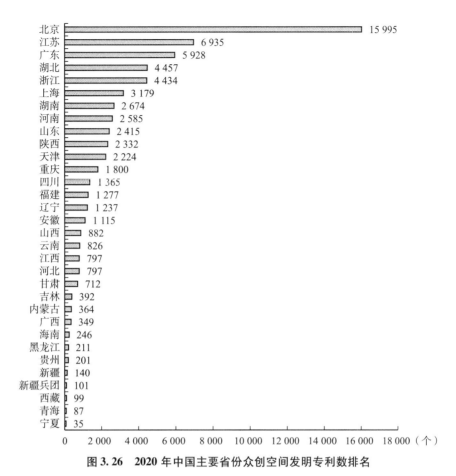

图 3.26　2020 年中国主要省份众创空间发明专利数排名

资料来源：《中国火炬统计年鉴》（2021）。

从以上数据描述可以看出：

（1）2016 年来，政府支持力度较大，众创空间的孵化力度也较大，我国众创空间在规模、总收益以及创新产出等方面也有显著的成效。

（2）不同省份之间，以及东、中、西部地区之间，不管是政策支持的力度、空间发展的规模、平台的孵育力度还是最后的产出情况，差距巨大。

（3）从直观的描述来看，投入力度大的，产出力度也大，初步可以判定是有效率的。但总体是否有效率，以及效率状况如何，还需要通过严谨的评价方法来做出判断。

第4章

政策支持与孵育服务
投入的创新效率评价

　　众创空间作为服务"大众创业，万众创新"的战略、服务创新驱动战略的新型科技创新服务平台，与传统孵化器内入孵企业更多以科技型企业为主导、以科技成果转化为目标显著不同，其入驻主体更多为创客和初创企业，主要服务于大众创新（刘志迎，2016）。众创空间内入孵企业同时受到政府支持和平台孵化赋能的影响。政府为创新提供资金支持和产权保护等，众创空间则提供创客教育、创业孵化、资源共享等。随着众创空间数量的蓬勃发展，政府支持与孵化赋能实践已经很丰富，政府的政策支持、平台的孵育服务都是投入，这些投入的创新产出在各地的相对效率是否有效？区域间是否存在显著的差异？存在哪些问题？对投入的创新效率进行评价，对以上问题进行回答，是揭示实践策略效果的需要，也是众创空间转型升级发展、专业化众创空间建设决策最重要的理论指导和实证参考。

　　既有研究更多关注各区域众创空间的运营效率评价（单鹏和裴佳音，2018；高涓和乔桂明，2019；李洪波，2019；许亚楠等，2020；陈武，2020），对创新创业效果的综合评价研究（郭淑芬和张俊，2018；李洪波，2019；张静进和陈光华，2019；李翚和吴和成，2022；李翚等，2023），对入孵企业的受孵创新产出效率关注不够；更多关注众创空间的微观服务，只有两三个研究关注区域政府支持以及环境的影响（卜令通，2021；林妙昕，2021）；在数据和方法运用上，大多数研究只采用某一年的截面数据。

　　总体而言，众创空间发展规模基本饱和，发展效率逐步下降；资源投入增长迅速，但其有效性却逐渐降低；管理能力和技术水平不足成为抑制众创空间发展效率的核心要素，众创空间存在着"繁荣"与"过剩"并存的问题（陈武，2020）。但不能对前述有关投入的创新相对效率开展评价。本章将基于第 3 章的影响因素框架构建评价指标，采用合适的评价方法，基于 2016 年以来已经公布的数据，开展创新产出相对效率评价的系统研究。

4.1　研　究　设　计

4.1.1　研 究 方 法 选 择

效率评价是用以帮助指导组织进行管理决策的有效量化工具之一，其分析结果为组织效率改进提供数据指导和决策参考。效率评价的方法主要有层次分析法、参数方法以及非参数方法等。层次分析法进行效率评价需要对构建的指标体系赋予权重，比较依赖于专家知识和评分，主观性较强。参数方法适合生产函数可以确定的领域，应用范围较小。非参数方法中最为典型的是数据包络分析（data envelopment analysis，DEA）。DEA 是由沙恩（Charnes et al.，1978）最先提出的一种主要用于评价多个决策单元的相对有效性的评价法，是基于数学规划模型的非参数绩效评价方法，用于测算一组同质决策单元（decision making units，DMU）的多输入多输出系统的相对效率。其基本原理是将相互独立的被评价决策单元的真实投入产出水平与可以改进到的理想投入产出水平作比较，而这种比值就被作为被评价决策单元的效率测度。

传统的 DEA 方法没有剥离环境因素和干扰因素对效率值的影响；随机前沿分析（stochastic frontier analysis，SFA）虽然可以避免环境因素与技术效率关系假定的相互矛盾，但可能存在具体参数形式设定上的偏差。为了能够剥离环境变量和随机干扰（除了管理、技术和规模以外的其他一切因素）对生产效率的影响，2002 年，学者弗里德（Fried）提出了可以消除传统 DEA 模型中的环境因素和随机噪声对决策单元效率评价影响的三阶段 DEA 方法。这种方法最大的特点是利用传统 DEA 提出松弛变量，并利用其所包含的信息，对投入或者产出进行调整，把所有的决策单元都调整到假定的同等外部条件，再使用传统的 DEA 模型，重新计算各决策单元（DMU）的技术效率值，从而更加真实地反映各决策单元的效率情况。随着这种方法的日益成熟，许多学者将其运用到国家、区域以及高新区、孵化器等效率的评价研究中。本研究采用三阶段 DEA 模型。

4.1.1.1　第一阶段：BCC 模型计算结果分析

传统的 CCR 模型可以评价相同类型的组织或者部门的投入产出类型，但是这种方法并不能明确每个决策单元效率水平的高低，班克（Banker et al.，2012）进一步提出了 BCC 模型，以此评价规模报酬可变（variable returns to scale，VRS）情形下每个决策单元的效率。DEA – BCC 模型分为投入导向型和产出导向型，本研究是对我国各省份众创空间的运行效率进行评估，希望了解在不减少产出的情况下如何使投入达到最优化，因此，选取投入型 DEA 模型进行评价分析（刘筱寒，2019），如式（4.1）所示。在公式（4.1）中，θ 表示各决策单元的总体效率，λ_j 表示相对于每个决策单元（DMU）构造有效单元的组合比例，S^+ 和 S^- 表示松弛变量。BCC 模型将 CCR 模型中的技术效率（technical efficiency，TE）分解为规模效率（scale efficiency，SE）和纯技术效率（pure technical efficiency，PTE）的乘积，即技术效率 = 纯技术效率 × 规模效率。其中：技术效率 TE 表示实现投入既定下产出最大或产出既定下投入最小的能力；规模效率 SE 表示与规模有效点相比规模经济性的发挥程度；纯技术效率 PTE 表示剔除规模因素的效率。

$$\min\theta$$

$$
\text{s. t}
\begin{cases}
\sum_{j=1}^{n} X_j\lambda_j + S^- = \theta X_0 \\
\sum_{j=1}^{n} Y_j\lambda_j + S^+ = \theta Y_0 \\
\sum_{j=1}^{n} \lambda_j = 1 \\
\lambda_j \geqslant 0,\ S^- \geqslant 0,\ S^+ \geqslant 0,\ j = 1,\ 2,\cdots,\ n
\end{cases}
\tag{4.1}
$$

4.1.1.2　第二阶段：随机前沿分析（SFA）

第一阶段无法区分效率差异是由管理因素还是环境因素造成的。弗里德（Fried）认为，实际投入和目标投入的差额值（即松弛变量）可能受到外部环境因素、随机误差以及内部管理因素影响，以松弛变量为被解释变量，以环境变量为解释变量，通过标准化过程引入非负的松弛变量，构建 SFA 模型，即通过随机前沿分析方法（stochastic frontier analysis，SFA）对上述因素进行测算并将其影响分离（吉生保和周小柯，2010；李洪伟等，2012）。函数如式（4.2）

所示：

$$S_{rk} = f'(Z_k; \beta_r) + V_{rk} + U_{rk} \qquad (4.2)$$

在该函数中，S_{rk} 表示第 k 个决策单元中的第 r 个投入指标的松弛变量，$f'(Z_k; \beta_r)$ 表示环境因素对投入松弛变量 S_{rk} 的影响，Z_k 表示可观测和可度量的外部环境因素，β_r 表示 Z_k 所对应的参数向量，V_{rk} 表示随机误差项，并且 $V_{rk} \sim N(0, \sigma_{kv}^2)$，$U_{rk}$ 表示管理无效率，服从半正态分布，$U_{rk} \sim N^+(u^k, \sigma_{ku}^2)$，并且 V_{rk} 与 U_{rk} 两者之间独立不相关。定义 $\gamma = \sigma_{ku}^2 / \sigma_{ku}^2 + \sigma_{kv}^2$。对 β_r、σ^2 和 γ 等参数进行估计，采用的估计方法是极大似然估计法。进一步通过式（4.3）计算管理无效率项 U_{rk}（罗登跃，2012）：

$$E[U_{rk} | V_{rk} + U_{rk}] = \sigma\lambda/1 + \lambda^2 [\varphi(\varepsilon_k\lambda/\sigma)/\phi(\varepsilon_k\lambda/\sigma) + \varepsilon_k\lambda/\sigma] \qquad (4.3)$$

随机误差项 V_{rk} 可以在以上参数和管理无效率项的基础上通过计算得出。

当 β 为正值时，表示增加该环境变量将会增加投入松弛量，导致有效性降低；相反当 β 是负值时，表示该环境变量有利于减少投入松弛量，降低投入的有效性；且当 γ 接近 1 时，管理无效率是导致投入相对无效的主要原因。

4.1.1.3　第三阶段：调整后的 DEA 分析

投入与环境之间的系数 β 在 0 ~ 1，说明管理因素与随机因素均对投入误差产生影响，因此，有必要对投入变量进行调整，使各个省份处于相同环境水平。调整公式见式（4.4）。

$$X_{rk}^A = X_{rk} + [\max(Z_k \cdot \beta_r) - Z_k \cdot \beta_r] + [\max(Z_k \cdot \beta_r) - V_{rk}] \qquad (4.4)$$

式（4.4）中，X_{rk}^A 表示经过调整之后的决策单元投入值，X_{rk} 表示决策单元的实际投入值，$[\max(Z_k \cdot \beta_r) - Z_k \cdot \beta_r]$ 表示将各个不同的决策单元调整到同质的环境下，$[\max(Z_k \cdot \beta_r) - V_{rk}]$ 表示将各个不同的决策单元调整到同质的自然状态下。

将调整完成的决策单元投入值重新利用第一阶段的 DEA 模型进行计算的过程，计算出各个决策单元的相对效率值。该阶段的投入值已经有效去掉了政策环境因素以及随机误差因素的影响，因此，计算出的效率值能够更加真实地反映出众创空间孵育投入的相对效率。第三阶段 DEA 评价的目的主要是通过分离外部环境支持变量，使各个省份处于相同环境水平，再次进行 DEA 评价，重新得到各管理投入要素的综合技术效率、纯技术效率和规模效率。

综合技术效率、纯技术效率和规模效率等的具体含义和关系为：纯技术效率是决策单元最优规模时一定投入要素的产出效率，反映决策单元管理和技术等因素的影响；规模效率是由决策单元的规模因素影响的效率，反映实际规模与最优规模的差距；综合技术效率＝纯技术效率×规模效率，是对决策单元的资源配置能力、资源使用效率等多方面能力的综合衡量与评价。综合技术效率＝1，表示该决策单元的投入产出是综合有效的，即同时技术有效和规模有效。当前述分析结果位于前沿面上，此时其相对效率值为1，表明该决策单元的投入资源的使用是相对有效的；当前述分析结果位于前沿面外，其相对效率值指标大于0但小于1，表明该决策单元的投入资源的使用是相对无效的。效率值越接近于1，相对效率越高。当综合技术效率小于1，纯技术效率为1，表示在目前的技术水平上，其投入资源的使用是有效率的，未能达到综合有效的根本原因在于其规模无效，因此，其改善的重点在于如何更好地发挥其规模效益。

4.1.2　指标选择

本研究从区域层面把握众创空间入孵企业的整体创新效率，因此，并不以每一个众创空间作为决策分析单元，而以我国30个省份（除西藏及港澳台地区外）作为决策分析单元。按照科技部众创空间的统计标准，新疆区域包括新疆以及新疆兵团两部分。

在选择输入输出指标时，根据第3章构建的环境影响要素模型，将众创空间孵育支持（经济孵育、能力孵育、网络孵育）作为投入要素，区域政策支持以及环境氛围〔政府补贴、区域创新创业孵育氛围（体现了政府政策的支持力度）以及地区知识产权保护〕等作为环境因素。遵循科学性、有效性、适用性，同时基于数据可获得性原则，对应上述要素从《中国火炬统计年鉴》《中国统计年鉴》《中国科技统计年鉴》公布的有关数据中确定对应指标。

4.1.2.1　众创空间孵育投入指标

（1）众创空间经济孵育投入：指众创空间为入孵企业提供空间、工具、材料、培训计划以及项目的现场帮助，可以减少入孵企业的发展成本（Fontichiaro，2016）；选取众创空间提供的工位数以及帮助入孵企业获得的投融资额来衡量。

（2）网络孵育投入：指帮助入孵企业与相关利益方建立关系网络、积累社会资本，以有助于提升合法性、扩展资源来源渠道，获得商业机会等的支持程度；选取以众创空间当年创业导师数量以及举办的创新创业活动次数进行衡量。

（3）能力孵育投入：指众创空间为入孵企业提供的各类服务以及举办能力培训，营造一个创造性的学习平台（Hlubinka，2013；Milne et al.，2014），提高企业及其相应人员的能力，并促进相互学习、相互探讨的机会；选取众创空间当年服务人员数量和开展创业教育培训活动数量来进行衡量。

4.1.2.2　区域政策支持投入指标

（1）政府补贴投入：指众创空间获得的当年财政资金支持额，以众创平台接受的所有财政补贴（含直接补贴和税收减免）金额进行衡量。

（2）知识产权保护投入：指区域对创新开展知识产权保护的力度，以国家知识产权局知识产权发展研究中心发布的《中国知识产权发展评价报告》所提供的"知识产权保护指数"来衡量。

（3）区域创新氛围：以区域众创空间数量来替代进行衡量，该数量既体现了政府政策的支持力度，也表明创新创业孵育氛围浓烈的程度。

4.1.2.3　入孵企业的创新成果指标

该指标用来反映政府和平台的支持性投入的产出效果，以入孵企业申报的知识产权数量以及拥有的有效知识产权数量进行衡量。

由此构建的指标体系如表4.1所示。

表4.1　　　　　　　　　　众创空间创新效率评价指标体系

指标	一级指标	二级指标
投入指标 X	经济孵育投入	众创空间帮助获得的投融资额 X_1
		提供的工位数 X_2
	网络孵育投入	创业导师数量 X_3
		举办创新创业活动次数 X_4
	能力孵育投入	当年服务人员数量 X_5
		开展创业教育培训次数 X_6

指标	一级指标	二级指标
环境指标 Y	区域政府补贴	享受财政资金支持额 Y_1
	创新创业孵育氛围	地区众创空间数量 Y_2
	知识产权保护	地区知识产权保护指数 Y_3
产出指标 Z	创新产出	发明专利数 Z_1
		有效知识产权数量 Z_2

4.2 评价分析过程

4.2.1 样本与数据

基于前面构建的评价指标体系，本研究以全国 30 个省份（除西藏及港澳台地区外）为决策分析单元，同时也对东、中、西部的情况进行分析。东部包括北京、天津、河北、上海、江苏、浙江、福建、山东、广东和海南 10 个省份；中部包括山西、安徽、江西、河南、湖北、湖南、辽宁、吉林和黑龙江 9 个省份。西部包括内蒙古、广西、重庆、四川、贵州、云南、西藏、陕西、甘肃、青海、宁夏和新疆 12 个省份。其中，考虑其数据情况以及大多数研究的做法，不考虑西藏；新疆则根据《中国火炬年鉴》的数据构成，数据包括自治区和建设兵团两部分之和。采用 2016～2020 年面板数据进行评价。相关数据均来自《中国科技统计年鉴》（2017～2021）、《中国火炬统计年鉴》（2017～2021）等，其中：地区专利保护来源于国家知识产权局发布的《中国知识产权发展状况评价报告》。用 DEAP 2.1、Front 4.1 和 SPSS19 等软件对投入及产出指标数据进行处理，得到描述性统计表 4.2。由表 4.2 可以看出，各指标的均值、最大值、最小值之间差距非常大，标准差也很大，说明样本省市的发展差异较大，且整体处于较好的水平。进一步分析发现，样本省市的投融资支持帮助以及政府财政支持力度都较大，但差异明显。其他指标也如此。描述性统计表明，各省市众创空间的投入和产出之间存在巨大的差异，可以初步推算其相对效率之间也存在较大的差异。

表 4.2　　　　　　　　2016～2020 年样本投入产出指标体系的描述性统计

分类	变量	均值	标准差	最大值	最小值
投入变量	X_1：众创空间帮助获得投融资额（千元）	2 308 583.8	6 037 060.2	49 568 439	1 760
	X_2：提供的工位数（个）	40 678	36 431	173 875	147
	X_3：创业导师数量（人）	4 483	3 280	13 362	130
	X_4：举办创新创业活动（场次）	4 461	3 287	15 280	46
	X_5：当年服务人员数量（人）	3 788	3 400	21 526	24
	X_6：开展创业教育培训（场次）	3 268	2 339	9 225	30
环境变量	Y_1：享受财政资金支持额（千元）	105 774	110 201.5	537 356	1 852
	Y_2：地区众创空间数量（个）	223	202	993	4
	Y_3：地区知识产权保护指数	61	11	84	44
产出变量	Z_1：发明专利数（个）	836	1 121	7 278	2
	Z_2：有效知识产权数量（个）	4 228	6 585	48 277	24

4.2.2　评价分析过程

4.2.2.1　第一阶段：BCC 模型计算结果分析

基于 2016～2020 年面板数据和 BCC 模型，运用 DEAP2.1 软件，对每一个样本省市的效率值及投入冗余（或产出不足）进行测算，得到每一个省份以及整体（平均）的综合效率、纯技术效率、规模效率值。相关结果如后文表 4.5 中第一阶段数据所示。但根据弗里德（Fried，2002），实际投入和目标投入的差额值（即松弛变量）可能会受到外部环境因素、随机误差的影响，需要分离环境因素的影响，并展第二阶段分析。

4.2.2.2　第二阶段：随机前沿分析（SFA）

第一阶段无法区分效率差异是由管理因素还是环境因素造成的。基于第一阶段的分析，构建实际投入和目标投入的差额值即松弛变量，将样本众创空间 6 个孵育投入指标的松弛变量作为因变量，将环境变量作为自变量，考察 3 个环境变量对 6 个平台孵育投入项松弛变量的影响。将因变量逐次加入 Front 3.1 软件中运行，得出 SFA 回归结果如表 4.3 所示。表 4.3 报告的参数中，β_0、β_1、β_2、β_3 分别为常数项、外部环境支持变量（政府补贴、地区众创空间规模、知识产权保护）的系数。

表 4.3 众创空间创新效率的随机前沿测算结果

变量	帮助获得投融资额的松弛变量	提供的工位数的松弛变量	创新创业活动次数的松弛变量	创业导师数量的松弛变量	当年服务人员数量的松弛变量	创业教育培训次数的松弛变量
β_0	6 826 *** (6 826)	2 978 *** (297)	5 113 *** (5.37)	4 796 *** (14.92)	2 252 * (2.53)	4 013 *** (6.4)
β_1	14.74 *** (4.55)	0.03 * (2.3)	0.003 * (2.37)	0.0006 (0.613)	0.004 * (1.64)	0.001 (1.35)
β_2	− 7 120 *** (7 120)	146.8 *** (17.0)	8.88 *** (8.71)	14.79 *** (35.89)	9.1 *** (5.47)	6.99 *** (9.24)
β_3	288.29 *** (288.3)	− 1.34 (− 0.78)	− 0.05 (− 0.185)	− 0.327 * (− 1.78)	0.1 (0.155)	− 0.01 (− 0.09)
δ^2	67 360 *** (67 360)	9 731 *** (9 731)	3 203 673 *** (2 623)	3 390 *** (332 029)	69 235 *** (6 923)	18 381 *** (1 665)
γ	0.894 *** (61.74)	0.918 *** (80.12)	0.668 *** (16.90)	0.874 *** (87.11)	0.138 (1.23)	0.744 *** (27.44)
log	− 2 500	− 1 648	− 1 290	− 1 225	− 1 388	− 1 231
LR	78.2	106.6	31.954	112.8	1.1	45.183

注: 括号内为标准差。*, **, *** 分别表示对应的回归系数在 10%、5% 及 1% 的显著水平上通过检验。

由表 4.3 可以看出，各孵育投入变量的 γ 值（除当年服务人员数量外）均高度显著，且 γ 值均小于 1。根据科埃利等（Coelli et al., 1996）、李柏洲等（2020）的研究，γ 值越接近 1 时，说明平台运营在导致松弛冗余中是占更大比例的原因。从数据来看，工位数和投融资额两个松弛变量的 γ 值最大，分别为 0.918 和 0.894，说明这两个要素在平台孵育效率中起着更主要的作用。

由表 4.4 可知各环境因素对各孵育投入松弛变量影响的系数有正有负。当 β 系数为正值时，表示增加该解释变量将会增加投入松弛量，导致浪费增加；相反，当系数是负值时，表示该解释变量有利于减少投入松弛量，减少浪费的产生。表 4.4 的数据表明，β 系数在绝大多数时均为正值，说明当前环境下，绝大多数平台的孵育投入的资源配置有浪费情况。结合表中 β 系数值的正负情况，具体分析如下：

表 4.4   环境支持与孵育运营之间回归系数正负情况

分类	帮助获得投融资额的松弛变量	当年服务人员数量的松弛变量	创业导师数量的松弛变量	提供的工位数的松弛变量	创业教育培训次数的松弛变量	创新创业活动次数的松弛变量
地区政府补贴	正	正	正	正	正	正
创新创业支持	负	正	正	正	正	正
知识产权保护	正	正	负	负	负	负

（1）地区政府补贴。该环境变量与众创空间投融资额、提供工位数、举办创新创业活动、开展创业教育培训变量等六个松弛变量系数均为正数。说明政府补贴的增加已经处于规模报酬递减阶段，导致众创空间各类孵育投入冗余增多，资源并没有得到很好的配置或者利用。

（2）创新创业孵育氛围。该变量与对众创空间帮助获得投融资额的松弛变量回归系数为负，与提供工位数、创业导师数量、举办创新创业活动、服务人员数量、开展创新创业教育培训的松弛变量回归系数为正。这反映了创新创业孵育氛围（众创空间规模的扩大）对于投融资额尚处于上升期，有利于促进资金的有效利用；但众创空间规模的扩大导致了在工位数、创业导师数量、举办创新创业活动、服务人员数量、开展创新创业教育培训等孵育方面的投入冗余，造成了众创空间服务资源的浪费，从而降低了创新效率。

（3）知识产权保护程度。知识产权保护与众创空间帮助获得投融资额的松弛变量回归系数、与众创空间当年服务人员数量的松弛变量回归系数为正值，表明地区知识产权保护程度越高，导致众创空间在帮助企业获得投融资方面产生大量投入冗余的可能性越高，以及当年服务人员数量投入方面产生的冗余越多；而与创业导师数量、工位数量、创业教育培训次数、创新创业活动次数等的松弛变量回归系数为负值，说明地区的知识产权保护程度越高，越有利于提升众创空间的这些孵育投入的效率，减少松弛冗余。

投入与环境之间的系数 β 在 $0 \sim 1$，说明环境因素与随机因素均对投入误差产生影响，因此，有必要对投入变量进行调整，以分离环境的影响。接下来对分离环境影响后的调整投入开展第三阶段分析，以确定分离环境影响后平台孵育运营的相对效率情况。

4.2.2.3　第三阶段：分离环境要素后的创新效率分析

投入与环境之间的系数 β 在 $0 \sim 1$，说明环境因素与随机因素均对投入误差产生影响，因此，有必要对投入变量进行调整，使各个省份处于相同环境水平。调整公式见式（4.5）。

$$X_{rk}^A = X_{rk} + \left[\max(Z_k \cdot \beta_r) - Z_k \cdot \beta_r\right] + \left[\max(Z_k \cdot \beta_r) - V_{rk}\right] \qquad (4.5)$$

式（4.5）中，X_{rk}^A 表示经过调整之后的决策单元投入值，X_{rk} 表示决策单元的实际投入值，$\left[\max(Z_k \cdot \beta_r) - Z_k \cdot \beta_r\right]$ 表示将各个不同的决策单元调整到同质的环境下，$\left[\max(Z_k \cdot \beta_r) - V_{rk}\right]$ 表示将各个不同的决策单元调整到同质的自然状态下。

将调整完成的决策单元投入值重新利用第一阶段的 DEA 模型进行计算的过程，计算出各个决策单元的相对效率值（见表 4.5 中调整后的数据）。该阶段的投入值已经有效分离了政策环境因素以及随机误差因素的影响，因此计算出的效率值能够更加真实地反映出众创空间孵育运营的相对效率。

表 4.5　　　　　　　　众创空间投入第一、第三阶段 DEA 运行结果

区域	调整前（第一阶段）				调整后（第三阶段）			
	综合效率	纯技术效率	规模效率	规模收益	综合效率	纯技术效率	规模效率	规模收益
北京	1	1	1	—	1	1	1	—
天津	1	1	1	—	0.698	0.901	0.774	drs
河北	1	1	1	—	0.450	0.522	0.862	drs
上海	0.930	0.983	0.947	drs	0.794	0.856	0.928	drs
江苏	1	1	1	—	0.848	1	0.848	drs
浙江	0.824	0.828	0.994	drs	0.656	0.828	0.792	drs
福建	0.808	0.813	0.994	drs	0.511	0.518	0.986	drs
山东	1	1	1	—	0.640	1	0.640	drs
广东	1	1	1	—	0.819	1	0.819	drs
海南	0.516	1	0.516	irs	0.516	1	0.516	irs
东部平均	**0.908**	**0.962**	**0.945**	—	**0.693**	**0.863**	**0.817**	—
安徽	1	1	1	—	0.952	1	0.952	drs
江西	1	1	1	—	1	1	1	—
河南	1	1	1	—	1	1	1	—
湖北	1	1	1	—	0.991	1	0.991	drs
湖南	0.638	0.818	0.780	irs	0.533	0.533	1	—
山西	0.804	0.969	0.830	irs	0.313	0.315	0.993	irs

区域	调整前（第一阶段）				调整后（第三阶段）			
	综合效率	纯技术效率	规模效率	规模收益	综合效率	纯技术效率	规模效率	规模收益
辽宁	1	1	1	—	0.441	0.720	0.612	drs
吉林	0.601	1	0.601	—	0.354	0.355	0.998	irs
黑龙江	1	1	1	—	1	1	1	—
中部平均	**0.894**	**0.976**	**0.912**	—	**0.732**	**0.769**	**0.950**	
广西	1	1	1	—	1	1	1	—
重庆	1	1	1	—	0.897	1	0.897	drs
四川	1	1	1	—	1	1	1	—
贵州	1	1	1	—	1	1	1	—
云南	0.932	0.956	0.975	irs	0.855	0.874	0.978	irs
陕西	1	1	1	—	0.425	0.700	0.608	drs
甘肃	0.849	1	0.849	irs	0.583	0.688	0.848	drs
青海	1	1	1	—	1	1	1	—
宁夏	0.442	1	0.442	irs	0.435	1	0.435	irs
内蒙古	0.472	1	0.472	irs	0.427	0.428	0.997	irs
新疆	0.913	0.964	0.948	irs	0.816	0.818	0.997	drs
西部平均	**0.873**	**0.993**	**0.881**	—	**0.768**	**0.865**	**0.887**	—
全国均值	**0.891**	**0.987**	**0.912**	—	**0.732**	**0.835**	**0.882**	—

根据弗里德（Fried，2002）的研究，效率值为 1 时，表示该决策单元投入资源的使用是相对有效的；当效率值指标大于 0 但小于 1 时，表明该决策单元投入资源的使用是相对无效的。效率值越接近于 1，相对效率越高。大于 0 小于 1 的效率值，研究进一步将其分为四个等级：［0.9，1］：相对效率较高；［0.8，0.9］：相对效率一般；［0.5，0.8］：相抵效率较低；［0，0.5］：相抵效率很低。当综合技术效率小于 1，纯技术效率为 1，表示在目前的技术水平上，其投入资源的使用是有效率的，未能达到综合有效的根本原因在于其规模无效，因此其改善的重点在于如何更好地发挥其规模效益。根据表 4.6，第一阶段和第三阶段的综合效率有比较大的差异。从第一阶段 DEA 评价结果来看，全国众创空间平均综合效率为 0.891，现有关于众创空间 DEA 创新评价研究的整体创新效率报告值位于 0.73~0.924（李犟，2022；徐莉，2019），本研究的分

析与之前的分析结果较为一致。下面针对每个效率分别展开讨论。

4.2.2.4 综合效率分析

综合效率是对各省份的资源配置能力、资源使用效率等多方面能力的综合衡量与评价。从表 4.6 可以看出，众创空间整体创新效率的第一阶段值为0.891，处于相对效率一般水平，剥离环境因素后，降为 0.732，即相对效率较差的水平，说明现阶段我国众创空间运营的创新发展中外部环境对其有着重要的影响作用。进一步分析各决策单元情况，发现区域差异较大。从全国以及东、中、西部地区的平均数据来看，第三阶段整体创新效率均低于第一阶段，且东部的降低最多，其次是中部和西部。剥离环境因素前，有 16 个省份的综合创新效率达到相对有效，占比达到 60%；剔除环境因素后，北京等8 个省份仍然保持完全相对有效，占比从 60% 降为 26.7%；相对效率较高的省份降为 3 个，占比从 10% 降为 6.7%。其中有 4 个省份的情况特别值得关注：河北、辽宁、陕西 3 个省份从相对有效下降为相对效率很低，下滑了三个等次；天津从相对有效下降为相对效率较低，下滑了两个等次，说明这 4个省份的创新效率中，环境因素有着较大的作用。具体情况见表 4.6。

表 4.6　　　　　　　　　　众创空间创新综合效率分类

区域		1（完全相对有效）	[0.9, 1]（相对效率较高）	[0.8, 0.9]（相对效率一般）	[0.5, 0.8]（相对效率较低）	[0, 0.5]（相对效率很低）
东部地区	第一阶段	北京、天津、河北、江苏、广东、山东	上海	浙江、福建	海南	—
	第三阶段	北京	—	江苏、广东	天津、上海、浙江、福建、山东、海南	河北
中部地区	第一阶段	安徽、江西、河南、湖北、辽宁、黑龙江	—	山西	吉林、湖南	—
	第三阶段	江西、河南、黑龙江	安徽、河南	—	湖南	山西、辽宁、吉林
西部地区	第一阶段	广西、重庆、四川、贵州、陕西、青海	云南、新疆	甘肃	—	宁夏、内蒙古
	第三阶段	广西、四川、贵州、青海	—	重庆、云南、新疆	甘肃	陕西、宁夏、内蒙古

区域		1 （完全相对有效）	[0.9, 1] （相对效率 较高）	[0.8, 0.9] （相对效率 一般）	[0.5, 0.8] （相对效率较低）	[0, 0.5] （相对效率 很低）
数量	第一阶段	18	3	4	3	2
	第三阶段	8	2	5	8	7
占比	第一阶段	60%	10%	13.3%	16.7%	6.7%
	第二阶段	26.7%	6.7%	16.7%	26.7%	23.3%

4.2.2.5　纯技术效率分析

纯技术效率是决策单元最优规模时一定投入要素的产出效率，反映了决策单元管理和技术等因素的影响，在本研究中则为众创空间的运营能力的表现。总体来看，剥离环境因素的影响后，众创空间纯技术效率比综合效率高，第一阶段从综合效率的 0.891 上升为纯技术效率的 0.987，总体为较高；第二阶段从 0.732 上升为 0.835。第一阶段相对有效的决策单元从 18 个上升为 23 个，占比从 60% 升至 76.7%；第二阶段相对有效的决策单元从 8 个上升为 16 个，占比从 26.7% 升至 53.3%。说明众创空间的运营效率相对较为有效，综合效率不高主要是由规模效率不高导致的。

对比第一、第二阶段纯技术效率，平均值从 0.987 降为 0.835，第二阶段比没有分离的第一阶段降低了 0.152。不考虑环境因素，第一阶段达到 DEA 相对有效的省份有北京、江苏、山东、广东等 23 个，占比为 76%；第二阶段为 16 个，占比降低为 53.3%。同时，纯技术效率相对很低的决策单元由没有到增加 9 个，占比 30%。与综合效率一样，河北、辽宁以及陕西 3 个决策单元从相对完全有效类别变为相对很低类别，再次说明这 3 个区域的创新效率中环境因素的较大影响作用。天津的情况与在综合效率的表现有所不同，虽有所下降，但只下滑了一个类别。具体情况如表 4.7 所示。

表 4.7　　　　　　　　　　众创空间纯技术效率分类

区域		1 （相对有效）	[0.9, 1] （相对效率较高）	[0.8, 0.9] （相对效率一般）	[0, 0.8] （相对效率较差）
东部 地区	第一阶段	北京、天津、河北、江苏、广东、山东、海南	上海	浙江、福建	—
	第三阶段	北京、江苏、山东、广东、海南	天津	上海、浙江	河北、福建

区域		1 （相对有效）	[0.9，1] （相对效率较高）	[0.8，0.9] （相对效率一般）	[0，0.8] （相对效率较差）
中部地区	第一阶段	安徽、江西、河南、湖北、辽宁、吉林、黑龙江	山西	湖南	—
	第三阶段	安徽、江西、河南、湖北、黑龙江	—	—	湖南、山西、辽宁、吉林
西部地区	第一阶段	广西、重庆、内蒙古、四川、贵州、陕西、甘肃、青海、宁夏	云南、新疆	—	—
	第三阶段	广西、重庆、四川、贵州、青海、宁夏	—	云南、新疆	陕西、甘肃、内蒙古
数量	第一阶段	23	4	3	—
	第三阶段	16	1	4	9
占比	第一阶段	76.7%	13.3%	10%	—
	第三阶段	53.3%	3.3%	13.3%	30%

4.2.2.6 规模效率分析

规模效率是由决策单元的规模因素影响的效率，反映实际规模与最优规模的差距。众创空间的规模效率反映了其投入资源在现有规模下的充分利用程度。

从表4.8可以看出，第一、第三阶段的比较来看，调整前后全国平均规模效率下降，从0.912下降到0.882；东部下降，从0.945下降到0.817，但中部平均水平从0.912上升为0.950，西部从0.881上升到0.887，有些微上升。具体来看，第一、第三阶段保持规模效率不变的有北京、海南、江西、河南、黑龙江、广西、四川、贵州、青海等9个省份，湖南、山西、吉林、云南、内蒙古、新疆等6个省份规模效率递增，其余15个省份规模效率递减。相对有效的省份，从第一阶段的18个降为第三阶段的9个，占比从60%降为30%。规模效率较差的省份从5个增加到7个，占比从16.7%上升到23.3%。规模收益递减的省份从第一阶段的规模报酬递增、递减分别为5个与3个，变为6个与15个，规模报酬不变的大大减少，规模报酬递减的大大增加。

表4.8　　　　　　　　　　　　调整前后众创空间规模效率变化

区域	调整前		调整后		调整前后变化值	
	规模效率	规模收益	规模效率	规模收益	规模效率	规模收益
北京	1	—	1	—	0	
天津	**1**		**0.774**	**drs**	**− 0.226**	
河北	1	—	0.862	drs	− 0.138	
上海	0.947	drs	0.928	drs	− 0.019	
江苏	1	—	0.848	drs	− 0.152	
浙江	0.994	drs	0.792	drs	− 0.202	
福建	0.994	drs	0.986	drs	− 0.008	
山东	**1**	—	**0.640**	**drs**	**− 0.36**	
广东	1	—	0.819	drs	− 0.181	
海南	0.516	irs	0.516	irs	0	
东部平均	**0.945**		**0.817**		**− 0.128**	
安徽	1	—	0.952	drs	− 0.048	
江西	1	—	1	—	0	
河南	1	—	1	—	0	
湖北	1	—	0.991	drs	− 0.009	
湖南	0.780	irs	1	—	0.22	
山西	0.830	irs	0.993	irs	0.163	
辽宁	**1**	—	**0.612**	**drs**	**− 0.388**	
吉林	0.601		0.998	irs	0.397	
黑龙江	1	—	1	—	0	
中部平均	**0.912**		**0.950**		**0.038**	
广西	1	—	1	—	0	
重庆	1	—	0.897	drs	− 0.103	
四川	1	—	1	—	0	
贵州	1	—	1	—	0	
云南	0.975	irs	0.978	irs	0.003	
陕西	**1**	—	**0.608**	**drs**	**− 0.392**	
甘肃	0.849	irs	0.848	drs	− 0.001	
青海	1	—	1	—	0	
宁夏	0.442	irs	0.435	irs	− 0.007	
内蒙古	0.472	irs	0.997	irs	0.525	

续表

区域	调整前		调整后		调整前后变化值	
	规模效率	规模收益	规模效率	规模收益	规模效率	规模收益
新疆	0.948	irs	0.997	drs	0.049	
西部平均	**0.881**		**0.887**		0.006	
全国均值	**0.912**		**0.882**		−0.03	

　　而剥离环境要素后的第三阶段 DEA 评价结果中，全国众创空间规模效率平均值为 0.882，北京、江西、河南、湖南、黑龙江、广西、四川、贵州、青海 9 省市规模报酬仍然为最优；天津等 15 个省份出现规模效率递减的趋势，说明这些地区众创空间的创新不能仅仅依靠扩大创新要素投入来提升创新效率，更要注重资源的配置和利用效率以提升创新效率；海南、山西、吉林、云南、宁夏、内蒙古 6 个省份处于规模效率递增状态，说明这些地区众创空间仍可以加大孵育投入。值得关注的是天津、山东、辽宁、陕西 4 个省份，剥离环境影响后，规模效率从相对有效直接滑到效率很差，说明这四个决策单元的运营中，外部环境要素在众创空间的创新资源利用效率中起着积极的作用（见表 4.9、表 4.10）。

表 4.9　　　　　　　　　　众创空间规模效率分类

区域		1 （相对有效）	[0.9，1] （相对效率较高）	[0.8，0.9] （相对效率一般）	[0，0.8] （相对效率较差）
东部地区	第一阶段	北京、天津、河北、江苏、山东、广东	上海、浙江、福建	—	海南
	第三阶段	北京	上海、福建	河北、江苏、广东	天津、浙江、山东、海南
中部地区	第一阶段	安徽、江西、河南、湖北、辽宁、黑龙江	—	山西	湖南、吉林
	第三阶段	江西、河南、湖南、黑龙江	安徽、湖北、山西、吉林	—	辽宁
西部地区	第一阶段	广西、重庆、四川、贵州、陕西、青海	云南、新疆	甘肃	宁夏、内蒙古
	第三阶段	广西、四川、贵州、青海	云南、内蒙古、新疆	重庆、甘肃	陕西、宁夏

区域		1 （相对有效）	[0.9，1] （相对效率较高）	[0.8，0.9] （相对效率一般）	[0，0.8] （相对效率较差）
数量	第一阶段	18	5	2	5
	第三阶段	9	9	5	7
占比	第一阶段	60%	16.7%	6.7%	16.7%
	第三阶段	30%	30%	16.7%	23.3%

表 4.10　　　　　　　　　　　　规模效率变化分类结果

区域		规模收益递减	规模收益不变	规模收益递增
东部 地区	第一阶段	上海、浙江、福建	北京、天津、河北、江苏、山东、广东	海南
	第三阶段	天津、河北、上海、江苏、浙江、福建、山东、广东	北京	海南
中部 地区	第一阶段	—	安徽、江西、河南、湖北、辽宁、吉林、黑龙江	湖南、山西
	第三阶段	安徽、湖北、辽宁	江西、河南、湖南、黑龙江	山西、吉林
西部 地区	第一阶段	—	广西、重庆、四川、贵州、陕西、青海	云南、甘肃、宁夏、内蒙古、新疆
	第三阶段	重庆、陕西、甘肃、新疆	广西、四川、贵州、青海	云南、宁夏、内蒙古
数量	第一阶段	3	19	8
	第三阶段	15	9	6
占比	第一阶段	10%	63.3%	26.7%
	第三阶段	50%	30%	20%

　　总体而言，我国现阶段有 8 个省份众创空间规模效率相对最优，总体 0.882，处于规模效率较高水平，即众创空间的投入资源利用效率较高。比较而言，在第一、第三阶段中，上海、浙江、福建等东部城市呈现规模报酬递减，这可能由于东部地区众创空间发展较快，投入较大，现有的较高投入规模下的资源的充分利用程度已经开始下降，有冗余的情况，这些省份的需要控制投入，提高资源的配置和利用效率。中部地区还未出现规模报酬递减情况，还可以加大投入。

4.3　结论及讨论

本部分基于文献分析与实地调研，构建了众创空间投入产出指标体系，以评价众创空间的创新效率；以 30 个省份的众创空间为决策单元，采用三阶段的 DEA 模型，基于 2016～2020 年的数据，开展了效率评价。主要结论如下：

（1）全国众创空间的综合效率在第一阶段和第三阶段分别为 0.891 和 0.732，环境对众创空间的创新效率有一定影响。地区政府补贴与众创空间投融资额、提供工位数、举办创新创业活动、开展创业教育培训变量等六个松弛变量系数均为正数；创新创业孵育氛围与对众创空间帮助获得投融资额的松弛变量回归系数为负，与提供工位数、创业导师数量、举办创新创业活动、服务人员数量、开展创新创业教育培训的松弛变量回归系数为正。知识产权保护程度与众创空间帮助获得投融资额的松弛变量回归系数、与众创空间当年服务人员数量的松弛变量回归系数为正值，而与创业导师数量、工位数量、创业教育培训次数、创新创业活动次数等的松弛变量回归系数为负值。说明区域支持已经导致了一定的规模报酬递减。

（2）总体而言，DEA 创新效率相对无效，但在东、中、西部地区之间和各省份之间存在较大的差异。第一阶段来看，东部地区的综合效率最高，中部地区次之，西部地区最低，但剥离环境影响后，全国众创空间的平均综合效率、纯技术效率、规模效率分别为 0.768、0.865 和 0.887，相对效率较低，由高到低顺序反过来，说明东部地区的环境支持对众创空间的创新效率有较大贡献；中部地区的创新效率更多来自于众创空间的投入和运营。同时在东、中、西部地区之间、30 个省份之间差异较大：东部的综合效率、纯技术效率、规模效率分别为 0.693、0.863、0.817；中部地区的综合效率、纯技术效率、规模效率分别为 0.732、0.769、0.950；西部地区的综合效率、纯技术效率、规模效率分别为 0.768、0.865、0.887。东部地区的综合效率最低，西部地区的综合效率最高；西部地区的纯技术效率最高，中部地区的纯技术效率最低；中部地区的规模效率最高，东部地区的规模效率最低。有 8 个省份（都在东部）的总体效率相对有效，占比 26.7%；16 个省份的纯技术效率相对有效；9 个省份的规模效率相对有效。有 7 个省份的总效率相对很差，9 个省份的纯技术效率相对很差；7 个省份的规模效率相对很差。天津、河北、辽宁、陕西的四个区域剥离环境因素后的效率滑了三个档，环境影响较大。

以上结论表明：从总体来看，众创空间的创新相对效率在区域间的差异性比较大，政府补贴的贡献较大，但投入较多的区域其规模报酬开始进入递减阶段，特别是东部投入较多的城市，已经处于规模报酬递减状态，需要控制政府投入，提升平台孵育效率。

效率评价研究回答了每个决策单元的创新相对效率情况，但是不能回答影响孵育因素的直接影响效果、政府对孵育与入孵企业关系的影响，第 5 章的实证研究将对此展开讨论。

第5章

区域政策支持对入孵企业
创新的影响研究

第4章对众创空间的创新效率进行了三阶段的 DEA 模型评价，主要回答的是区域相对创新效率情况，但不能回答各孵育服务和政策支持要素对入孵企业创新的影响效果。本章将对众创空间服务与入孵企业创新产出间的关系以及区域政府政策支持对这一关系的影响展开研究，对前述问题开展回答。

根据资源依赖理论，组织需要通过获取环境中的资源来维持生存，必须与其所依赖环境中的要素发生互动。但新创企业普遍面临"新生弱性"（Stinch-combe et al.，1965）和小而弱性（Aldrich et al.，1986）的双重约束与困境，难以依靠自身获得环境中的资源。扎根调研发现，区域支持政策（区域宏观创新环境）与众创空间孵育服务（微观创新环境）为入孵企业提供支持，直接提供或者帮助入孵企业获得创新创业发展所需要的资源。

孵育服务帮助新创企业与外界环境中的要素发生互动，获得资源和合法性等。早期的学者从组织赞助（organizational sponsorship）视角讨论孵育与新创企业发展效果之间的关系（Flynn，1993；St‐Jean & Audet J，2012），认为孵育服务可以提高创业创新绩效。对于近 10 年特别是 15 年来出现的大众创新孵育组织——创客空间和众创空间，国内外都有不少学者对其推进创新的效果进行了较为热情洋溢的论述。那么，是不是孵化服务一定有效？孵化服务越多越好？早有实证研究表明孵育服务的有效性并不一定是由孵育服务的多寡决定的，其效果与创立时的市场密度等权变情景密切相关（Alejandro S. Amezcua，2013）。国内学者王是业和武常岐（2017）的实证研究发现，资金支持、设备支持对企业研发投入有正向影响，但网络支持与在孵企业研发投入之间呈现倒 U 型关系；许晖等（2019）也指出企业资源管理实践具有较强的情境依赖性。

这些结论表明，总体孵育服务是有效的，但是不同的孵育服务，其效果之间有差异。具体到本研究的众创空间的经济服务、能力服务以及网络服务而言，这些服务是否都有效、哪类服务更为有效等问题，尚需要通过实证研究进行回答。

区域政府对众创空间开展补贴的理论依据是熊彼特的技术创新理论（熊彼特，1979）。熊彼特指出，由于技术创新具有高投入和高风险性特征，小企业因其在资金和资源方面的劣势，往往不足以支撑技术创新的实现，因此，研发活动的投入和风险只有大企业能够承担。因此，中小企业的研发需要政府研发支持来推动。政府支持一定会促进企业创新吗？现有研究发现，基于不同的情景，存在促进、抑制、倒 U 型的关系，或者无确定性关系，政府支持与企业绩效之间关系与情景高度相关；同时，政府支持行为还会与其他行为发生交互作用。对于众创空间中的入孵企业而言，区域政府补贴是给众创空间的，与众创空间的孵育服务交互影响入孵企业的创新。以往的研究主要关注众创平台微观孵育因素的影响，忽视了外部支持性环境影响因素的影响效应分析。

从入孵企业来看，政府为激励众创空间开展孵育活动而给予众创空间的财政补贴、区域的知识产权保护情况构成了入孵企业的制度环境；众创空间的孵育服务也是入孵企业的资源基础。因此，可以整合区域政府的政策支持与孵育平台提供的资源基础，借鉴"制度基础观－资源基础观"整合模型，构建"政府支持－平台孵育"整合模型，分析众创空间孵育服务（资源）与创新产出的关系，以及政府补贴和知识产权保护对这一关系的影响效果，并匹配科技部火炬数据库对理论假说进行验证。分析的理论模型如图 5.1 所示。

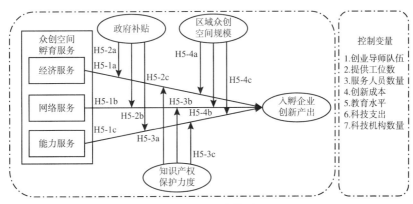

图 5.1　理论模型

5.1 研 究 假 设

5.1.1 众创空间孵育服务对入孵企业创新产出的影响

众创空间积极为入孵企业和创客提供进行知识共享和转移的物理空间，提供风险投资、各类精英志愿者和团体（Meyer，2013；Sleator，2016）、优质劳动力、专业技能培训、运营资助金（Han et al.，2017）以及网络关系支持（Sansone et al.，2020）等多样化孵育服务与资源，帮助在孵团队和企业构建网络关系，累计社会资本。在众多的孵育服务中，经济服务、网络服务以及能力服务得到了孵育机构较多的关注，因为，他们认为这些服务对创客创业成功具有重要意义。

5.1.1.1 经济服务与创新产出

现有研究已经证实，雄厚资金支持是支撑企业孵化的关键条件（Sonne，2012）。在企业创办初期，产品研发、人才引进以及市场开发等方面均需要大量资金，资金匮乏的众创空间，往往举步维艰（江庆勇，2015）。中国众创空间主要从租金、各类中央与地方政策性扶持资金以及外部金融机构提供的风险投资等方面获得资金。众创空间通过路演、导师见面会活动以及其他网络关系为入孵企业提供的风险资本对接活动，可为入孵企业引入风险资金或者外部投资者，提高了入孵企业获得低成本资金的机会，并降低了企业创新发展成本，能有效缓解甚至根本解决入孵企业或创客启动资金和运营创新资金不足的问题。同时，便利化获得低成本资金的路径不仅能化解创客的创业风险以及创业投资者的投资风险，路演、导师见面会等方式获得资金的经济服务方式更有利形成一种追求创新、容忍失败的氛围，激发企业的创新热情（陈凤等，2015）。更重要的是，众创平台的经济服务方式不仅帮助入孵企业获得初始资源，解决发展初期研发资金不足的问题，还能够凭借其丰富的管理经验与专业的知识技能，帮助入孵企业进行更有效的配置资金（谢光华等，2018），促进创业创新产出效果。可见，众创空间经济服务可以为入孵企业的创新研发提供资金保障，且能有效促进入孵企业的创新成长。故提出假设：

假设 H5 - 1a：众创空间经济服务对创新产出具有正向促进作用。

5.1.1.2　网络服务与创新产出

帮助入孵企业与创客构建网络关系，累积社会资本，是孵化器的关键服务之一（Sansone et al.，2020），孵化器发展的第一个阶段的主要任务是发展成一个网络化的孵化器（孙凯，2011；Mian et al.，2016），新创企业的初期绩效往往也依赖于外部网络的协调（Sá & Lee，2012）。众创空间举办的区域性、全国性甚至国际性的创业大赛、投资路演、创业沙龙、创业训练营、导师分享会等，帮助入孵企业之间以及入孵企业与相关机构之间交流互动，搭建沟通网络，实现知识共享（李燕萍等，2017；黄钟仪等，2020），降低组织间信息不对称（Williamson，1971），帮助入孵企业、创客获得了整合外部知识、获取异质性知识（李燕萍等，2017）、隐性知识（付群英等，2016）的机会；同时，随着网络服务水平的提高，网络规模增大，其知识搜索和信息储备的来源越广泛（Laursen & Salter，2014），不仅能帮助入孵企业更快捷地定位所需资源（张力和刘新梅，2012），还能帮助企业更及时地获得所需的经营性资源（黄钟仪等，2020）、市场最新的技术资源、市场信息和融资优惠（Yan & Chang，2018）、社会资本以及商业机会（Atuahene & Murray，2007），从而降低了学习的搜索成本和信息成本以及机会主义风险（Williamson，1971），由此推动入孵企业的创新发展。此外，网络服务还可促进入孵企业间的信任、合作以及成长（Hansen et al.，2000）。可见，众创空间不仅可为入孵企业搭建沟通网络，提供良好的合作平台，更有助于营造浓厚的创新创业孵育氛围，促进多元创意碰撞与合作，实现资源互补、协同创新。故提出假设：

假设 H5 - 1b：众创空间网络服务对创新产出具有正向促进作用。

5.1.1.3　能力服务与创新产出

现有研究发现，缺乏创业经验是创业失败的重要因素（李雪灵等，2009；Bruneel et al.，2012），二次创业往往因其创业经验充足而成功率较高。因此，创业经验获取对企业孵化至关重要。众创空间作为新兴的创新创业孵育平台，为入驻者/创客开展创业教育培训有助于入孵企业在创业的各阶段获取相应的创业知识，促进其提升发展（王海花等，2020）。例如：创业战略规划与商业模式设计培训等能力服务，可以为创客带来广泛而丰富的商业视野、市场信息和创业经验，从而提高创客创新创业战略与模式的成功率（陈凤等，2015）；创业导师的指导、建议和角色榜样能有效促进创客的认知学习和情感学习，增强其创新创业知识和技能、机会识别和开发能力，从而提高创业创新绩效（St－Jean & Audet，2012）。众创空间为创客提供的创新创业孵育活动，十分重视创客们的创造性需求，能更有效地提升创客创新的激励效果，提升创客的创新能力（李燕萍和陈武，2017）。由此可见，众创空间为入孵企业提供良好的能力服务，有助于丰富创业知识与经验、明确创业方向、提升创新能力。故提出假设：

假设 H5－1c：众创空间能力服务对创新产出具有正向促进作用。

5.1.2 政府补贴对孵育服务与入孵企业创新产出关系的调节

双创活动正外部性特征的存在，导致此类活动成功率较低，创新效果不理想，市场调节效果不佳，需要政府通过专项财政政策来引导，提高资源配置效率，促进双创生态系统健康发展。在各地政府的双创财政引导以及当地的要素资源结合下，通过众创空间最终作用于双创主体，众创平台是双创财政政策传导的中间变量。双创财政资金作用于众创空间，该平台能够为双创主体提供租金低廉的空间、共享的设施、方便的外包服务和丰富的信息等，在平台内孵化的团队和企业通过运行最终获取创业投资，成功创办企业。

第一，充足的资源是企业创新发展的重要保障，政府补贴可以通过直接的创新资源补充机制影响企业创新行为。政府补贴可为众创空间的孵育服务提供相应的资金支持（Tether，2002），使众创空间能更好地开展创新创业交易联谊活动等网络服务，以及创业教育培训等能力服务，进而促进企业的研发及创新活动。第二，政府补贴通过信号传递间接作用于企业创新，政府补贴分别向企业与外部投资者释放了积极信号，既体现出政府对该企业研发项目的认可，激发了企业开展创新研发活动的热情（Trinh & Adam，2016；Kleer，2010）；同时也起到吸引外部资金流入企业的作用，入孵企业可得到更好的经济服务、更多的投融资以及补充研发经费（宋砚秋等，2021）。因此，本研究认为政府补贴正向调节孵育服务与创新产出之间的关系，提出如下假设：

假设 H5－2a：政府补贴正向调节众创空间经济服务与创新产出间的关系。

假设 H5－2b：政府补贴正向调节众创空间网络服务与创新产出间的关系。

假设 H5－2c：政府补贴正向调节众创空间能力服务与创新产出间的关系。

5.1.3　知识产权保护对孵育服务与入孵企业创新产出关系的调节

知识产权保护是一项重要的制度安排，是科技、经济和法律相结合的产物，是利用法律武器严格保护权利人对所创造的智力成果的专有权，任何他人或单位不得侵犯的一种激励和利益调节机制。作为保护科技创新的一项基础性制度，知识产权保护制度在鼓励发明创造、促进科技成果应用以及保护创新创造成果等方面起到了不可替代的重要作用，也是影响企业创新的关键一环（纪祥裕和顾乃华，2021）。

入孵企业的创新发展离不开众创空间的各类孵育服务，如为帮助入孵企业建立网络关系举办的创新创业交易联谊活动等网络服务，以及为帮助入孵企业创新发展提供创业教育培训能力服务（黄钟仪等，2020），这类孵育服务使得入孵企业间、入孵企业与外部频繁交流进行知识共享，这可能会引发知识产权风险。首先，若知识产权保护力度过低，将挫伤入孵企业的研发积极性，而知识产权保护在能够保证知识共享与转移的同时也能够有效防止知识产权肆意模仿与滥用（陈灿平等，2020）。其次，当知识产权保护力度过低，企业投入大量的资金到研发中，却只能得到较低的回报，将打击入孵企业的研发积极性。加强知识产权保护能够通过法律保护加强创新知识的排他性，增强创新者的垄断力量，提高创新成果预期利润流的贴现价值，并为创新者提供更多获取利润的机会（吴超鹏和唐菂，2016；张峰等，2016）；同时，知识产权保护执法力度的提高也进一步提高了创新侵权的成本（史宇鹏和顾全林，2013），因此，企业更愿意将获得的投融资投入到自主创新研发中，而非模仿或是杜撰。综上，本研究认为知识产权保护力度正向调节孵育服务与创新产出之间的关系，提出如下假设：

假设 H5－3a：知识产权保护正向调节众创空间经济服务与创新产出间关系。

假设 H5－3b：知识产权保护正向调节众创空间网络服务与创新产出间关系。

假设 H5－3c：知识产权保护正向调节众创空间能力服务与创新产出间关系。

5.1.4 区域创新孵育规模对孵育服务与入孵企业创新产出关系的调节

众创空间是一个复杂的生态系统，其创新产出受到宏微观创新环境多种因素的影响。创新创业孵育规模会影响众创空间孵育服务对于创新产出的关系。不同氛围下的入孵企业应对的创新产出追求和能够获取的优势有所不同，进而影响了众创空间孵化服务的作用效果（胡军燕等，2022）。根据创新的集聚效应（刘亮和吴笙，2017）推断，众创空间数量多的地区能够形成一种集聚效应，促进空间资源的整合以及入驻者的交流，有利于众创空间创新行为的发生和产出的增加。区域孵育规模越大，表明入孵企业越有机会得到政府及社会机构提供的支持，可利用的外部资源和信息较丰富。入孵企业获取的信息和资金资源等融入众创空间的孵化服务发展，推行有利于促进入孵企业创新发展的措施。因此，区域创新创业孵育规模越大，孵育服务对创新产出的影响程度更高。综上，本研究认为区域创新创业孵育规模正向调节孵育服务与创新产出之间的关系，提出如下假设：

假设 H5 - 4a：区域创新创业孵育规模正向调节众创空间经济服务与入孵企业创新产出间的关系。

假设 H5 - 4b：区域创新创业孵育规模正向调节众创空间网络服务与入孵企业创新产出间的关系。

假设 H5 - 4c：区域创新创业孵育规模正向调节众创空间能力服务与入孵企业创新产出间的关系。

5.2 研 究 设 计

5.2.1 模 型 构 建

为了考察众创空间经济服务、网络服务、能力服务对创新产出的直接影响、众创空间组合服务对创新产出的影响以及政府补贴、知识产权保护力度、区域众创空间规模对众创空间服务与创新产出关系的调节效应，本研究依据提出的相关假设，分别构建如下多元回归模型进行检验。

5.2.1.1 众创空间孵育服务对创新产出影响的模型构建

为了检验众创空间孵育服务与创新产出之间的直接关系，从经济服务、网络服务及能力服务三个方面，分别构建如式（5.1）所示的研究模型，被解释变量是创新产出（$inno$），解释变量为众创空间孵育服务（CS）；分别将经济服务（ven）、网络服务（net）、能力服务（edu）代入式（5.1）中，将创业导师队伍（$mentor$）等其他可能对入孵企业创新产出产生影响的变量作为控制变量。

$$inno = \beta_0 + \beta_1 CS + \beta_2 mentor + \beta_3 offer + \beta_4 staff + \beta_5 cost + \beta_6 college$$
$$+ \beta_7 tes + \beta_8 nl + \sum year + \sum state + \mu_0 \tag{5.1}$$

5.2.1.2 政府补贴的调节效应模型构建

基于政府与市场联合视角，检验政府补贴（sub）对众创空间服务与创新产出关系的调节作用，构建如下所示的研究模型。式（5.2）检验政府补贴对经济服务与创新产出关系的调节，加入了经济服务与政府补贴的交乘项（$ven \times sub$）；式（5.3）检验政府补贴对众创空间网络服务与创新产出关系的调节，加入了网络服务与政府补贴的交乘项（$net \times sub$）；式（5.4）检验政府补贴对能力服务与创新产出关系的调节，加入了能力服务与政府补贴的交乘项（$edu \times sub$）。

$$inno = \beta_0 + \beta_1 ven + \beta_2 sub + \beta_3 ven \times sub + \beta_4 mentor + \beta_5 offer$$
$$+ \beta_6 staff + \beta_7 cost + \beta_8 college + \beta_9 tes + \beta_{10} ni$$
$$+ \sum year + \sum state + \mu_0 \tag{5.2}$$

$$inno = \beta_0 + \beta_1 net + \beta_2 sub + \beta_3 net \times sub + \beta_4 mentor + \beta_5 offer$$
$$+ \beta_6 staff + \beta_7 cost + \beta_8 college + \beta_9 tes + \beta_{10} ni$$
$$+ \sum year + \sum state + \mu_0 \tag{5.3}$$

$$inno = \beta_0 + \beta_1 edu + \beta_2 sub + \beta_3 edu \times sub + \beta_4 mentor + \beta_5 offer$$
$$+ \beta_6 staff + \beta_7 cost + \beta_8 college + \beta_9 tes + \beta_{10} ni$$
$$+ \sum year + \sum state + \mu_0 \tag{5.4}$$

5.2.1.3 知识产权保护的调节效应模型构建

基于政府与市场联合视角，检验知识产权保护力度（ipr）对众创空间服务与创新产出关系的调节作用，构建如下所示的研究模型。式（5.5）检验知识产权保护力度对经济服务与创新产出关系的调节，加入了经济服务与知识产权保护力度的交乘项（$ven \times ipr$）；式（5.6）检验知识产权保护力度对众创空间网络服务与创新产出关系的调节，加入了网络服务与知识产权保护力度的交乘项（$net \times ipr$）；式（5.7）检验知识产权保护力度对能力服务与创新产出关系的调节，加入了能力服务与知识产权保护力度的交乘项（$edu \times ipr$）。

$$
\begin{aligned}
inno = {} & \beta_0 + \beta_1 ven + \beta_2 ipr + \beta_3 ven \times ipr + \beta_4 mentor + \beta_5 offer \\
& + \beta_6 staff + \beta_7 cost + \beta_8 college + \beta_9 tes + \beta_{10} ni \\
& + \sum year + \sum state + \mu_0
\end{aligned}
\tag{5.5}
$$

$$
\begin{aligned}
inno = {} & \beta_0 + \beta_1 net + \beta_2 ipr + \beta_3 net \times ipr + \beta_4 mentor + \beta_5 offer \\
& + \beta_6 staff + \beta_7 cost + \beta_8 college + \beta_9 tes + \beta_{10} ni \\
& + \sum year + \sum state + \mu_0
\end{aligned}
\tag{5.6}
$$

$$
\begin{aligned}
inno = {} & \beta_0 + \beta_1 edu + \beta_2 ipr + \beta_3 edu \times ipr + \beta_4 mentor + \beta_5 offer \\
& + \beta_6 staff + \beta_7 cost + \beta_8 college + \beta_9 tes + \beta_{10} ni \\
& + \sum year + \sum state + \mu_0
\end{aligned}
\tag{5.7}
$$

5.2.1.4 区域创新创业孵育规模的调节效应模型构建

基于创新环境视角，检验区域创新创业孵育规模（num）对平台孵育服务与入孵企业创新产出关系的调节作用，构建如下所示的研究模型。式（5.8）检验创新创业孵育规模对经济服务与创新产出关系的调节，加入了经济服务与创新创业孵育规模的交乘项（$ven \times num$）；式（5.9）检验区域创新创业孵育规模对网络服务与创新产出关系的调节，加入了网络服务与区域创新创业孵育规模的交乘项（$net \times num$）；式（5.10）检验区域创新创业孵育规模对能力服务与入孵企业创新产出关系的调节，加入了能力服务与创新创业孵育规模的交乘项（$edu \times num$）。

$$
\begin{aligned}
inno = {} & \beta_0 + \beta_1 ven + \beta_2 num + \beta_3 ven \times num + \beta_4 mentor + \beta_5 offer \\
& + \beta_6 staff + \beta_7 cost + \beta_8 college + \beta_9 tes + \beta_{10} ni \\
& + \sum year + \sum state + \mu_0
\end{aligned}
\tag{5.8}
$$

$$inno = \beta_0 + \beta_1 net + \beta_2 num + \beta_3 net \times num + \beta_4 mentor + \beta_5 offer$$
$$+ \beta_6 staff + \beta_7 cost + \beta_8 college + \beta_9 tes + \beta_{10} ni$$
$$+ \sum year + \sum state + \mu_0 \tag{5.9}$$

$$inno = \beta_0 + \beta_1 edu + \beta_2 num + \beta_3 edu \times num + \beta_4 mentor + \beta_5 offer$$
$$+ \beta_6 staff + \beta_7 cost + \beta_8 college + \beta_9 tes + \beta_{10} ni$$
$$+ \sum year + \sum state + \mu_0 \tag{5.10}$$

5.2.2　样本选择与数据来源

本研究以 2016～2020 年我国 30 个省份（除西藏及港澳台地区外）的众创空间作为研究样本，并对原始数据进行了处理：对连续性变量进行了上下 1% 的缩尾处理，以消除极端值的影响，保证数据结果可靠性。为消除异方差对估计结果造成的影响，本研究对数据进行了对数化处理。在实际研究中的数据筛选和基本运算均采用了 Excel 软件进行处理，整理后的数据通过 Stata17.0 对变量进行描述性统计分析、回归分析等实证检验。研究所用数据均来源于 2017～2021 年的《中国火炬统计年鉴》《中国统计年鉴》《中国知识产权发展评价报告》。

5.2.3　变量定义与测度

5.2.3.1　被解释变量：创新产出

现有研究大多采用新产品销售收入（崔静波等，2021）、专利申请量（吴伟伟和张天一，2021）来衡量企业的创新产出。与新产品销售收入相比，专利申请成本对企业创新产出具有一定的甄别作用（李梦雅等，2019）。此外，发明专利相较于外观设计专利与实用新型专利而言有更高的技术含量和创新价值（吴伟伟和张天一，2021）。而且多年来专利标准客观、变化缓慢（Acs et al.，2002），因此，在实证分析中，发明专利一直被许多学者作为测量创新产出水平的相对有效的常用指标。基于数据的可获得性，本研究以专利申请量衡量创新产出。虽然专利授权量质量更高，但本研究主要分析外部支持赋能环境对创新产出的影响，而不是准确度量创新产出的数量，而申请量在表明孵育服务环境对创新产出的影响方面，与授权量在效果分析上是一致的。因此，本研究选用《中国火炬统计年鉴》提供的入孵企业"发明专利申请量之和[①]"，并借鉴霍尔（Hall et al.，2001）的方法，用 $\ln(1 + $ 发明专利数量$)$ 来表示创新产出（$inno$）。

5.2.3.2 解释变量

（1）经济服务（ven）。众创空间经济服务主要体现在提供经济帮扶，帮助入孵企业减少发展成本，如帮助入孵企业谋求外部投融资机构合作、拉动孵化基金投资等（卫武等，2021）。许治等（2021）根据"当年是否获得孵化基金投资""当年是否获得风险投资"来创建分类变量，度量众创空间的经济服务。本研究在此基础上更进一步，计算创业团队和初创企业当年获得的投融资总额来代理经济服务。本研究选取《中国火炬统计年鉴》提供的"创业团队当年获得投融资总额""初创企业当年获得投融资总额"之和，并取自然对数来表示该地区众创空间的经济服务状况。

（2）网络服务（net）。网络服务指的是为入孵企业提供与外部资源提供者联系起来的服务（Amezcua et al.，2013），众创空间常常举办创新创业活动等帮助入孵企业与相关利益方建立关系网络、积累社会资本，以有助于提升合法性、扩展资源来源渠道，获得商业机会等（卫武等，2021）。阿梅斯库（Amezcua et al.，2013）使用文本分析法，根据是否为创业企业提供外部社会联系来创建分类变量，度量孵化器的网络支持。本研究在此基础上更进一步，计算众创空间为帮助入孵企业与相关利益方建立关系网络而举办的创新创业活动次数来代理网络服务。本研究选取《中国火炬统计年鉴》提供的"创新创业活动"，并取自然对数来表示该地区众创空间的网络服务状况。

（3）能力服务（edu）。创业和管理能力教育被视为促进入孵企业创新发展的重要因素，众创空间通常聘请各行业成功企业家就任入孵企业的创业导师，举办创业沙龙、创业训练营、导师分享会等创业教育培训，以为其提供商业与管理经验指导、专业知识培训等。本研究根据李燕萍等（2017）和桑索内等（Sansone et al.，2020）对能力服务的描述，选取《中国火炬统计年鉴》提供

---

① 众创空间自身作为服务单位没有创新产出，《中国火炬统计年鉴》公布的众创空间（以及之前的科技园区、产业园区等）其创新成果都是指其入孵企业的创新产出；实际上一个区域的众创空间入孵企业的创新产出总和就是一个区域的众创空间的创新产出。所以，在后文的表述中，针对不同语境的需要，采用"众创空间创新产出"或者"入孵企业创新产出"两种表述，其含义是一致的。

的"创业教育培训场次",并取自然对数表示该地区众创空间的能力服务状况。

5.2.3.3　调节变量

(1) 政府补贴 (*sub*)。现有研究主要从政府的直接财政补贴和税收减免两个方面度量政府补贴 (赵凯和李磊,2023),从激励效率上看,对于大多处于初创期的入孵企业,比起税收减免等事后激励,政府直接补贴等事前激励更能降低研发成本,保障研发供应链资金支持,激发企业的创新效率。因此,本研究选用众创空间帮助入孵企业接纳的当年财政资金支持额,选取《中国火炬统计年鉴》提供的"财政资金支持额",并取自然对数表示该地区众创空间的政府补贴。

(2) 知识产权保护 (*ipr*)。知识产权保护是一项重要的制度安排,是科技、经济和法律相结合的产物,通过法律严格保护权利人的智力成果专有权,其他人或单位不得侵犯。现有研究主要从行政执法、司法保护、社会保护水平三个角度构建知识产权保护强度衡量指标 (龙小宁,2018;肖振红和李炎,2021)。本研究采用国家知识产权局知识产权发展研究中心发布的《中国知识产权发展评价报告》所提供的"知识产权保护指数"指标,并取自然对数来表示该地区众创空间的知识产权保护力度。"知识产权保护指数"从司法保护、行政保护和保护效果三个方面综合评价:司法保护主要涉及审判机关知识产权民事、行政、刑事审判指数以及检察机关检察监督情况;行政保护方面主要涉及专利、商标、版权以及海关知识产权行政工作的相关内容;保护效果方面,主要从研发投入强度、规模以上工业企业申请专利的比例、知识产权保护社会满意度等维度进行评价[①]。

(3) 区域创新创业孵育氛围 (*num*)。用全国各省市众创空间的整体规模来表示。本研究借鉴李犟和吴和成 (2022) 的研究,选用《中国火炬统计年鉴》提供的各省市"众创空间数",并取自然对数表示各省市的众创空间规模。

5.2.3.4　控制变量

本研究在控制变量的选择上,结合理论分析和已有文献研究,主要控制创业导师队伍、众创空间提供的工位数、服务人员、创新成本、教育水平、科技支出、科技机构数量 7 个方面对入孵企业创新产出的影响。

(1) 创业导师队伍 (*mentor*):它指各省市众创空间创业导师的整体规模,

---

① 国家知识产权局知识产权发展研究中心发布的《中国知识产权发展状况评价报告》。

以《中国火炬统计年鉴》提供的各地区"创业导师人数",并取自然对数表示。

（2）众创空间提供的工位数（*offer*）：它指各省市众创空间提供工位的整体规模，以《中国火炬统计年鉴》提供的各地区众创空间"提供工位数"，并取自然对数表示。

（3）众创空间服务人员（*staff*）：它指各省市众创空间服务人员的整体规模，以《中国火炬统计年鉴》提供的各地区"众创空间服务人员数量"，并取自然对数表示。

（4）创新成本（*cost*）：创新成本对于入孵企业创新产出具有重要影响，而工资支出是重要方面，因此，本研究利用《中国统计年鉴》提供的指标"职工平均工资"，并取自然对数表示。

（5）教育水平（*college*）：指各省市人才培养情况，选用《中国统计年鉴》提供的"在校大学生数"，并取自然对数表示。

（6）科技支出（*tes*）：科技创新投入是促进创新的重要因素，因此，本研究选用《中国统计年鉴》提供的"政府财政支出中科技支出金额"，并取自然对数表示。

（7）科技机构数量（*ni*）：科技机构数量的多少反映了该地区科技创新能力，因此，本研究选用《中国统计年鉴》提供的"科技机构数量"，并取自然对数表示。同时，对年度（*year*）和地区（*state*）变量进行了控制。

5.3　实证结果与分析

为验证本研究众创空间服务、政府补贴、知识产权保护力度与创新产出关系的研究假设是否成立，本节对主要变量进行了描述性统计分析、单位根检验、回归模型选择、回归分析以及稳定性检验，为相关理论分析提供支撑。

5.3.1　描述性统计分析

为了解样本数据的总体特征，对总体主要变量的有关数据进行了描述性统计分析，结果如表 5.1 所示。具体描述性统计分析如下：

表 5.1　　　　　　　　　　　　描述性统计分析

变量	变量定义	样本数	均值	标准差	最小值	最大值
inno	创新产出	150	6.528	1.362	2.485	9.736
ven	经济服务	150	13.167	1.809	7.473	17.719
net	网络服务	150	8.005	1.096	3.829	9.634
edu	能力服务	150	7.758	1.173	3.401	13.532
sub	政府补贴	150	10.986	1.237	7.524	13.194
ipr	知识产权保护力度	150	4.105	0.171	3.786	4.429
num	区域众创空间规模	150	4.969	1.085	1.386	6.901
mentor	创业导师人数	150	8.032	1.027	4.866	9.500
offer	提供的工位数	150	10.084	1.273	4.990	12.128
staff	服务人员数量	150	7.772	1.181	3.178	9.977
cost	创新成本	150	11.234	0.257	10.746	12.128
college	在校大学生数量	150	4.308	0.798	1.823	5.518
tes	科技支出	150	4.576	1.058	2.339	7.064
ni	科技机构数量	150	10.089	1.066	7.539	12.311

（1）创新产出。从表中可以看出，我国众创空间入孵企业创新产出均值为6.528，且创新产出最小值为2.485，最大值为9.736，说明我国各地区入孵企业创新产出差距较大，且多数地区入孵企业创新产出不足，迫切需要从以数量驱动的发展转型为以创新驱动的发展。

（2）众创空间服务。本研究通过经济服务、网络服务和能力服务进行衡量。由表中反映的经济服务的均值为13.167，最小值和最大值分别为7.473和17.719，且标准差为1.809。从网络服务的各项数据可以看出，网络服务的最小值和最大值分别为3.829和9.634，标准差为1.096。能力服务的均值为7.758，最小值为3.401，最大值为13.532。通过描述性统计结果，可以看出三种孵育服务在不同地区发展差异较大。

（3）调节变量。政府补贴平均值为10.986，最小值和最大值分别为7.524和13.194，说明我国众创空间都得到了各级政府的普遍支持，各级政府为发展众创空间，支持创新发展营造了良好的资金环境，在良好的政府支持环境下，有利于本研究对众创空间服务与创新产出关系的进一步研究。知识产权保护指数的平均值为4.105，最小值为3.786，最大值为4.429，说明各地区在知识产权保护力度上有着较大差距。区域众创空间规模的均值为 4.969，标准差为 1.085，最小值为 1.386，最大值是 6.901，各地区众创空间规模差距较大。

（4）控制变量。创业导师人数的均值为 8.032，最小值和最大值分别为 4.866 和 9.500；提供工位数的均值为 10.084，最小值和最大值分别为 4.990 和 12.128；服务人员数量的均值为 7.772，标准差为 1.181，最小值为 3.178，最大值是 9.977。通过描述性统计结果，可以看出各省份在创业导师、服务人员、提供的工位数、教育水平以及科技支出等方面均存在明显差异。

5.3.2 单位根检验

为防止面板数据存在单位根，产生伪回归等严重后果，本研究将对每一个变量进行单位根检验，以确保每个变量的平稳性。本数据为短面板数据（T = 5，N = 30），故采用 HT 检验进行单位根检验。表 5.2 列出了每个变量的 HT 检验结果，结果表明所有变量的 p 值均小于 0.05，故拒绝了变量存在单位根的原假设，由此证明了数据的平稳性。

表 5.2　　　　　　　　　　　　　　　　HT 检验结果

	inno	ven	net	edu	sub	ipr	num
P	0.0000	0.0008	0.0000	0.0000	0.0006	0.0000	0.0251
	mentor	offer	staff	cost	college	tes	ni
P	0.0059	0.000	0.0001	0.0207	0.0249	0.0078	0.0010

5.3.3 豪斯曼检验

先通过豪斯曼（Hausman）检验对每个模型应该采用固定效应模型还是随机效应模型做出选择。表 5.3、表 5.4、表 5.5 和表 5.6 列出了每个模型的豪斯曼检验结果表。结果表明除模型 1 - 2、模型 3 - 2、模型 3 - 3、模型 4 - 2 以及模型 4 - 3 外，所有模型在 10% 的水平上通过了显著性检验，适合采用固定效应模型（FE），模型 1 - 2、模型 3 - 2、模型 3 - 3、模型 4 - 2 以及模型 4 - 3 采用随机效应模型（RE）进行分析。

表 5.3　　　　　众创空间孵育服务对创新产出影响模型豪斯曼检验结果

变量	结果变量：inno					
	模型 1 - 1		模型 1 - 2		模型 1 - 3	
	RE	FE	RE	FE	RE	FE
ven	0.000 *** (0.000)	0.000 *** (0.000)				
net			0.0405 *** (0.000)	0.0405 *** (0.000)		
edu					0.373 * (0.095)	0.373 * (0.095)
num	0.006 * (0.096)	0.006 * (0.96)	0.001 *** (0.001)	0.001 *** (0.001)	0.001 *** (0.001)	0.001 *** (0.001)
constant	- 225.282 (0.190)	- 225.282 (0.190)	137.450 * (0.078)	137.450 * (0.078)	182.6561 * (0.064)	182.6561 * (0.064)
观测值	150	150	150	150	150	150
id 数量	30	30	30	30	30	30
Hausman		3.45		2.422		3.12
p-value		0.004		0.067		0.050

注：***，**，*分别表示对应的回归系数在 1%，5% 及 10% 的显著水平上通过检验。

表 5.4　　　　　　　政府补贴的调节作用模型豪斯曼检验结果

变量	结果变量：inno					
	模型 2 - 1		模型 2 - 2		模型 2 - 3	
	RE	FE	RE	FE	RE	FE
ven	0.000 *** (0.000)	0.000 *** (0.000)				
net			0.011 *** (0.000)	0.011 *** (0.000)		
edu					0.013 *** (0.006)	0.013 *** (0.006)

续表

变量	结果变量：inno					
	模型 2 - 1		模型 2 - 2		模型 2 - 3	
	RE	FE	RE	FE	RE	FE
sub	- 0.002 *** (0.001)	- 0.002 *** (0.001)	0.005 *** (0.002)	0.005 *** (0.002)	0.006 *** (0.001)	0.006 *** (0.001)
ven × sub	- 0.096 *** (0.035)	- 0.096 *** (0.035)				
net × sub			- 0.000 *** (0.000)	- 0.000 *** (0.000)		
edu × sub					- 0.000 *** (0.000)	- 0.000 *** (0.000)
constant	- 62.445 *** (279.042)	- 62.445 *** (279.042)	215.624 (533.269)	215.624 (533.269)	- 43.590 (423.563)	- 43.590 (423.563)
观测值	150	150	150	150	150	150
id 数量	30	30	30	30	30	30
Hausman		14.88		20.37		6.30
p-value		0.000		0.006		0.004

注：***，**，* 分别表示对应的回归系数在 1%，5% 及 10% 的显著水平上通过检验。

表 5.5　　知识产权保护力度的调节作用模型豪斯曼检验结果

变量	结果变量：inno					
	模型 3 - 1		模型 3 - 2		模型 3 - 3	
	RE	FE	RE	FE	RE	FE
ven	0.003 *** (0.000)	0.003 *** (0.000)				
net			0.000 *** (0.000)	0.000 *** (0.000)		
edu					0.009 *** (0.000)	0.009 *** (0.000)
ipr	0.019 *** (0.005)	0.019 *** (0.005)	0.001 *** (0.001)	0.001 *** (0.001)	0.005 *** (0.001)	0.005 *** (0.001)

变量	结果变量：inno					
	模型 3 - 1		模型 3 - 2		模型 3 - 3	
	RE	FE	RE	FE	RE	FE
$ven \times ipr$	- 0. 000 *** (0. 000)	- 0. 000 *** (0. 000)				
$net \times ipr$			0. 004 *** (0. 000)	0. 004 *** (0. 000)		
$edu \times ipr$					- 0. 002 *** (0. 000)	- 0. 002 *** (0. 000)
constant	- 155. 609 ** (264. 042)	- 155. 609 ** (264. 042)	147. 67 ** (136. 646)	147. 67 ** (136. 646)	127. 718 * (110. 638)	127. 718 * (110. 638)
观测值	150	150	150	150	150	150
id 数量	30	30	30	30	30	30
Hausman		33. 85		27. 43		3. 72
p-value		0. 002		0. 118		0. 062

注：***，**，* 分别表示对应的回归系数在 1%，5% 及 10% 的显著水平上通过检验。

表 5. 6　　　　区域众创空间规模的调节作用模型豪斯曼检验结果

变量	结果变量：inno					
	模型 4 - 1		模型 4 - 2		模型 4 - 3	
	RE	FE	RE	FE	RE	FE
ven	0. 003 ** (0. 000)	0. 003 *** (0. 000)				
net			- 0. 005 *** (0. 000)	- 0. 005 *** (0. 000)		
edu					0. 004 *** (0. 000)	0. 004 *** (0. 000)
num	0. 021 *** (0. 023)	0. 021 *** (0. 023)	0. 006 *** (0. 001)	0. 006 *** (0. 001)	0. 145 *** (0. 001)	0. 145 *** (0. 001)
$ven \times num$	0. 026 *** (0. 014)	0. 026 *** (0. 014)				

变量	结果变量：*inno*					
	模型 4 – 1		模型 4 – 2		模型 4 – 3	
	RE	FE	RE	FE	RE	FE
net × *num*			0.001 *** (0.000)	0.001 *** (0.000)		
edu × *num*					– 0.017 *** (0.000)	– 0.017 *** (0.000)
constant	– 31.47 ** (5.878)	– 31.47 ** (5.878)	34.993 ** (5.420)	34.993 ** (5.420)	34.906 * (5.194)	34.906 * (5.194)
观测值	150	150	150	150	150	150
id 数量	30	30	30	30	30	30
Hausman		28.09		18.74		19.35
p-value		0.003		0.066		0.055

注：***，**，* 分别表示对应的回归系数在 1%，5% 及 10% 的显著水平上通过检验。

5.3.4 多元回归分析

5.3.4.1 众创空间孵育服务对创新产出影响

本研究为了考察众创空间孵育服务对创新产出的影响，分别对众创空间网络服务与创新产出、众创空间能力服务与创新产出、众创空间经济服务与创新产出进行了实证检验，同时，控制了区域众创空间规模以及知识产权保护力度的影响，回归检验结果如表 5.7 所示。

表 5.7　　　　　　众创空间孵育服务与创新产出的回归结果

变量	结果变量：*inno*			
	模型 5 – 1	模型 5 – 2	模型 5 – 3	模型 5 – 4
ven	0.09 ** (0.042)			
net		0.025 (0.031)		
edu			0.046 (0.142)	

变量	结果变量：inno			
	模型 5 − 1	模型 5 − 2	模型 5 − 3	模型 5 − 4
mentor	0. 336 * (0. 199)	0. 38 (0. 205)	0. 313 (0. 314)	0. 316 (0. 313)
offer	0. 391 ** (0. 136)	0. 461 *** (0. 139)	0. 550 ** (0. 174)	0. 543 ** (0. 172)
staff	− 0. 129 (0. 082)	− 0. 072 (0. 08)	− 0. 011 (0. 091)	− 0. 016 (0. 09)
cost	1. 074 *** (0. 337)	1. 189 *** (0. 361)	2. 160 *** (0. 51)	2. 195 *** (0. 496)
college	0. 339 * (0. 163)	0. 398 * (0. 179)	2. 117 ** (0. 683)	2. 08 ** (0. 671)
tes	0. 031 (0. 11)	0. 11 (0. 114)	0. 269 (0. 202)	0. 277 (0. 199)
ni	0. 114 (0. 121)	0. 013 (0. 126)	− 0. 088 (0. 201)	− 0. 094 (0. 2)
年度	Yes	Yes	Yes	Yes
地区	Yes	Yes	Yes	Yes
_cons	− 15. 502 *** (3. 638)	− 16. 537 *** (3. 87)	− 34. 854 (6. 96)	− 35. 147 *** (6. 874)
N	150	150	150	150
R-sq	0. 77	0. 71	0. 76	0. 76

注：***，**，* 分别表示对应的回归系数在 1%，5% 及 10% 的显著水平上通过检验。

从实证检验结果本研究可以看出：模型 5 − 1 反映了众创空间经济服务对创新产出的影响。由实证结果得出：众创空间经济服务的系数为 0.09，且在 1% 的显著性水平上显著为正，说明众创空间经济服务对创新产出具有正向促进作用。因资金是进行创新的基础性条件，满足入孵企业的资金需求可以使其免于基础设施困扰，全身心投入于创新，从而提高创新产出。假设 H5 − 1a 得到验证。

模型 5 − 2 报告了众创空间网络服务对创新产出的影响，众创空间网络服务的回归系数为 0.025，但其系数并不显著。故假设 H5 − 1b 未得到验证。

模型 5 − 3 报告了众创空间能力服务对创新产出的影响。由实证检验结果本研究可以得出：众创空间能力服务的系数为 0.046，但其系数并不显著。故假设 H5 - 1c 未得到验证。

通过实证检验结果可知，众创空间网络服务、能力服务对企业的创新产出是否有影响、有何种影响尚未得到验证，需进一步探究；众创空间经济服务能正向促进创新产出。

5.3.4.2 政府补贴对众创空间孵育服务与入孵企业创新产出关系的调节作用

基于政府激励视角，进一步考察政府补贴对众创空间孵育服务与创新产出之间的关系调节作用，加入了政府补贴与众创空间孵育服务变量的交互项，模型 6 - 1、模型 6 - 2 及模型 6 - 3 的回归结果报告了政府补贴对众创空间经济服务、网络服务和能力服务三者分别与创新产出关系的调节效应的回归结果，如表 5.8 所示。

表 5.8　　政府补贴对众创空间孵育服务与创新产出关系的调节作用回归结果

变量	结果变量：*inno*		
	模型 6 - 1	模型 6 - 2	模型 6 - 3
ven	0.166 * (0.244)		
net		- 0.368 * (0.298)	
edu			0.191 (0.356)
sub	- 0.346 * (0.023)	- 0.357 (0.219)	0.092 * (0.259)
ven × sub	0.021 *** (0.023)		
net × sub		0.035 (0.027)	
edu × sub			- 0.024 (0.035)
mentor	0.348 (0.333)	0.4 (0.324)	0.493 (0.333)
offer	0.523 ** (0.175)	0.551 ** (0.171)	0.569 *** (0.174)

续表

变量	结果变量：inno		
	模型 6 – 1	模型 6 – 2	模型 6 – 3
staff	0.011 (0.091)	– 0.016 (0.09)	– 0.021 (0.093)
cost	2.281 *** (0.508)	2.265 *** (0.495)	2.206 *** (0.511)
college	2.314 ** (0.781)	2.501 *** (0.495)	2.626 *** (0.746)
tes	0.288 (0.202)	0.372 (0.204)	0.346 (0.209)
ni	– 0.067 (0.203)	– 0.116 (0.199)	– 0.075 (0.202)
年度	Yes	Yes	Yes
地区	Yes	Yes	Yes
_cons	– 34.749 *** (7.894)	– 34.773 *** (7.393)	– 39.799 *** (7.857)
N	150	150	150
R-sq	0.76	0.89	0.78

注：***，**，* 分别表示对应的回归系数在 1%，5% 及 10% 的显著水平上通过检验。

模型 6 – 1 构建了政府补贴对众创空间经济服务与创新产出关系的调节效应模型，回归结果显示，众创空间经济服务与政府补贴的交乘项系数（$ven \times sub$）为 0.021，在 1% 的显著性水平上显著为正，说明政府补贴正向调节对众创空间经济服务与创新产出的关系，加强了众创空间经济服务对创新产出的正向促进作用，假设 H5 – 2a 得到验证。

模型 6 – 2 加入了众创空间网络服务与政府补贴的交乘项（$net \times sub$），构建了政府补贴对众创空间网络服务与创新产出关系的调节效应模型。模型回归结果显示，两者交乘项（$net \times sub$）的回归系数为 0.035，但系数并不显著，故假设 H5 – 2b 未得到验证。

模型 6 – 3 构建了政府补贴对众创空间能力服务与创新产出的调节效应模型，用来验证政府补贴对众创空间能力服务与创新产出关系的调节作用。模型 6 – 3 的回归结果显示，两者交乘项（$edu \times sub$）的回归系数为 – 0.024，但系数并不显著，假设 H5 – 2c 未得到验证。

5.3.4.3　知识产权保护对众创空间孵育服务与入孵企业创新产出关系的调节作用

基于政府激励视角，进一步考察知识产权保护力度对众创空间服务与创新产出之间的关系调节作用，研究加入了知识产权保护力度与众创空间孵育服务变量的交互项，模型 7-1、模型 7-2 及模型 7-3 的回归结果报告了知识产权保护力度对众创空间经济服务、网络服务和能力服务三者分别与创新产出关系的调节效应的回归结果，如表 5.9 所示。

表 5.9　　知识产权保护对众创空间服务与创新产出关系的调节作用回归结果

变量	结果变量：*inno*		
	模型 7-1	模型 7-2	模型 7-3
ven	-1.543 * (0.673)		
net		0.819 (0.571)	
edu			-0.105 (0.966)
ipr	-4.951 * (2.269)	1.71 (0.909)	-0.466 (0.248)
ven × ipr	0.402 * (0.168)		
net × ipr		-0.187 (0.139)	
edu × ipr			0.235 (0.249)
mentor	0.241 (0.276)	0.367 * (0.192)	0.267 (0.193)
offer	0.43 ** (0.155)	0.465 *** (0.128)	0.527 *** (0.132)
staff	-0.021 (0.078)	-0.088 (0.073)	-0.069 (0.076)
cost	2.195 *** (0.434)	1.29 *** (0.338)	1.265 *** (0.356)
college	1.787 ** (0.634)	0.363 * (0.171)	0.4 * (0.173)

变量	结果变量：*inno*		
	模型 7 – 1	模型 7 – 2	模型 7 – 3
tes	0.288 (0.172)	0.116 (0.111)	0.054 (0.11)
ni	– 0.001 (0.175)	– 0.007 (0.117)	– 0.017 (0.121)
年度	Yes	Yes	Yes
地区	Yes	Yes	Yes
_cons	– 14.95 (10.775)	– 24.596 *** (5.586)	– 10.627 (8.186)
N	150	150	150
R-sq	0.87	0.89	0.78

注：***，**，* 分别表示对应的回归系数在 1%，5% 及 10% 的显著水平上通过检验。

模型 7 – 1 构建了知识产权保护力度对众创空间经济服务与创新产出关系的调节效应模型，回归结果显示，众创空间经济服务与知识产权保护力度的交乘项（*ven* × *ipr*）系数为 0.402，在 1% 的显著性水平上显著为正，说明知识产权保护力度正向调节对众创空间经济服务与创新产出的关系，增强了众创空间经济服务对创新产出的正向促进作用，假设 H5 – 3a 得到验证。

模型 7 – 2 加入了众创空间网络服务与知识产权保护力度的交乘项（*net* × *ipr*），构建了知识产权保护力度对众创空间网络服务与创新产出关系的调节效应模型。模型回归结果显示，两者交乘项（*net* × *ipr*）的回归系数为 – 0.187，但系数并不显著。故假设 H5 – 3b 未得到验证。

模型 7 – 3 构建了知识产权保护力度对众创空间能力服务与创新产出的调节效应模型，用来验证知识产权保护力度对众创空间能力服务与创新产出关系的调节作用。模型 7 – 3 的回归结果显示，众创空间能力服务与知识产权保护力度的交乘项（*edu* × *ipr*）的回归系数为 0.235，但系数并不显著。故假设 H5 – 3c 未得到验证。

5.3.4.4　区域孵育规模对众创空间孵育服务与入孵企业创新产出关系的调节作用

基于创新环境视角，进一步考察区域众创空间规模对众创空间服务与创新产出之间的关系调节作用，研究加入了区域众创空间规模与众创空间孵育服务变量的交互项，模型 8-1、模型 8-2 及模型 8-3 的回归结果报告区域众创空间规模对众创空间经济服务、网络服务和能力服务三者分别与创新产出关系的调节效应的回归结果，如表 5.10 所示。

表 5.10　　　　　　　区域众创空间规模对众创空间服务与
创新产出关系的调节作用回归结果

变量	结果变量：inno		
	模型 8-1	模型 8-2	模型 8-3
ven	-0.083 (0.113)		
net		-0.012 (0.165)	
edu			-0.085 (0.136)
num	-0.389 (0.326)	0.072 (0.268)	0.234 (0.268)
ven × num	0.034 (0.022)		
net × num		-0.000 (0.027)	
edu × num			0.014 (0.026)
mentor	0.289 (0.277)	0.361 * (0.199)	0.375 * (0.195)
offer	0.489 *** (0.151)	0.474 *** (0.139)	0.492 *** (0.133)
staff	-0.012 (0.079)	-0.093 (0.075)	-0.082 (0.076)
cost	2.169 *** (0.44)	1.305 *** (0.356)	1.228 *** (0.346)
college	1.554 ** (0.637)	0.401 * (0.172)	0.408 ** (0.17)
tes	0.278 (0.175)	0.133 (0.115)	0.136 (0.111)
ni	-0.073 (0.175)	-0.035 (0.119)	-0.025 (0.119)

变量	结果变量: *inno*		
	模型 8 – 1	模型 8 – 2	模型 8 – 3
年度	Yes	Yes	Yes
地区	Yes	Yes	Yes
_cons	– 31. 47 *** (6. 383)	– 17. 314 *** (3. 842)	– 16. 687 *** (3. 736)
N	150	150	150
R-sq	0. 78	0. 75	0. 75

注: ***, **, * 分别表示对应的回归系数在 1%、5% 及 10% 的显著水平上通过检验。

模型 8 – 1 构建了区域众创空间规模对众创空间经济服务与创新产出关系的调节效应模型,回归结果显示,众创空间经济服务与区域众创空间规模的交乘项($ven \times num$)系数为 0. 034,但系数并不显著。故假设 H5 – 4a 未得到验证。

模型 8 – 2 加入了众创空间网络服务与区域众创空间规模的交乘项($net \times num$),构建了区域众创空间规模对众创空间网络服务与创新产出关系的调节效应模型。模型回归结果显示,两者交乘项($net \times num$)的回归系数为 – 0. 000,但系数并不显著。故假设 H5 – 4b 未得到验证。

模型 8 – 3 构建了区域众创空间规模对众创空间能力服务与创新产出的调节效应模型,用来验证区域众创空间规模对众创空间能力服务与创新产出关系的调节作用。模型 8 – 3 的回归结果显示,众创空间能力服务与区域众创空间规模的交乘项($edu \times num$)的回归系数为 0. 014,但系数并不显著。故假设 H5 – 4c 未得到验证。

5.3.5 稳健性检验

5.3.5.1 内生性检验

尽管加入控制变量能够在一定程度上缓解遗漏变量可能产生的内生性问题,但仍然可能存在诸如双向因果等其他内生性问题。众创平台提供的优质服务与政府支持可能会提高入孵企业的创新产出,反过来,入孵企业创新产出的提升也可能进一步加深众创空间的资源倾斜以及政府部门的"关注",这表明区域创新会反过来影响众创空间的服务以及政府的政策支持。此外,回归还面临样本选择问题，即研发创新能力强的企业可能会优先选择入驻在各项孵育服务较好的地区，进而导致两者的正相关关系。为缓解上述讨论的内生性问题，本研究采用以下思路进行处理：

方法一，直接采用众创空间孵育服务的滞后一阶、二阶、三阶作为替代变量进行回归，使得众创空间孵育服务与入孵企业创新产出存在时间层面的错位，部分缓解反向因果带来的内生性问题，同时也考虑到了企业创新可能存在一定的时滞。回归结果见表5.11第（1）~（3）列、表5.12第（1）~（3）列和表5.13第（1）~（3）列。其中，表5.11第（1）列为采用经济服务一阶滞后作为解释变量的结果，第（2）列为采用经济服务二阶滞后作为解释变量的结果，第（3）列为采用经济服务三阶滞后作为解释变量的结果。容易发现，经济服务滞后项对入孵企业创新产出的影响仍然在1%的显著性水平上显著为正，说明了结果的稳健性。从表5.12第（1）~（3）列和表5.13第（1）~（3）列可以看出网络服务和能力服务的滞后项不显著，不存在内生性。

表5.11   稳健性检验结果（经济服务）

变量	解释变量滞后回归			工具变量回归	PSM 样本		差分 GMM	系统 GMM
					处理组	控制组		
	(1)	(2)	(3)	(4)	(5)	(6)	(7)	(8)
ven				0.079 *** (0.051)	0.091 *** (0.121)	0.077 *** (0.253)	0.013 *** (0.004)	0.018 *** (0.002)
L1. inno							0.690 *** (0.085)	0.633 *** (0.085)
L1. ven	0.074 *** (0.047)							
L2. ven		0.085 *** (0.054)						
L3. ven			0.081 *** (0.095)					
年度	Yes	Yes	Yes	Yes	Yes	Yes	Yes	Yes
地区	Yes	Yes	Yes	Yes	Yes	Yes	Yes	Yes
控制变量	Yes	Yes	Yes	Yes	Yes	Yes	Yes	Yes
AR (1)							0.000	0.003

续表

变量	解释变量滞后回归			工具变量回归	PSM 样本		差分GMM	系统GMM
					处理组	控制组		
	（1）	（2）	（3）	（4）	（5）	（6）	（7）	（8）
AR（2）							0.125	0.274
Sargan							0.190	0.197
N	150	120	90	120	124	124	90	120
R-sq	0.71	0.73	0.76	0.89	0.71	0.69		

注：L1.、L2.、L3. 分别代表变量的滞后一阶、滞后二阶和滞后三阶。

表 5.12　　　　　　　　　　稳健性检验结果（网络服务）

变量	解释变量滞后回归			工具变量回归	PSM 样本		差分GMM	系统GMM
					处理组	控制组		
	（1）	（2）	（3）	（4）	（5）	（6）	（7）	（8）
net				0.033 (0.478)	0.047 (0.672)	0.021 (0.538)	0.030 (0.156)	0.191 * (0.065)
L1. inno							0.505 *** (0.163)	1.059 *** (0.058)
L1. net	0.031 (0.109)							
L2. net		0.028 (0.127)						
L3. net			0.035 (0.039)					
年度	Yes	Yes	Yes	Yes	Yes	Yes	Yes	Yes
地区	Yes	Yes	Yes	Yes	Yes	Yes	Yes	Yes
控制变量	Yes	Yes	Yes	Yes	Yes	Yes	Yes	Yes
AR（1）							0.001	0.006
AR（2）							0.932	0.226
Sargan							0.140	0.359
N	150	120	90	120	124	124	90	120
R-sq	0.74	0.75	0.78	0.57	0.66	0.68		

注：L1.、L2.、L3. 分别代表变量的滞后一阶、滞后二阶和滞后三阶。

表5.13   稳健性检验结果（能力服务）

变量	解释变量滞后回归			工具变量回归	PSM 样本		差分GMM	系统GMM
					处理组	控制组		
	（1）	（2）	（3）	（4）	（5）	（6）	（7）	（8）
edu				0.055 (0.219)	0.062 (0.552)	0.049 (0.384)	0.631 (0.156)	0.212 (0.823)
$L1. inno$							0.340* (0.190)	1.007*** (0.112)
$L1. edu$	0.047 (0.159)							
$L2. edu$		0.041 (0.180)						
$L3. edu$			0.052 (0.048)					
年度	Yes	Yes	Yes	Yes	Yes	Yes	Yes	Yes
地区	Yes	Yes	Yes	Yes	Yes	Yes	Yes	Yes
控制变量	Yes	Yes	Yes	Yes	Yes	Yes	Yes	Yes
$AR（1）$							0.034	0.028
$AR（2）$							0.798	0.221
$Sargan$							0.103	0.340
N	150	120	90	120	124	124	90	120
$R\text{-}sq$	0.78	0.79	0.80	0.71	0.65	0.69		

注：$L1.$、$L2.$、$L3.$ 分别代表变量的滞后一阶、滞后二阶和滞后三阶。

方法二，分别将三种孵育服务的滞后一阶、滞后二阶和滞后三阶作为孵育服务的工具变量，采用工具变量法进行估计，结果见表5.11第（4）列、表5.12第（4）列和表5.13第（4）列。其中，表5.11第（4）列的结果与其结果与基准分析结果相差不大（系数分别为0.074、0.085、0.081）。处理内生性问题后，模型稳健性进一步得到证实。从表5.12第（4）列和表5.13第（4）列可以看出网络服务和能力服务的工具变量不显著，不存在内生性。

方法三，倾向得分匹配（PSM）。分别对众创空间各项孵育服务的测度指标按中位数分为高水平组和低水平组，将属于高水平组的众创空间视为处理组，属于低水平组的众创空间视为控制组，以区域众创空间规模等作为匹配变量，并考虑地区、年份固定效应，对每一个处理组样进行最近邻匹配。相比于匹配之前的样本，匹配后的样本在其主要特征上的差异性明显缩小，表明本研究的匹配很好地消除了两类样本之间的差异性。结果见表 5.11 第（5）～（6）列、表 5.12 第（5）～（6）列和表 5.13 第（5）～（6）列。其中表 5.11 第（5）～（6）列回归结果显示，经济服务系数在 1% 的水平上显著为正，与基准回归结果类似，再次表明本研究基准回归结果稳健。从表 5.12 第（5）～（6）列和表 5.13 第（5）～（6）列可以看出网络服务和能力服务的回归系数不显著，不存在内生性。

5.3.5.2　动态面板模型

企业创新过程具有一定的连续性和路径依赖，即过去的创新水平可能会影响现在的创新水平。基准回归模型尚未考虑到创新的持续性特征，故本研究将进一步通过在解释变量中引入入孵企业创新产出滞后项，将静态面板模型转换为动态面板模型，以考察众创空间孵育服务影响入孵企业创新产出的动态持续性特征。在纳入被解释变量因变量后，可能会带来内生性问题，因而通常的解决思路是采用广义矩估计（GMM）。众创空间孵育服务与入孵企业创新产出的广义矩估计结果见表 5.11 第（7）～（8）列、表 5.12 第（7）～（8）列和表 5.13 第（7）～（8）列，其中，表 5.11 第（7）列、第（8）列考察了众创空间经济服务影响入孵企业创新产出的动态持续性特征，分别报告了差分 GMM 和系统 GMM 估计结果。通过 Arellano - Bond 序列相关检验确认了模型中仅存在一阶序列相关，而不存在二阶以上序列相关。Sargan 检验接受了工具变量外生性原假设，由此说明了工具变量是有效的，因而采用差分 GMM 和系统 GMM 的估计结果是可靠的。比较发现，无论是差分 GMM 还是系统 GMM，创新产出滞后项估计系数显著为正，证实了创新效果的存在，进一步地，经济服务对入孵企业创新产出的影响系数均在 1% 的水平上显著为正，这些结果都进一步确认模型的稳健性。

5.3.6　结果汇总

本章通过对众创空间孵育服务对创新产出的影响、政府补贴/知识产权保护力度/区域众创空间规模在众创空间孵育服务与创新产出间的调节作用分别进行了基准回归以及稳健性检验等。通过以上的实证分析，本章 12 个假设，3 个研究假设得到了验证，9 个研究假设未通过验证。具体结果如表 5.14 所示。

表 5.14   本章提出的假设及实证检验结果

假设	内容	是否成立
H5 – 1a	众创空间经济服务对创新产出具有正向促进作用	成立
H5 – 1b	众创空间网络服务对创新产出具有正向促进作用	不成立
H5 – 1c	众创空间能力服务对创新产出具有正向促进作用	不成立
H5 – 2a	政府补贴正向调节众创空间经济服务与创新产出间的关系	成立
H5 – 2b	政府补贴正向调节众创空间网络服务与创新产出间的关系	不成立
H5 – 2c	政府补贴正向调节众创空间能力服务与创新产出间的关系	不成立
H5 – 3a	知识产权保护正向调节众创空间经济服务与创新产出间的关系	成立
H5 – 3b	知识产权保护正向调节众创空间网络服务与创新产出间的关系	不成立
H5 – 3c	知识产权保护正向调节众创空间能力服务与创新产出间的关系	不成立
H5 – 4a	区域创新创业孵育规模正向调节众创空间经济服务与入孵企业创新产出间的关系	不成立
H5 – 4b	区域创新创业孵育规模正向调节众创空间网络服务与入孵企业创新产出间的关系	不成立
H5 – 4c	区域创新创业孵育规模正向调节众创空间能力服务与入孵企业创新产出间的关系	不成立

以上假设总结表明，三类孵育服务中，只有经济服务对入孵创新产出有显著效果，以及政府补贴和知识产权保护可以强化这一作用。寄予厚望的网络服务、能力服务都没有明显效果。为何投入这么大，效果却不明显。研究分析认为，导致这种结果的原因，可能来自于两个方面：

（1）与中国式分权情景下的强政府支持以及企业的非市场导向决策有关。与西方发达国家相比，我国作为市场转型国家，市场经济发展不够成熟，产权制度有待完善，加之各省份技术基础、体制机制的不同，使得制度环境在不同省份间呈现出明显的差异性（李梦雅等，2021），制度对创新的影响甚大（张峰等，2016）。中国地方政府在转型期对经济活动的影响具有独特性，特别是中国式分权（Qian et al.，1998；Blanchard & Shleifer，2001）中区域政府积极性对区域企业行为的影响极大。中国式分权背景下地方政府的积极支持可能会造成偏向性投资（吴延兵，2017），也可能导致众创空间以及入孵企业更看重补贴政策以及经济支持，忽视其他支持的重要性，从而可能强化了企业的逆市场力量（王凤荣和董法民；2013）；也会抑制创新（谢乔昕和宋良荣，2015）。

（2）众创空间的孵育赋能能力不足，以及孵育赋能行为效果的滞后性。经济服务可以直接产生效果，但就网络孵育、能力孵育而言，第一，众创空间成立时间不长，这两方面孵育水平的提升尚需时日；第二，网络孵育、能力提升对创新产出的作用发挥不是立竿见影的，还需要一个过程；第三，则是入孵新创企业自身对社会资本和知识的吸收能力还相对较弱，这也影响了孵育服务的效果。

5.4 结论及讨论

本章研究了众创空间孵育服务对创新产出的影响、政府补贴/知识产权保护/区域众创空间规模在众创空间孵育服务与创新产出间的调节作用，实证检验了众创空间孵育服务、区域政府补贴、知识产权保护、创新创业孵育氛围对入孵企业创新产出的影响效果，形成了以下几方面的发现：

（1）众创空间的经济服务能显著促进入孵企业的创新产出，假设 H5 - 1a 得到验证。这是对李燕萍、陈武等（2017）研究的进一步支持，即有力的金融支持和经济服务是促进入孵企业创新发展的重要力量，不仅可帮助入孵企业获得初始资源，解决发展初期研发资金不足的问题，还能够凭借其丰富的管理经验与专业的知识技能，帮助入孵企业进行更有效的配置资金，进而促进创新（谢光华等，2018）。此外，网络服务与能力服务虽同入孵企业创新产出正相关，但统计不显著，暂未发现众创空间网络服务与能力服务对创新产出直接的线性影响，与假设 H5 - 1b、H5 - 1c 不符，但呼应了赵袁军等（2017）、桑索内等（Sansone et al.，2020）的研究结论，即直接的经济补贴可为企业后续研发提供了充足的资金保障（赵袁军等，2017），而沟通网络建设、能力培养等软服务并不能直接转化为资金支持；同时，也有调研发现网络建设、能力培养等服务常常受到众创空间相关工作人员以及入孵企业的忽视（Sansone et al.，2020）。

（2）众创空间的孵化情境下，政府补贴正向调节众创空间经济服务与创新产出间的关系，随着政府补贴力度的提高，众创空间经济服务对创新绩效的促进作用将进一步增强。这一结果证明了本研究最初的假设 H5 - 3a，这是对陈婕、杨洋、魏江等研究结论的进一步支持，即政府补贴在促进企业创新发展中发挥着重要作用。此外，暂未发现政府补贴对众创空间网络服务、能力服务与入孵企业创新产出关系的调节作用。与假设 H5 - 2b、H5 - 2c 不符，但呼应了熊维勤（2011）、吴剑峰和杨震宁（2014）的研究结论，即政府补贴与企业创新发展之间没有显著的正向相关关系。本研究认为这可能是企业的寻租行为、优惠政策的攫取行为以及对沟通网络建设、专业知识能力培训等服务的不重视等所导致的：

第一，在政府扶持企业创新过程中，由于信息不对称、创新活动的不确定性、官员晋升等因素的影响，再加上创新补贴的申请制度，致使政府官员与企业之间容易出现补贴政策的寻租行为，这既扭曲了企业投资行为（肖兴志和王伊攀，2014），又降低了创新补贴政策的实施效率，从而在一定程度上减少了企业对创新研发的投入（庄子银，2007）。

第二，制度漏洞或监管不到位问题的存在，使得企业有条件实施一些策略性行为来套取或骗取政府的创新补贴资金。如安同良等（2009）发现，对企业技术创新能力的信息不对称、甄别能力缺失以及监管机制缺位等多种制约因素的存在，使得政府在实施创新扶持和补贴政策的过程中，面临着道德风险和逆向选择的双重困局。企业通过以招聘兼职、顾问等方式聘请一些并不实际参加创新研发工作的专业人员，或者直接采取虚假的创新资本投资等类似的策略行为，来套取或骗取政府创新补贴资金。

第三，有研究发现，众创空间相关人员以及入孵企业十分看重直接的资金支持，而对网络服务、能力服务等软服务却不太重视，也可能导致政府的支持作用失效（Sansone et al.，2020）。

（3）知识产权保护力度正向调节众创空间经济服务与创新产出间的关系，随着知识产权保护力度的提高，众创空间经济服务与入孵企业创新产出的促进作用将进一步增强。假设 H5 - 3a 得到验证，这是对张峰、史宇鹏等研究的进一步支持，即加强知识产权保护，不仅增强了创新者的垄断力量，为创新者提供更多获取利润的机会（张峰和王睿，2016），同时也进一步提高了创新侵权的成本（史宇鹏和顾全林，2013），这使得入孵企业更愿意将获得的投融资投入到自主创新研发中，而非模仿或是杜撰。此外，本研究暂未发现知识产权保护力度对众创空间网络服务、能力服务与入孵企业创新产出关系的调节作用，与假设 H5 - 3b、H5 - 3c 不符，但呼应了布兰施泰特等（Branstetter et al.，2006）的研究，即知识产权保护的增强对企业的创新发展并不存在显著影响（Branstetter，2006）。众创空间提供网络服务与能力服务，是为了帮助入孵企业之间、入孵企业与行业协会、金融机构、高校和研究院等相关单位之间建立沟通网络，实现资源共享。也许，较强的知识产权保护力度提升了垄断，从而减少了技术溢出与知识溢出，导致网络服务与能力服务未能达到预期效果，不利于入孵企业创新发展（Engel & Kleine，2015）。

（4）本研究暂未发现区域众创空间规模对众创空间孵育服务与创新产出之间的调节作用，未能证实假设 H5－4a、H5－4b、H5－4c。从实践运营的观察来看，在众创空间运营的过程中，各地方政府把众创空间的建设数量与政绩挂钩，部分地区甚至把建设区域众创空间数量当作硬指标。为了完成指标，一些地方出台甚至高于成本的优惠政策，导致一些众创空间粗暴地采取"拉郎配"策略，将不适合的项目放入众创空间（毛大庆，2016），引发众创空间结构性过剩和资源浪费；这样的众创空间以及这样的入驻都难以实质性地促进创新创业。此外，众创空间数量过多导致恶性竞争还可能抑制创新产出。

本章的实证结果发现了众创空间经济服务对创新产出的促进作用，以及政府补贴、知识产权保护力度对众创空间经济服务与创新产出的正向调节作用；暂未发现政府补贴与知识产权保护力度对网络服务、能力服务与创新产出关系的调节作用，也暂未发现区域众创空间规模对众创空间孵育服务与创新产出关系的调节作用。实证支持了政府支持的积极作用，以及孵育服务效果有待提升。这些发现，是众创空间情境下制度环境理论和孵化理论的研究结果，丰富了关于制度环境特别是中国式分权制度环境下政府补贴作用以及孵育服务作用的研究文献。

同时，本研究的描述性数量分析表明，区域众创空间的创新效果之间差异巨大，有一些众创空间有着高创新绩效。那么，是否存在导致这些众创空间高创新产出的路径？如果有的话，有何特点？是否可持续？前面的实证研究不能对上述问题做出回答。因此，第 6 章将采用 QCA 方法，来探索众创空间与区域环境要素的匹配促进创新产出的路径/模式（如果存在的话）。

第6章

导致高创新产出的路径

——基于 QCA 方法的分析

第 5 章的研究探讨了入孵企业的区域政府政策支持对众创平台孵育赋能与创新产出关系的影响效果。本章将创新性地采用 QCA 方法，讨论既有的区域政策支持与孵育赋能服务协同实现高创新的实现路径是什么？并在此基础上讨论这样的路径是否可持续（如果存在的话）。

第 4 章的分析发现，虽然有接近一半区域的众创空间内入孵企业创新产出效率没有达到 DEA 最优，但有超过一半区域实现了 DEA 最优。进一步分析科技部《中国火炬统计年鉴》的数据以及学者关于众创空间内入孵企业创新效率的研究发现，虽然众创空间的整体创新效率不高，但部分省份众创空间的创新产出不错，甚至远高于其他地区。这些省份众创空间凭什么创新产出高？这正是本章试图讨论研究的问题。对这个问题的回答，也就是对如何提高众创空间入孵企业创新产出的问题的回应。首先，作为创新创业平台，众创空间具有生态系统属性（Stam，2015；Spigel，2015）。中国众创空间的迅猛发展是随着双创政策的出台以及针对众创平台的财政支持而发展的，带有鲜明的政府引导色彩（高涓和乔桂明，2019），尤其在新创企业成立的初期，政府补贴具有更大的作用（项国鹏和黄玮，2016）。其次，集聚资源的众创平台与新生弱性的入孵企业以不平等二元关系存在的孵育实践表明，孵化器是众创平台与入孵企业二元关系中的核心企业，孵育服务对入孵企业的创新有着重要影响（王是业和武常岐，2017），也被寄予厚望（胡海青等，2017）。所以，入孵企业的创新产出受到区域政府支持以及众创平台的服务行为等多个因素的影响，这些影响因素之间具有复杂的和非线性的相互影响，关注其互相影响是理论和实践共同的需要。

　　梳理既有研究文献发现，众创空间的发展受到了理论界和业界的密切关注，关于众创空间的研究成果纷纷涌现，但研究创新产出影响因素的文献相关数量少，相对零散。在有限的文献中，少量的研究研究了政府举措的影响。张慧等（2021）研究发现，政治赞助能够通过缓冲效应和桥接效应积极影响众创空间绩效，但是这种效果会受到资源禀赋的负向调节。一方面，一些研究指出政府补贴政策可为入孵企业提供直接的资金支持，补充研发投入，从而有效促进企业的创新产出（陈婕，2021；宋砚秋等，2021；高涓和乔桂明，2019）；更多研究认为政府支持的挤出效应等会导致创新下降。另一方面，不少研究支持了众创空间孵育服务对创新产出的积极影响。比如，众创平台孵化服务（刘新民等，2019）；孵化器的创新氛围和众创空间项目运作（王兴元和朱强，2018）；孵化器的多元网络；孵化支持情境（胡海青等，2018）；资金支持、设备支持、网络支持（王是业和武常岐，2017）；以及孵化器的契约控制和社会控制行为（胡海青等，2017）等。但这些要素之间是互动影响的，相互之间有替代互补效应。如只是论证正向效果研究的研究隐含着对初创企业的孵育服务越多越好、越慷慨越好的意味（Castrogiovanni，1996），这种服务逻辑难免简单粗糙（Schwartz，2009）。实际上，早有实证研究表明孵育服务的有效性并不一定是由孵育服务的多寡决定的，孵育服务并不是越多越好（Alejandro S. Amezcua，2013；王是业和武常岐，2017），环境因素的有效性与情景因素有很大关系。同时，从成本视角来看，同时采取所有的政府支持政策和所有的孵育赋能服务的模式是不经济的，是否存在部分影响要素的协同组合就能够导致高创新产出？即是否有导致高创新产出的部分影响因素组合？这些问题需要同时考虑政策支持与孵育赋能多因素之间的"协同效应"加以回答。但既有文献的研究漏掉了一些重要环境要素：本研究在第 3 章扎根研究构建的影响要素模型中，区域众创空间规模、区域知识产权保护程度等对创新产出的影响尚未得到讨论；既有研究不论是采用回归的实证分析还是演化博弈分析，由于方法的局限，主要讨论单个影响因素的净效应，或者至多三个变量的调节效应、中介效应，无法完全解释多因素之间的因果复杂性（Rihoux & Ragin，2009）及其协同效应。回答如何提高众创空间的创新产出问题需要采用整合协同的方法研究其影响因素之间的互动关系（Fiss，2007；2011）。

　　模糊集定性比较分析方法（fuzzy-set qualitative comparative analysis，fsQCA）

是探索协同效应和互动关系的有效方法，近年来已被广泛应用于组织管理的各个领域。基于此，本章采用 fsQCA 方法开展系统整合研究，以我国 30 个省份（除西藏及港澳台地区外）的众创空间作为样本，以第 3 章形成的影响因素模型的六个要素：政府补贴、知识产权保护、区域众创空间规模以及众创平台的经济服务、网络服务、能力服务等作为影响众创空间内入孵企业创新产出的前因条件，分析他们对众创空间内入孵企业创新产出的协同效应和互动关系，并揭示众创空间高创新产出的引导因素和主要力量（黄钟仪等，2020），从孵化的系统和结构视角丰富创新产出研究的文献，并为众创空间的创新驱动孵化实践提供理论和政策建议。

6.1 研究框架

本节先根据第 3 章的扎根研究构建影响因素分析框架。政府层面影响入孵企业创新产出的三个重要因素：政府补贴、区域知识产权保护程度以及区域众创空间规模。平台孵育服务为经济服务、网络服务、能力服务，分别解决初创企业的资金瓶颈、商业机会瓶颈以及能力瓶颈，呼应了 Timmons 提出的资源 – 机会 – 能力这一创业三要素模型（Timmons，2004）。下文本章逐一分析每个因素对众创空间内入孵企业创新的影响。

6.1.1 政府支持与入孵企业创新产出

6.1.1.1 政府补贴与入孵企业创新产出

由于研发创新过程本身存在失败的可能，即使是成功的研发，由于创新技术和产品所具有的公共产品的溢出性特征，创新者也无法完全独享创新技术与产品的收益（Scotchmer，2004），因此，企业创新本身具有较高的风险性，企业的创新活动常常面临投资不足的困境（Scotchmer，2004）。而新创企业的新生弱性加剧了入孵企业获取创新投入资金的困难，抑制其创新投入。双创财政政策对认证的众创空间开办费、孵化用房改造费、创业孵化基础服务设施购置费的补贴，可以通过平台的传导，转化为众创平台对入孵企业/创客的场租优惠；转化为平台针对入孵企业/创客开展的免费创新创业指导与培育活动、行业研讨会、专业大咖对接会；转化为平台对各类机构开展创业路演、大赛、论坛等创业活动的补贴等（李燕萍和陈武，2017）。一方面，这些优惠、活动与补贴有助于新创企业特别是刚起步的企业（start-ups）迈过创新启动、技能、资金或者机会门槛，并于启动之后在众创空间的创新氛围下提升研发创新热情（胡海青等，2017），这是补贴政策通过平台的传导实现的（李燕萍和陈武，2017）。另一方面，政府补贴也有可能会对众多小型化众创空间形成成本压力，形成制度性进入壁垒，从而挤压小型众创空间的生存空间，阻碍小型化、专业化、个性化众创空间的进入和发展（Stam，2015），从而阻碍整体众创空间的创新产出。

6.1.1.2 区域众创空间规模与入孵企业创新产出

区域众创空间规模是指各地在政府引导下建设众创空间的数量多寡。由于国家政策的力推，近年来各地区众创空间数量呈指数级增长。众创空间更多的地区，其创新产出是否更多？

一方面，本研究根据创新的集聚效应（刘亮和吴笙，2017）推断，众创空间数量多的地区能够形成一种集聚效应，促进空间资源的整合以及入驻者的交流，有利于众创空间内入孵企业创新行为的发生和产出的增加。

另一方面，从实践运营的观察来看，在众创空间运营的过程中，各地方政府把众创空间的建设数量与政绩挂钩，部分地区把区域众创空间数量的建设作为考核的硬性指标。为了完成指标，一些地方出台过度的优惠政策，导致各类孵化器、知名企业、高校、房地产公司争相创办众创空间，引发众创空间结构性过剩和资源浪费；一些众创空间为了完成入孵企业数的考评，粗暴地采取拉郎配策略，将不适合的项目放入众创空间（毛大庆，2016），这样的众创空间以及这样的入驻都难以实质性地促进创新创业。由此本研究推断，众创空间数量多不一定导致创新产出高。

6.1.1.3 知识产权保护力度与入孵企业创新产出

知识产权保护力度是指各地区的知识产权保护程度。知识产权保护可以通过为入孵企业提供良好的创新成果转化环境减少进入障碍。知识产权保护可以通过促进技术传播和扩散对创新产生影响，这体现在：

（1）专利保护制度作为知识产权保护的制度之一，通过公开专利申请的信息以促进技术传播，从而既可以避免重复投资，又可以让社会其他成员站在巨人的肩膀上发展新技术，加快技术的创新和进步（Moser，2012；叶静怡等，2012；Tassey & Evenson，2003）。

（2）通过增加创新技术的可专有性直接提高企业的研发投入水平进而提升创新产出（尹志锋等，2013）。

（3）降低创新技术被侵权模仿的可能性，在发生侵权行为时，受损方可以得到相应补偿，使得技术的可专有性或可收益性上升。技术可专有性的提高，将提高创新投资者的预期收益，进而提高企业创新的事前激励促进技术创新（Pinto & Picoto，2018）。在知识产权保护制度普遍缺位的环境下，企业创新成果被模仿和剽窃的概率较大，从而扩大企业创新研发活动的外溢效应，造成企业前期的创新研发投入无法获得应有的市场回报，进而对企业自身研发投入造成抑制效应（张杰等，2015）。

6.1.2 众创孵育赋能与入孵企业创新产出

6.1.2.1 经济服务与入孵企业创新产出

有力的金融支持和经济服务是促进众创空间内入孵企业创新发展的重要力量（李燕萍和陈武，2017）。众创空间通过路演、导师见面会活动以及其他网络关系为入孵企业提供的风险资本对接活动，为入驻的新创企业引入风险资金或者其他投资者，提高了入孵企业/创客获得低成本资金的机会，降低了成本，能有效缓解甚至解决入孵企业或创客启动资金和运营创新资金不足的问题。同时，资金获取成本的降低有助于降低在孵企业的创业风险和创业投资者的投资风险，路演、导师见面会等方式获得资金的方式更有利形成一种追求创新、容忍失败的氛围，这种氛围更能够催生一大批敢于创想并付诸行动的创业项目（陈夙等，2015）。更重要的是，众创平台的经济服务方式不仅帮助入孵企业获得初始资源，解决发展初期研发资金不足的问题，还能够凭借其专业的知识技能和管理经验，帮助新创企业/创客进行更有效的配置资金（谢光华等，2018），促进创业创新产出效果。

6.1.2.2 网络服务与入孵企业创新产出

众创平台举办的区域性、全国性甚至国际性的创业大赛、投资路演、创业沙龙、创业训练营、导师分享会等，促进入驻者之间以及外部实体之间的互动和知识分享（李燕萍和陈武，2017），促进了成员与成员之间的分享，帮助入孵企业、创客获得了整合外部知识、获取异质性知识（李燕萍和陈武，2017）、隐性知识（付群英和刘志迎，2016）的机会，促进了协作和探索精神，以此推动了众创项目的创新性（St – Jean & Audet，2012）。入驻者在各类双创活动中以正式或者非正式方式开展创意分享、创业经验分享与创业信息沟通，有助于建立入孵企业和创客之间的弱联结；由此增加了相互持股、技术授权与转让、交叉参与创业项目机会，从而形成了空间内的强联结。这些创客网络密度高而中心度低的社会网络结构促进了新知识吸收、创造力的形成以及探索性的创新（陈夙等，2015）。

6.1.2.3　能力服务与入孵企业创新产出

众创平台作为资源聚集平台，汇聚导师资源成为其重要任务和核心竞争力之一。平台依靠导师团队和自己的优势开展企业能力提升服务。以创客为主体和对象的双创培育活动，更加注重个体的创造性需求，能更有效地提升创客创新的激励效果，提升创客的创新水平（李燕萍和陈武，2017）。双创平台为入驻者/创客提供创业战略规划与商业模式设计培训，可以为创客带来广泛而丰富的商业视野、市场信息和创业经验，从而提高创客创新创业战略与模式的成功率（陈夙等，2015）；创业导师的指导、建议和角色榜样能有效促进创客的认知学习和情感学习，增强其创新创业知识和技能、机会识别和开发能力，从而提高创业创新绩效（St – Jean & Audet，2012）；知名创业导师构建的众创平台与社会关系之间的强联结，占据了结构洞中最有利的位置，他们的网络价值嵌入到创客所寻求的异质性资源中，影响了创客的结构洞，提高了创客的社会链接能力，提升了资金拥有者在创客的创意转化过程中资源承诺的程度（李燕萍等，2017），减少了创客创意转化的障碍，从而促进创客的创新。

总之，众创空间的创新产出是多方面影响协同作用的结果，这是一个确定性问题。然而，政府补贴、知识产权保护力度、区域众创空间规模、众创平台的经济服务、网络服务、能力服务六个因素如何共同影响众创空间的创新产出却是一个开放性问题。本研究试图引入比较分析法（QCA）方法，探索上述六个主要解释因素对众创空间内入孵企业创新产出的协同效应，解释不同因素之间可能存在的互动关系。本研究的逻辑框架如图 6.1 所示。

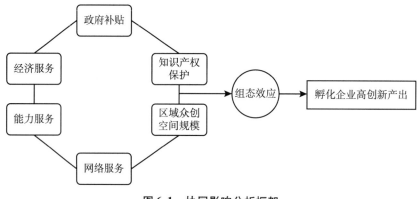

图 6.1　协同影响分析框架

6.2　研　究　方　法

6.2.1　研　究　设　计

本章选择定性比较分析方法开展研究，主要基于以下三个原因：

（1）传统的回归方法主要聚焦于单个影响因素的净效应分析，QCA 可以发现多因素之间的协同影响或组合关系（Ragin，2008；Fiss，2011）。

（2）虽然聚类分析、因子分析等也可以检验组态关系，但它们无法识别条件之间的相互依赖性、组态等效性和因果非对称性，尤其是众创空间高创新产出的不同影响因素间可能存在的替代、互补关系。

（3）在具体的分析技术上，QCA 方法有多值集定性比较分析（mvQCA），清晰集定性比较分析（csQCA）和模糊集定性比较分析（fsQCA）三种，mvQCA 和 csQCA 适合处理结果和条件为分类变量的情况。

由于本研究的因果条件为连续变量，相较于 csQCA 和 mvQCA，使用 fsQCA 技术能更好避免数据转换过程中的信息流失，提高数据精度，从而更充分地捕捉到前因条件在不同水平或者程度上的变化带来的细微影响（Fiss，2011），因此，本研究选择使用 fsQCA 分析技术。

6.2.2　样本选择与数据来源

本章将每个省份的众创空间整体作为一个样本，选取除西藏及港澳台地区外 30 个省份的众创空间作为研究对象（按照科技部众创空间的统计标准，新疆区域包括新疆以及新疆兵团两部分）。众创空间主要经济指标来源于 2016～2020 年《中国火炬统计年鉴》以及科技部火炬中心公布的《中国众创空间主要经济指标》，知识产权保护指数来源于 2016～2020 年国家知识产权局发布的《中国知识产权指数报告》。样本总体特征如表 6.1 所示。

表 6.1　　　　　　　　　　30 个省份样本众创空间的总体特征

变量	mean	sd	p25	p50	p75	min	max
创新产出（inno）（个）	1 429	1 848	295	865	1 690	28	9 054
政府补贴（sub）（十万元）	199.45	174.08	64.69	147.32	253.8	9.05	733.9
经济服务（ven）（十万元）	2 234.5	5 600.5	122.3	725.7	1 364	11.28	30 399
网络服务（net）（场次）	4 322	3 222	1 342	4 244	5 770	141	12 140
能力服务（edu）（场次）	3 166	2 281	1 205	3 107	3 821	103	7 941
知识产权保护（ipr）（分）	61.1	10.3	51.4	59.2	70.2	48	82.7
区域众创空间规模（num）（个）	216	191	95	170	235	9	772

6.2.3　测量及校准

6.2.3.1　结果测量：创新产出

由于专利申请量在衡量企业创新方面具有诸多优势，本研究采用企业专利申请量来衡量企业的创新产出。根据《中华人民共和国专利法》，我国的专利包含发明专利、实用新型和外观设计 3 种类型。其中，发明专利是指对产品开放技术或者其改进所提出的新的技术方案，相较于实用新型和外观设计而言有更高的技术含量和创新价值。因此，本研究根据大多数研究的做法，选择入孵企业的发明专利申请量之和表示众创空间的创新产出，采用 5 年的均值来度量变量。

6.2.3.2　前因条件的测量

（1）政府补贴：它指的是众创空间帮助入孵企业接纳的当年财政资金支持

额，以众创平台接受的所有财政补贴金额表示。

（2）知识产权保护力度：它指的是区域对创新开展知识产权保护的力度，采用国家知识产权局发布的知识产权保护指数来衡量。

（3）区域众创空间规模：它指的是各省市众创空间建设的整体规模，以各地区众创空间的数量表示。

（4）经济服务：它指的是众创空间为入孵企业提供的投融资服务，包括社会投资以及众创空间自身投资两部分。本研究以这两部分之和表示该地区众创空间的经济服务状况。

（5）网络服务：它指的是众创空间为帮助入孵企业建立网络关系举办的创新创业交易联谊活动服务，以众创空间举办的创新创业交易联谊活动次数表示。

（6）能力服务：它指的是众创空间为帮助入孵企业提供的创业教育培训服务，以导师见面及培训次数表示，采用5年的均值来度量每一个变量。

6.2.3.3 校准

为符合 fsQCA 软件的操作，本研究先把结果和各前因条件的数据转换为集合，并校准成 0 ~ 1 的隶属值。在校准时，因为众创空间创立年限短，其前因条件和结果并没有先验的理论或者实践知识作为校准依据，本研究根据费斯（Fiss，2011）和卡多拉萨等（Codurasa et al.，2016）的研究，采用数据分布的软件赋值的方法进行校准：即以样本数据分布的75%、50%、25%值分别作为完全隶属、交叉点、完全不隶属三个锚点，通过 fsQCA3.0 软件进行隶属度赋值。对于非集（在原结果或者条件变量前用 ~ 表示）而言，其校准规则与原集合正好相反，即以样本数据的75%、50%、25%分别作为完全不隶属、交叉点、完全隶属的三个锚点，计算非集的隶属集合。同时，鉴于样本交叉点的值校准后正好为0.5，不能纳入真值表分析，需要调整为0.499或者0.501。比较创新产出、经济服务、网络服务、区域众创空间规模以及政府补贴交叉点两端数值后发现交叉点的值更偏向于偏隶属，将其变量校准后恰好为0.5的真值修正为0.501（Fiss，2011），而能力服务和知识产权保护程度交叉点两端数值的实际分布更偏向于偏不隶属，本研究将其变量校准后恰好为0.5的值修正为0.499（Crilly et al.，2012）。表6.2即为结果和条件的校准锚点表。非集的校准正好相反，即以样本数据的75%、50%、25%分别作为完全不隶属、交叉点、完全隶属的三个锚点计算非集。按照惯例，本研究并未给出非集的校准锚点表。

表 6.2 结果和条件的校准点

条件	完全隶属	交叉点（隶属值）	完全不隶属
创新产出（inno）（个）	1 690	865（0.501）	295
政府补贴（sub）（十万元）	2 538.0	1 473.2（0.501）	646.9
经济服务（ven）（十万元）	13 646.7	7 256.7（0.501）	1 223.0
网络服务（act）（场次）	5 769.8	4 243.8（0.501）	1 342.4
能力服务（edu）（场次）	3 820.6	3 107（0.499）	1 204
知识产权保护力度（ipr）（分）	70.2	59.2（0.499）	51.4
区域众创空间规模（num）（个）	234.8	169.8（0.501）	95

从表 6.2 可以看出，区域众创空间当年发明专利数大于等于 1 690 个的省份完全隶属于高创新产出集合，其校准值为 1；专利数介于 865～1 690 个的省份的创新产出偏隶属于高创新产出集合，其校准后的隶属值介于 0.501～1；专利数介于 295～865 个的省份的创新产出偏不隶属于高创新产出集合，校准后隶属值介于 0～0.499；而专利数少于等于 295 个的省市的创新产出完全不隶属于高创新产出集合，校准后的隶属值为 0。

6.3　分析过程及结果

6.3.1　QCA 分析步骤

QCA 方法经过不断迭代更新，已经渐趋完善（Ragin，2008）。目前的最新分析软件版本是拉金（Ragin）开发的 fsQCA3.1，并配有相应的软件操作及分析手册（软件版本之间的差异不大，采用 3.0 版本亦可以开展分析）。该软件不需要编程处理，属于菜单式操作，十分简洁方便。方法论上，开展 QCA 分析的一般步骤如下：

（1）导入原始变量数据。将资料编码得到的数据，以 fsQCA 所能识别的 CSV 格式保存（一般是 Excel 编码后可直接另存为 CSV 格式），在软件中打开相应的数据集。

（2）开展必要条件检验。必要条件检验的目的，在于发现解释条件及其反面条件（不存在）是否为结果变量的充分条件（存在影响），但又不是必要条件（单一变量就完全解释）。如此，方能凸显 QCA 开展条件组合分析的必要。这一检验的评判标准是软件汇报的各变量 coverage 值，该值介于 0 ~ 1（0 值说明不是充分条件，1 值则说明是必要条件），模型变量的必要条件检验视为通过。

（3）得到其真值表。真值表是软件将原编码数据，转换为集合清晰隶属关系的样本值，是条件变量与结果变量之间存在的所有逻辑组合。由于 QCA 定位是小样本分析，因此，理论上组合的情形不一定都能找到样本支撑。样本没有出现的组合，其出现频次数则为 0。真值表中还会计算出，每一种组合的样本覆盖率（特定组合出现的样本数占总样本数的比）与一致性程度（特定组合出现时，在多大程度上能够推导出结果变量）。具体操作上，通过开展 fsQCA 分析菜单设定"outcome"和"causal"，即可得到真值表。

（4）设定样本频数和一致性门槛值。得到真值表后，选用哪些样本数据进入条件构型组合分析，需要设定一致性门槛值。门槛设定分为两个方面：

一是样本频次的门槛设定，即某一条件组合在真实样本中实际出现的次数。由于 fsQCA 方法通常适用为小样本分析，因此，样本门槛值设定为 1 及以上水平均是可以的，以根据样本数量的大小，酌情增加。本研究样本数量较少，因此，将样本门槛设定为 1，即没有在原始样本中出现过的组合，将被删除。

二是一致性门槛设定，一致性代表的是条件变量的组合对结果变量的解释力度，一致性值介于 0 ~ 1。越接近 1 代表解释力度越好（fsQCA 软件会给出三个一致性数据：Raw Consistency，PRI Consistency 和 SYM Consistency，一般以 Raw Consistency 为准）。研究表明，PRI 值学者建议设置为 0.70（杜运周等，2020；Greckhamer，2018）；一致性门槛值拉金（Ragin，2008）、杜运周等（2020）等建议设置为 0.8，以覆盖更多的研究案例。本研究遵循这一惯例，将一致性门槛设定为 0.8，PRI 值设置为 0.7，高于 0.8 的条件组合标记为 1，视为对结果具有解释力的组合，否则标记为 0。

（5）路径构型分析。门槛值设定后，选择标准化分析，即可得到条件构型的结果路径［如果样本数据不充分，可能出现主要蕴含项选择表（prime implicants），需要研究者从理论出发，选择要进入构型组合的条件变量，具体参见操作手册］。得到结果中会包括复杂解、简洁解和中间解三个结果。需要进行结果汇报的是中间解。需要制作一个构型结构表，表中采用不同符号代表条件类型。其中，路径的条数是由复杂路径结果所决定，如果出现复杂路径结果条数多于简洁路径结果条数，则说明存在多条复杂路径对应同一简洁路径的情形，这时出现路径 1a 和路径化的情形（Greckhamer，2016）。两种结果路径对应好后，如果复杂路径的条件变量在简洁路径中也有出现，则该条件变量属于核心条件，否则为辅助条件。由此得到构型组合路径表。

6.3.2　单个条件的必要性检验

先检验单个前因条件（包括其非集）是否构成高创新产出的必要条件。表 6.3 为使用 fsQCA3.0 软件分析的众创空间内入孵企业创新产出的必要性条件检验结果。从表 6.3 可知，创新影响因素的各前因条件对高创新产出影响的一致性除政府补贴外均未超过 0.9 的判定标准（Schneider & Wagemann，2012），说明除政府补贴外其他前因条件下任何单个因素均不能导致高创新产出，确实需要采取政策措施的组合拳，即需要对各前因条件进行组合分析，在组态的充分性分析中，如果政府补贴在组态中出现，就将其视为高创新产出的核心条件。

表 6.3　　　　　　　　　　单个前因条件的必要性检验结果

前因条件	高创新产出		前因条件	非高创新产出	
	Consistency	Coverage		Consistency	Coverage
政府补贴	0.97	0.91	政府补贴	0.28	0.27
~政府补贴	0.23	0.23	~政府补贴	0.91	0.97
经济服务	0.90	0.89	经济服务	0.28	0.29
~经济服务	0.28	0.27	~经济服务	0.90	0.90
网络服务	0.86	0.85	网络服务	0.31	0.32
~网络服务	0.32	0.31	~网络服务	0.85	0.86
能力服务	0.83	0.81	能力服务	0.34	0.34
~能力服务	0.33	0.32	~能力服务	0.81	0.83
知识产权保护力度	0.89	0.89	知识产权保护力度	0.24	0.25
~知识产权保护力度	0.24	0.23	~知识产权保护力度	0.89	0.90
区域众创空间规模	0.84	0.81	区域众创空间规模	0.32	0.32
~区域众创空间规模	0.29	0.29	~区域众创空间规模	0.80	0.84

　　注：不加波浪线的前因条件表明该前因条件为全入（full-in）时的情况；前因条件前加波浪线的表明该前因条件为全出（full-out）时的情况。

6.3.3 条件组合的充分性分析

同样使用一致性来衡量组态的充分性，但可接受的最低标准和计算方法与必要条件分析不同。本研究将一致性标准值设置为0.8；考虑到案例频数标准设置至少应当包括75%的观察案例的要求，以及本研究的案例总数只有30个的情况，本研究将案例频数设置为1，采用一些学者的做法，将PRI值设置为0.7。在对筛选后的真值表进行标准化分析时，因为尚没有前期研究提供众创空间内入孵企业创新影响因素与专利产出结果之间关系的确切证据，因此，本研究在软件操作时均选择了存在/不存在皆可的选项；通过标准化运算得出复杂解、简洁解和中间解。按照一般做法，将同时出现在简洁解和中间解中的前因条件作为核心条件，仅出现在中间解而未出现在简洁解中的前因条件作为辅助条件。表6.4为6个众创空间内入孵企业创新产出影响因素形成的组合对创新产出影响的组态分析结果。

表6.4　　　众创空间内入孵企业创新产出影响因素组合结果

条件变量	高创新产出				非高创新产出			
	1	2	3	4	1	2	3	4
政府补贴（sub）	●	●	●	●	⊗	⊗	⊗	⊗
经济服务（ven）	●	●	●	⊗	⊗	•	•	⊗
网络服务（net）			•	⊗				•
能力服务（edu）	⊗	•	•	⊗	⊗	•	•	•
知识产权保护（ipr）	●	●		●	⊗	⊗	⊗	⊗
区域众创空间规模（num）	⊗	•	•	•	⊗	•	⊗	•
一致性	1	0.98	0.98	0.98	0.99	0.96	0.94	0.96
原始覆盖率	0.22	0.70	0.74	0.15	0.68	0.12	0.14	0.18
唯一覆盖率	0.05	0.007	0.04	0.01	0.59	0.02	0.03	0.06
解的一致率	0.97				0.99			
解的覆盖率	0.81				0.82			

注：●或•表示原因变量出现，用⊗或⊗表示原因变量不出现。其中大圈表示核心条件；小圈表示非核心条件/辅助条件；空格表示原因变量可有可无。

如表 6.4 所示，fsQCA 分析发现了导致高创新产出的 4 种影响因素组合，这 4 种组态的总体一致率达到 0.97，总体覆盖率达到 0.81，超过了创新创业研究领域大多数 QCA 研究 0.4 左右的水平，每种影响因素组合的一致性均高于预设的一致性标准 0.8，因此，4 种组态可以视为影响众创空间内入孵企业创新产出的充分条件组合。从各组态本身（纵向）看，组态 1（政府补贴 × 经济服务 × ~ 能力服务 × 知识产权保护 × ~ 众创空间规模）中政府补贴、经济服务和知识产权保护发挥着核心作用，能力服务以及区域众创空间规模的缺席发挥了辅助性作用。该组态的一致性为 1，唯一覆盖率是 4 个组态中最高的，覆盖上海、湖南、四川三个案例；组态 2（政府补贴 × 经济服务 × 能力服务 × 知识产权保护 × 众创空间规模）中的政府补贴、经济服务和知识产权保护发挥了核心作用，能力服务和区域众创空间规模发挥了辅助作用。该组态的一致性为 0.98，原始覆盖率为 0.7，覆盖江苏、广东、浙江、湖北、山东、北京、福建、重庆、河北、天津、河南 11 个案例；组态 3（政府补贴 × 经济服务 × 网络服务 × 能力服务 × 区域众创空间规模）中的政府补贴和经济服务发挥了核心作用，众创空间网络服务、能力服务以及区域众创空间规模发挥了辅助性作用。该组态的一致性为 0.98，原始覆盖率为 0.74，为 4 条组态中最高，覆盖浙江、广东、陕西、湖北、山东、北京、福建、河北、天津、河南 10 个案例；组态 4（政府补贴 × ~ 经济服务 × ~ 网络服务 × ~ 能力服务 × 知识产权保护 × 区域众创空间规模）中起核心作用的是政府补贴和知识产权保护，区域众创空间规模起着辅助作用，众创空间经济服务、网络服务和能力服务缺席，该组态的一致性为 0.98，唯一覆盖率为 0.01，覆盖了河南省。

进一步从各组态（横向）分析发现，组态 1、组态 2、组态 3，政府补贴和众创空间经济服务均为核心条件，且组态 1 和组态 2 中，知识产权保护作为核心条件并发生，组态 2 中，众创空间能力服务起到了辅助作用，组态 3 中，众创空间能力和网络服务起到了辅助作用，表现出政府和众创空间联合推动模式。该模式覆盖上海、湖南、四川、江苏、广东、浙江、湖北、山东、北京、福建、重庆、河北、天津、河南等 29 个省份。组态 4 中，虽然众创空间经济服务、网络服务、能力服务均缺席，但是依靠强政府补贴和强知识产权保护，该模式仍然表现出强创新产出组合路径，将其命名为政府推动型发展模式，虽然这样的案例只发现了河南省一例，但也表明这种情况确实是存在的。从组态间关系（纵 - 横双向）看，前因条件间有明显的替代或者互补关系，其中某些条件并不需要同时存在便可以与其他条件一起导致高创新产出。针对上述模式以及替代互补关系，本研究将在6.4节进一步讨论通过连接理论和案例对上述组态进行进一步的诠释。

6.3.4 稳健性检验

为了检验所得结果的稳健性，本研究采取了以下稳健性检验方法：

·是采用传统方式即求解非高创新产出影响因素组合。由表6.4可以看出，不存在同一影响因素组合既导致高创新产出又导致非高创新产出，这种非对称性从侧面反映出研究结果具有稳健性（Bell，2014）。

二是提高预设的一致性标准。在将一致性标准由0.8提升至0.85后，发现研究结果没有发生任何变化，表明研究结果具有稳健性（杜运周，2020）。

6.4 进一步讨论

根据熊彼特的创新理论，创新是一项不确定性较高的活动，企业要想进行创新，必须有实力承担高风险，而大企业才有实力为企业家的创新提供风险担保。中小企业的创新需要政府的研发支持。过去的研究更多单独讨论政府支持或者众创空间孵化活动对创新产出的影响，但fsQCA有效地识别了高创新产出的四条路径（见表6.4），说明了创新产出的多重并发和殊途同归（Ragin，2008）。根据4条路径包含的核心条件及其背后的解释逻辑，本研究将其归纳为两类众创空间内入孵企业创新驱动模式：政府驱动型和政府平台联合驱动型。下面通过连接案例和理论对组合模式以及要素间的替代互补关系开展进一步的讨论。

6.4.1 政府驱动型—制度主导的创新驱动模式

组态4（政府补贴×～经济服务×～网络服务×～能力服务×知识产权保护×区域众创空间规模）的组合表明，不论区域众创空间数量的多寡，即使众创空间对入孵企业的经济服务、网络服务、能力服务不高，如果政府补贴力度与知识产权保护力度同时到位，也可能导致众创空间的高创新产出。QCA 的潜在优势还在于能够精准地确定特定组态所覆盖的样本，或者说是支持这一组态成为充分条件的样本。组态 4 的典型省份是河南省。虽然相较于上海等沿海地区，河南省的金融支持无法满足众创空间的整体发展需要，创新创业的专业化培训水平较低，但河南省及各地先后多次印发《河南省众创空间管理办法》《众创空间评价指标体系》等政策文件，大力扶持众创空间的发展；同时，河南省 2016～2020 年政府补贴额均值达到了 221 859 400 元，在 30 个省份中位列第 11 位，远超天津、安徽等省份。在政府强力的推动下，河南省 2016～2020 年创新产出均值为 1 728.4，位列全国第 7 位，居全国前列。

这种创新驱动模式可以使用国家创新系统学派的技术创新理论的有关观点来阐释。该学派发现，技术创新不只是企业家的功劳，国家的创新系统也起到了重要作用。国家创新系统的代表人物有弗里曼、纳尔逊等。该理论认为，国家创新系统参与和影响了创新资源的配置，同时也是利用效率的行为主体、关系网络和运行机制的综合体系。由于创新具有高投入和高风险性特征，而小企业在资金和资源方面的劣势，往往不足以支撑技术创新的实现（熊彼特，1979；郑烨，2017），因此，研发活动的投入和风险只有大企业能够承担。中小企业的创新需要政府的支持。在众创空间的综合体系中，政府补贴是一种创新投入激励（Xulia et al.，2012），可以增强企业技术创新动力与投资者信心（Feldman & Kelley，2006），加快企业技术升级改造（Arrow，1962），并通过其资源属性和信号属性促进企业的创新产出增加（伍健等，2018）。同时，严格的专利保护制度可以在一定程度上保护技术公共品的外部性特征所导致的企业收益受损，隔绝这一情况的发生。比如，有实证文献表明，严格的知识产权保护会放大政府补贴的正面效应（张书琴和张望，2014）；同时，知识产权保护越完善的地区，政府补贴对企业专利质量提升的作用越显著（康志勇，2018）；更好的知识产权保护制度强化了补贴对创新的促进作用（毛其淋和许家云，2015）；也可以强化政府补贴对企业研发投入的促进作用（陈战光等，2018）。因此，在创客创新之外，专利制度保护与政府补贴等国家的政策支持协同促进了入孵企业的创新产出。本路径有力地支持了李翯等（2022）关于政府补贴作为众创空间高创新产出的核心条件的研究结论，且不仅从政府补贴与知识产权对企业创新产出的协同作用视角支持了既有文献的发现，还从政府补贴与知识产权保护以及其他要素（众创空间的经济服务、网络服务、能力服务、区域众创空间数量）协同作用视角丰富了关于政府补贴与知识产权保护关系的研究。

由此，基于组态 4 的核心条件、代表样本和解释逻辑，得到命题 6-1：不管众创空间的孵化行为力度如何，政府补贴和知识产权保护力度起主要作用，众创空间规模起辅助作用，可以导致入孵企业的高创新产出。

6.4.2　政府和平台联合驱动型—制度和市场协同主导创新驱动模式

QCA 的研究发现，政府补贴、知识产权保护、众创空间经济服务的主要作用，网络服务、经济服务、众创空间规模的辅助作用，这样的协同可以促进众创空间的创新产出。

有三个组态表现出上述发现，组态 1（政府补贴×经济服务×～能力服务×知识产权保护×～区域众创空间规模）、组态 2（政府补贴×经济服务×能力服务×知识产权保护×区域众创空间规模）、组态 3（政府补贴×经济服务×网络服务×能力服务×区域众创空间规模）都以政府补贴、众创空间经济服务为核心条件，组态 1、2 中之知识产权保护起到了核心条件，同时与众创空间其他条件形成不同组合共同推进创新产出的提高。上述理论得到了相应样本的直接支持。广东省是组态 1、2 中的典型例子，2016～2020 年其政府补贴均值达到了441 716 600 元，位列全国第 4，众创空间的经济服务支持均值为 63 305 696 元，位列全国第 3，知识产权保护力度为 0.827，位居全国第 1，在政府和众创空间的强金融支持下，广东的创新产出位列全国前 3。同时，组态 3 覆盖浙江、广东、陕西、湖北、山东、北京、福建、河北、天津、河南 10 个省份，在没有知识产权保护的情况下，通过制度和市场逻辑下的政府补贴和众创空间经济服务，仍然可以获得高创新产出。

这种创新驱动模式可以由"制度基础观－资源基础观"整合模型来解释。众创空间内入孵企业的创新可以通过政府政策的支持以及资源的协同来实现。首先，政府补助具有信号属性，即可以给入驻新创企业烙印上具有政府关系、发展趋势较好的标签，可以帮助在孵企业获取利益相关者的认同与支持（林青宁，2022）；其次，政府补助和众创空间的孵育服务也具有资源属性，这些外部资源的投入，都对入孵企业的创新有促进作用：相关研究表明外部投资对专利创新的促进作用是自身研发投入的 3 倍（Vasilescu，2011）；再次，网络关系和支持性网络关系嵌入等孵育服务可以帮助入孵企业建立与外部供应商的信任关系，从而获取自身创新所需要的资源，实现技术转移（黄钟仪，2020）；最后，连接高校以及科研机构，帮助在孵企业建立独立的创新能力（陈武，2020）。

综上，基于组态 1、2、3 相同的核心条件和解释逻辑，并结合上述相关研究结论和样本分析，本研究形成命题 6－2：政府补贴、知识产权保护和众创空间经济服务协同，可以导致入孵企业的高创新产出。

6.4.3　影响因素之间的替代互补关系

组态分析的一大优势就是能够识别条件之间的互动关系（Fiss，2011）。一方面，从单个条件（横向）看，初步确认在所有的组态中同时出现或者同时不出现的条件之间有互补关系；另一方面，从组态间的关系（纵－横双向）看，根据两个要素无法共存于构型的简单替代标准确定要素之间存在替代关系（Schneider，2012）。接下来利用 fsQCA 方法中的 Within 分析（同机制间关系分析）和 Between 分析（跨机制间分析），以进一步确认以上替代互补关系（Ragin，2008）。使用"fuzzy and"（并集）构建两个前因条件的新集合进行运行，如果运算结果的一致性和覆盖率大于等于原有结果，则互补关系存在；使用"fuzzy or"得到由两个前因条件构建的新的前因条件集进行运行，如果运算所得结果的一致性和覆盖率大于原有结果，则替代关系存在。运算得到前因条件之间的替代互补关系如表 6.5 所示。

表 6.5　　　　　　　　　　前因条件替代互补分析结果

前因条件互补替代分析	替代或者互补关系（一致性，覆盖率）
跨机制间分析（Between 分析）	
政府补贴和经济服务	不替代（0.92，0.83）；互补（0.97，0.82）
政府补贴和能力服务	不替代（0.95，0.88）；不互补（0.96，0.83）
政府补贴和社会服务	不替代（0.97，0.81）；不互补（0.96，0.83）

前因条件互补替代分析	替代或者互补关系（一致性，覆盖率）
同机制间分析（Within 分析）	
众创空间驱动	
经济服务和能力服务	不替代（0.93，0.92）；不互补（0.95，0.82）
经济服务和社会服务	不替代（0.94，0.84）；互补（0.97，0.81）
能力服务和社会服务	不替代（0.96，0.83）；不互补（0.96，0.83）
政府驱动	
政府补贴和知识产权保护	不替代（0.94，0.83）；不互补（0.98，0.76）

表 6.5 说明，创新产出的各影响因素之间存在非线性关系，它们之间相互互补，如政府补贴与众创空间经济服务存在互补关系，众创空间经济服务和社会服务之间存在互补关系。以上结论不仅支持了已有实证分析的发现：众创空间的经济服务有利于入孵企业解决研发资金不足的问题（Xiao & North，2017），能力和社会服务有利于消除或减少入孵企业在获取科学知识方面的经验限制（Markman et al.，2005；Rothaermel & Thursby，2005），增强创业团队知识的异质性（吴岩，2014），从而提升创新能力。

基于以上替代互补分析以及相关研究结论，本研究形成命题 6-3：政府补贴和众创空间的经济服务之间具有互补关系；众创空间的经济服务和社会服务之间具有互补关系。

6.5　结论及讨论

创新产出是一个系统工程，从使能角度看，该项工程包括政府支持以及众创空间的能力、经济、网络服务等影响入孵企业创新产出的使能政策及实践。既有研究更多是讨论单项影响因素或者至多两三项因素对创新产出的影响，本章基于系统整合影响观，创造性地运用 fsQCA 方法，探讨了政府补贴、知识产权保护、区域众创空间规模、众创空间能力服务、经济服务、网络服务六个环境赋能影响要素对众创空间内入孵企业创新产出影响的联合效应，讨论了能够导致众创空间高创新产出的组合路径，弥补了既有文献从单一或者线性视角讨论众创空间内入孵企业创新产出影响因素的局限性问题。主要研究结论如下：

（1）存在四条导致入孵企业高创新产出的路径，并可以进一步概括为两种类型：政府驱动型和政府及平台联合驱动型，即任何单一孵育环境因素除政府补贴，既不能构成高创新产出的必要条件，也不能成为导致高创新产出的充分条件。从组态视角证明了众创空间创新产出的驱动机制存在"殊途同归"和"多重并发"的特征，为创新创业活动受多种因素协同影响的观点提供有力的支撑，弥补了既有线性假设下净效应思维研究的不足。

（2）政府推动型模式中，政府的政策补贴和地方的知识产权保护的协同在导致众创空间高创新产出中起主要作用。即本研究的研究发现，即使在众创空间的能力、经济和网络服务缺失的情况下，政府的资金支持（及其可能带来的资源作用、激励效应、信号传导效应）以及知识产权保护（及其对技术外溢性的隔离），都会促进企业的研发投入、努力和产出，知识产权保护会增强政府补贴的效果。这一发现支持了李燕萍等（2017）关于中国的孵化器创新是政府推动的作用结果的研究结论。

（3）平台和政府联合驱动型模式中，政府补贴和众创空间经济服务在导致众创空间高创新产出中起主要作用，众创空间的规模以及社会和能力服务起到了辅助作用，呼应了程郁等（2016）的研究结论"众创空间投融资服务是影响在孵企业创新绩效的重要因素"。可以认为，政府和众创空间强有力的资金支持，能弥补其网络服务和能力服务在提高入孵企业创新产出方面的不足。

（4）政府支持与众创空间服务之间以及众创空间服务之间具有复杂的替代和互补关系。政府补贴和众创空间经济服务之间存在互补关系，进一步证实了在众创空间情境下，入孵企业的创新发展主要受惠于政府政策支持和经济支持。其他服务之间没有互补关系，说明必须同时孵育。

（5）在四条路径中，或者是政府多种支持策略的组合，或者是政策某种支持策略与平台某种孵育服务的组合可以导致高创新产出，但没有一条只依靠众创平台的多种孵育服务组合能够带来高创新产出的路径。

众创空间对于创新的战略意义以及创新的风险性和收益外溢性属性决定了其组织模式受到制度环境的深刻影响。政府补贴和知识产权保护要素属于制度类环境因素，众创平台的服务属于市场类主体的服务。本章的研究发现，制度类因素对众创空间的发展起着主要的作用，但众创空间这一市场主体还不能单独起作用。由此可见，就过去几年的发展来看，众创空间入孵企业的创新环境具有政府力量强大、市场力量弱，"政府－市场"二元作用非均衡性突出的特征，表现出政府主导型创新环境的特征。从实践和数据分析来看，对入孵企业创新的推进，主要力量来自于政府政策这一制度因素，这与国外创客空间这一市场主体作用显著有很大的不同。

本研究分析认为，国内众创空间呈现"政府力量强大、市场力量弱，'政府－市场'二元作用非均衡性突出"的特征，其原因可能在于以下四方面：

第一，众创空间成立的驱动因素与国外创客空间不同。中国式财政分权模式下，区域政府有积极竞争的强烈动机，为推动众创空间的发展，表现出强烈的主动补贴倾向，因此，中国众创空间的成立更多来自政策制度的驱动，市场和技术因素的驱动力相对弱得多。

第二，这同时也带来了运营主体特点的区别：从众创空间运营主体特点来看，国内有不少综合性众创空间，有自身技术的专业众创空间运营主体比例相对更少，这大大影响了孵育平台的整体水平和能力，进而影响孵育活动的效果。

第三，从孵育服务的驱动因素来看，相当数量众创空间开展网络服务和市场服务，不是基于技术和市场的需要，而是为了完成政府规定的举办活动次数的考核任务。

第四，从入孵企业自身来看，有不少更看重政府的政策以及空间的经济支持，对网络服务和能力服务不认可，或者不重视。

因此，应着力提升作为市场主体的众创平台的能力和影响力，提升其孵育服务的针对性和有效性，进而提升其在促进推进创新战略的主体作用。

第 3 篇
平台孵育的机制与路径

众创空间的孵育服务主要有经济服务、网络服务、知识能力服务。资源是有限的,孵育服务的有效性并不是由孵育服务的多寡决定的,孵育服务并不是越多越好。相反,孵化行为不当,不仅会导致孵化资源的浪费、孵化效率的降低和孵化关系有效性的降低,还可能带来反效果。对孵育服务,不仅仅关注其数量,其有效性更值得关注。

第2篇"政策支持的效果与路径"中的二手数据表明政府支持政策的效果是显著的,并且能够显著影响众创平台的经济服务的效果。本篇包括第7、第8、第9章,重点关注网络服务、能力服务,分别从创客与创新氛围交互、网络关系与组织学习交互、双重网络与双元拼凑关系三个微观视角,研究孵育服务有效促进入孵新创企业创新与成长的机制与路径,为众创空间下一步的转型升级决策和实践提供理论指导和实证支持。

本篇3项研究都采用第一手数据。第7章利用两次调研所收集到的264份来自于众创空间的有效问卷进行了多元线性回归分析;第8章利用调研收集到的235份来自于众创空间的有效问卷进行了层级回归分析;第9章以326家众创空间入驻企业为样本,运用结构方程模型和Bootstrap分析开展了实证研究。

第7章

创客创新提升路径

——创新氛围与调节焦点交互视角

创客是众创空间的主体。提高众创空间的产出，其核心是提高创客的产出。但累积创客数量并不必然提高创新产出，且过多的创客或项目入驻还可能会导致激烈竞争，从而导致创新产出减少（赵坤等，2017）。因此，引导创客参与完成一些创新任务，关注、引导和支持创客的创新活动，赋予创客自主选择和参与创新活动机会的权利等营造创新氛围的活动，成为众创空间促进创客创新产出的重要实践策略。

但营造创新氛围一定能促进创客创新吗？个体－情境交互理论认为，个体和情境并非独立的实体，而是一个整合的系统，个体行为是由外部情境和个体内在特质间的有机联系共同预测的（Tett et al.，2003），单独考察个体或者情境因素无法完全解释个体行为产生的真正原因（Magnusson et al.，1998）。因此，根据个体－情境交互理论，创客的创新行为也是众创空间创新氛围和创客特质交互影响的结果。既有文献关于创新氛围与创新产出以及个体特质与创新产出之间不一致的结论也支持了个体－情境交互理论的观点。阿马比尔等（Amabile et al.，1989）最早指出创新氛围对个体创新行为具有重要的正向影响（Amabile et al.，1996），但后续关于创新氛围与创新行为之间关系的研究得出了并不一致的结论（Sagnak，2012；苏中兴等，2015）。总结起来有三种：其一，组织创新氛围对创新活动成败起正向的决定性作用（Nybakk，2012；Aarons et al.，2012），两者之间的相关系数大于 0.37（Chang，2012）；其二，两者的相关系数较小（Sagnak，2012）；其三，两者关系并不显著（苏中兴等，2015）。同样，个体特质与创新行为之间的关系也存在不一致的结论。个体特质有多种，调节焦点（Higgins et al.，1997）相比其他个体特质而言，更能直接讨论个体的行动策略及对个体目标取得的影响（Gamache et al.，2015），对个体创造力有着更好的解释效力（李磊等，2012），本研究以其作为个体特质的衡量变量。调节焦点理论区分了两种调节体系：促进型调节焦点（promotion focus，以下简称促进焦点）和防御型调节焦点（prevention focus，以下简称防御焦点）。既有文献关于促进焦点与创新行为之间关系的结论较为一致，但是对于防御焦点与创新行为之间的关系却有三种不同的发现：其一，防御焦点对创新行为呈现负向影响（王莉，2017）；其二，防御焦点对创新行为呈现正向影响（Liu U et al.，2017）；其三，防御焦点对创新行为无影响（Jason et al.，2019；Wallace et al.，2013）。根据个体－情境交互理论，造成这种差异的原因，正是单独考察调节焦点或者单独考察创新氛围与创新产出之间关系的研究方式所致。既有文献中，大多只检验了调节焦点对员工的直接影响，针对调节焦点交互效应的研究较为不足（Dimotakis et al.，2012；Johnson et al.，2015；毛畅果，2017）；同时，研究情境大多聚焦于组织内（Wallace et al.，2013；Jason et al.，2019）。而众创空间作为一种聚集创客的社区类松散组织，其创新氛围更多体现的是众创空间对创客创新项目的条件、资源支持以及权限的开放，本质上是一种社区创新氛围，显著不同于组织内部的创新氛围。数量众多的众创空间的创新氛围与创客调节焦点的交互作用如何影响创客的创新行为，是一个尚待揭示的"黑箱"。

本研究尝试构建"创客个体特质×创新氛围－创新产出"的研究框架并开展实证研究，以得出更为细粒度和更具解释力的实证结论，丰富个体－情境交互理论的研究情境，并为数量众多的众创空间（甚至可以扩大为类似的孵化类组织）如何营造合适的创新氛围孵育实践提供实证参考和实践指导。

7.1　理论基础与研究假设

7.1.1　众创空间创新氛围与创客创新行为

阿马比尔等（Amabile et al.，1996）最早提出创新氛围对创新的重要作用。他将组织创新氛围定义为组织成员描述组织是否具有创新环境的一种主观体验，其实质是员工对组织内部环境的创新导向、创新特性和创新支持程度的感知，并据此确定了其多重内涵，多维度结构。中国学者沿着这个思路对组织创新氛围的内涵和维度开展了中国情境下的探索（刘云等，2009；顾远东等，2010；杨百寅等，2013；冉爱晶等，2017；王辉等，2017），创新氛围与个体创新行为之间关系的研究也是中国学者关注的焦点（王辉等，2017；阎亮等，2017；杜璿等，2019）。但是这些讨论主要基于组织内的创新氛围，而众创空间是一个聚集创客的社区类组织，其创新氛围本质上是一种社区创新氛围。因此，本研究在范钧等（2017）对社区创新氛围的"任务导向、社区支持和顾客赋权"三维度划分的基础上，基于众创空间与其讨论的社区的不同，将"顾客赋权"改为"创客赋权"，从而将众创空间创新氛围的维度划分为"任务导向、社区支持和创客赋权"三个维度。

（1）任务导向与创新行为。任务导向是指创客感知到的众创空间让其参与完成创新任务的程度（范钧等，2017）。为个体设置创新性的任务目标是激励个体创新的因素之一（曾湘泉等，2008），是个体展现创造力的一个重要决定因素（Unsworth et al.，2005）。既有研究通过实证发现任务导向对个体创造力具有正向影响（汤超颖等，2012）。创造力是产生创新构想的必要条件，是个体表现出创新行为的重要前提（马迎霜等，2018）。高水平任务导向也会帮助团队成员专注于对创新目标相关的新思想、新想法进行持续改进（余义勇等，2020）。当个体感知到自身需要完成创造性的任务目标时，会倾向于进行创造性活动，进而产生更多的创造性成果（Kahn，1990）。因此，当众创空间鼓励创客提出关于产品的创新性意见和评论、与其他创客一起讨论创新相关的问题，引导创客完成创新任务等时，会帮助创客感知到需要参与完成创新任务以及自己对于创新目标的贡献，感知到任务目标较高的创新水平，从而创造力得到激发，并倾向于进行创造性活动以及表现出更多的创新行为。

（2）社区支持与创新行为。社区支持是指创客感知到的众创空间对其创新活动的支持和引导的程度。现有文献发现，当对创新过程给予帮助性支持时，个体将更有信心完成创新活动（宗文等，2010），从而进行带有冒险性质的创新尝试（卢纪华等，2013），表现出更多创新行为（Cummings et al.，1997；Pamela et al.，2002）。社区支持是激励员工创新的动力（郑馨怡等，2017），能够激发成员产生有利于组织的情感责任，并通过展现创新行为来表达自身的回报性动机（张旭等，2014），对成员创新行为（顾远东等，2014；齐蕾等，

2019）、知识共创有显著的正向影响（范钧等，2020）。众创空间通过拥有的资源、场地、基础设施等为创客创新活动提供支持，使创客对于完成目标更有信心，满足了创客的胜任需求，从而促进创客的持续创新意愿（Han et al.，2017），使其表现更多的创新行为。

（3）创客赋权与创新行为。创客赋权是指创客感知到的众创空间赋予其创新决策的权力，创客能够得到参与创新活动的机会。创造力理论认为，自由是激活个体创造力的重要条件，个体从外部环境中所感知到的束缚越少，越有助于个体形成新的认知范式（王端旭等，2011）。组织赋权增加了个体的选择机会和决策权力，促进了个体对组织认可的感知（罗瑾琏等，2013）以及内在动机，从而促进创新想法的产生（Amabile et al.，1996）。实证发现，赋权能够促进员工的创新行为（范钧等，2017；李伟等，2018）。所以当众创空间对创客赋权时，可以提高创客自主性，促进创客外部动机内化，推动创客形成持续创新意愿（Han et al.，2017），进而表现更多的创新行为。

基于以上分析，本研究提出如下假设：

H7 - 1a：任务导向对创客创新行为具有正向影响；

H7 - 1b：社区支持对创客创新行为具有正向影响；

H7 - 1c：创客赋权对创客创新行为具有正向影响。

7.1.2 创客调节焦点与创新行为

希金斯（Higgins，1997）提出的调节焦点理论认为：促进焦点表现为一种进取动机，体现了个体追求理想自我、成长和自我实现的需求。高促进焦点的个体对"获取"和"没有获取"更敏感，更愿意为了接近理想状态而敢于尝试或冒险，倾向用进取策略去达到目标。防御焦点表现为一种回避动机，体现了个体追求安全和稳定的需求。高防御焦点的个体对"失去"和"没有失去"更敏感，往往通过遵守规则或惯例来获得安全感，倾向于用规避策略去追求目标（Higgins et al.，1994；Tumasjan et al.，2012）。有多项研究讨论了调节焦点对创新/创造力的直接作用（Neubert et al.，2008；王娟等，2020），指出调节焦点对创造力和创新的影响。

（1）促进焦点与创客创新行为。第一，促进型焦点占主导的创客具备进取动机（approach motivation），关注发展、希望和成功等积极目标（Higgins et al.，1997；Zhou et al.，2012；Rhee et al.，2014）。因此，他们具有勇于冒险的精神以及丰富的想象力，当面对风险和挑战时会表现出较高的积极进取行为，倾向于用进取策略去面对风险，去改变现状，积极寻求和尝试多种解决问题的方案（Neubert et al.，2008；Johnson et al.，2015；Liu et al.，2017；Jason et al.，2019），最终表现出更多的积极的创新行为。第二，企业的员工创新行为属于在公司的要求下进行的"任务完成型行为"，但是促进焦点会激发创客的"内在动机驱动型"行为，而内在工作动机有助于激发创客的创造力（李磊等，2012）；王娟等（2020）的实证研究则进一步证明了促进焦点可以直接激发员工的创造力，进而促进创客采取更多的创新行为。第三，促进焦点能激发员工更多的跨界行为（杜鹏程等，2021），这些跨界行为有助于创客接触到更多的异质性资源，建立起多样化的外部联系，获得异质性信息，从而促进创客的创新行为，并为创新带来更多的解决方案（唐源等，2020）。第四，促进焦点能够激发个体的创业预期实现，创业预期实现对创新有显著影响（姜诗尧，2020）。

（2）防御焦点与创客创新行为。第一，高防御焦点的创客更倾向于规避风险，更关心安全与保障，通常表现出较低的风险偏好，他们更担心因为创新失败而带来的损失（Amabile et al.，1996；Higgins et al.，1997；Gorman et al.，2012；Johnson et al.，2015）。因此，在解决问题的过程中表现出更多的保守倾向，更倾向于识别现有的市场机会，利用成熟的技术与知识进行产品的复制，以极力避免损失和失败，从而抑制了创新行为的产生。第二，高防御焦点的创客过分关心职责、安全、义务和责任，具有较少的内在动机，导致创造力降低（Kark et al.，2007；Cerne et al.，2014；Rook，2011），从而产生的创新型构想的数量减少。第三，防御型焦点的个体在面对新型沟通方式时，往往会顾虑潜在的学习成本以及互动功能安全风险，而不太愿意接受新事物（Herzenstein et al.，2007）。基于自我保护的目的，会止步于采用新的沟通模式，更不会享受多种模式进行互动的过程，因而难以经常产生网络沉浸感，也难以有创新行为。第四，在"双创"背景和大氛围下，一部分高防御焦点创客可能是基于一种较强的责任感（Wallace et al.，2009；Baas，2011）下产生的一种投入众创空间的行为（Bakker et al.，2012），而责任感强者寻求的是更稳妥的行为，而不是创新行为。另外，有实证研究证明了防御焦点对创新的直接抑制作用：王莉等（2017）在研究虚拟品牌社区中顾客的调节焦点对创新行为的影响机制时发现，防御型焦点对创新有直接的负向影响；卡克等（Kark et al.，2018）在讨论变革型和交易型领导对创造力的作用效果时，论证了防御型调节焦点对创造力的直接抑制作用。

基于以上分析，本研究提出以下假设：

H7 - 2a：促进焦点对创客创新行为具有正向影响；

H7 - 2b：防御焦点对创客创新行为具有负向影响。

7.1.3 交互作用假设

根据个体 - 情景交互理论，可以认为创客的创新行为也是众创空间创新氛围和创客特质交互影响的结果。根据前面的论述，众创空间创新氛围包括任务导向、社区支持和创客赋权三个维度，并以调节焦点（包括促进焦点和防御焦点）作为个体特质的衡量变量，分析众创空间这种聚焦创客的社区类松散组织，其创新氛围的三个维度对调节焦点与创客创新之间关系的影响。

（1）任务导向在调节焦点与创客创新行为之间的调节作用。首先，以任务为导向的众创空间会鼓励创客提出创新构想或者问题的创新性解决方案，并且鼓励创客完成某些创新产品的研发工作。由于高促进焦点的创客本身对完成创新目标有极强的愿望，任务导向会使其花费更多的时间去收集异质性信息（Seijts et al.，2006），并利用这些信息提高创新活动的价值，进而感知到更大的自我实现价值，从而对创新工作更加地投入（赵斌等，2020），创客空间内具备一定挑战性的目标将刺激高促进焦点创客创新能力的发挥（傅世侠等，2005），进而激发高促进焦点创客的创新行为。同时，任务导向可以降低高防御焦点创客对失败风险的担忧，抑制了他们对安全和稳定的过分追求（余义勇等，2020）。其次，创客空间汇聚并促进了志同道合者之间的频繁交流互动（王永贵和马双，2013），同时任务导向会进一步促进他们围绕与任务相关的问题进行交流互动，而互动有助于团队成员之间形成信任关系，并激励个体积极投身创新活动（Zhou，2003）。因此，在创客空间的任务导向下，高促进焦点的创客对目标更为看重，更加进取，进而表现出更多的创新行为（Tumasjan et al.，2012）。同时，众创空间高防御性焦点创客与高促进焦点创客的交流和互动，降低了创客对失败所带来风险的敏感度，增加了对实现目标的关注和追求，从而激发了他们的进取行为和创新行为。

基于以上分析，本研究提出如下假设：

H7-3a：任务导向能够调节促进焦点与创客创新行为之间的关系，即任务导向越强，促进焦点对创客创新行为的正向影响越强；

H7-3b：任务导向能够调节防御焦点与创客创新行为之间的关系，即任务导向越强，防御焦点对创客创新行为的负向影响越弱。

（2）社区支持在调节焦点与创客创新行为之间的调节作用。众创空间支持创客之间互相学习、交流创意与信息（王佑镁等，2015），以及为创客提供资金、市场以及基础设施等（解学芳等，2018）。一方面，这些支持帮助高促进焦点创客在创新活动中更容易地解决问题，促发了高促进焦点创客的互惠知觉，从而回报以更多的创新投入（黄海艳，2014），表现出更多的创新行为。另一方面，来自社区的支持提升了高防御焦点创客对自身能力的信任，增强了其心理安全感，从而抑制了他们对创新失败的顾虑和担忧，激发了高防御焦点创客创造力的产生（谭新雨等，2017）；社区支持也能提升高防御焦点对创新结果的积极预期和自信心，进而促进其创新行为（冉爱晶等，2017）。

基于以上分析，本研究提出如下假设：

H7-4a：社区支持能够调节促进焦点与创客创新行为之间的关系，即社区支持越强，促进焦点对创客创新行为的正向影响越强；

H7-4b：社区支持能够调节防御焦点与创客创新行为之间的关系，即社区支持越强，防御焦点对创客创新行为的负向影响越弱。

（3）创客赋权在调节焦点与创新行为之间的调节作用。创客赋权给予创客较大的自主权，对于更追求目标实现的高促进焦点创客而言，给予了他们进行更多种尝试的机会和自主权，有利于差错管理氛围的形成（尹奎等，2016），降低在创新活动过程中担心差错的情绪成本和心理负担（王炳成等，2019），鼓励了创客的更多探索与试错（覃大嘉等，2018）；而对出现差错的学习、探索、反思与实践，也促进了创新活动的增加（尹润锋等，2013）。对于高防御焦点的创客来讲，创客赋权要求他们自己来决定是否从事风险活动以及是否愿意承担风险的自主权。这种高的自由决策环境加重了他们的自身压力（Parker et al.，2010），高防御焦点创客会将压力当作引发风险和责任后果的负面效应，进而表现出更少的创新行为（何伟怡等，2016）；同时，工作压力本身也能够诱发员工的防御型调节焦点，这种叠加的效果使对风险更为敏感的高防御焦点创客更倾向于成熟和稳妥方案（Higgins et al.，2004），从而抑制了创客的创新行为。

基于以上分析，本研究提出以下假设：

H7 – 5a：创客赋权能够调节促进焦点与创客创新行为之间的关系，即创客赋权越强，促进焦点对创客创新行为的影响越强；

H7 – 5b：创客赋权能够调节防御焦点与创客创新行为之间的关系，即创客赋权越强，防御焦点对创客创新行为的负向影响越强。

本研究的总体框架如图 7.1 所示。

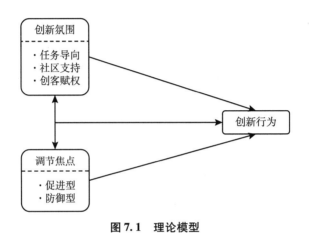

图 7.1　理论模型

7.2　研究方法

7.2.1　样本选择与数据搜集

本研究样本数据主要来源于重庆市猪八戒众创空间、重庆浪尖 D + M 智造工场以及海尔创客实验室三家大型专业服务型众创空间。在正式调研之前，研究者分别调研了重庆市猪八戒众创空间、重庆浪尖 D + M 智造工场入驻企业的高管及入驻企业员工，开展预调研。为了降低共同方法偏差带来的系统误差，本研究先采用了两阶段的方式收集样本数据，同时，在具体取样程序上也进行了一定的控制，如所有的问卷均采用匿名方式填答，尽可能减小被试对测量目的的猜度、被试相互独立进行评价等。本研究向入驻在以上三个众创空间的

300 名创客发放问卷，请他们在问卷星在线完成问卷并提交。第一次邀请创客对其自身的调节焦点以及所感知的众创空间创新氛围进行评价；第二次调查为两周以后，邀请创客对其自身的创新行为进行评价，并对相关的人口统计学变量进行收集。通过对两次调查所取得样本的配对、清洗等，共获得有效样本264 份，有效样本回收率为 88%。最终有效样本中，男性创客占 43.9%，女性创客占 56.1%；硕士及以上学历创客占 43.2%，本科学历占 40.5%；35 岁以下的创客占比 76.1%；入驻年限在 1.5 年以下的创客占比 61.3%。

7.2.2　变量测量

（1）创客创新行为。采用斯科特和布鲁斯（Scott & Bruce，1994）的 6 题量表，由"我总是寻求应用新的流程、技术与方法""我经常提出有创意的点子和想法"等题项构成。该量表在本研究中的 Cronbach's α 系数为 0.929。

（2）众创空间创新氛围。采用范钧等（2017）的 12 题量表作微调，将组织创新氛围分成任务导向、社区支持、顾客赋权三个维度。任务导向由"众创空间鼓励我提出对产品或服务创新的想法和评论""众创空间鼓励我与社区其他创客一起讨论新产品或服务开发相关问题"等 4 个题项组成。社区支持由"我觉得众创空间会注意到做得出色的创客""当我们遇到创新相关问题时，众创空间会给予各种帮助"等 5 个题项组成。创客赋权由"众创空间有时会让我们去决定如何解决具体的创新问题""众创空间会通过投票等方式，让我们在备选创新方案中做出选择"等 3 个题项组成。任务导向、社区支持以及创客赋权的 Cronbach's α 系数分别为 0.922、0.924 和 0.855。

（3）创客调节焦点。采用华莱士（Wallace，2004）的 12 题量表。促进焦点由"我经常考虑我未来会成为怎么样的人""我的关注点在于如何成功"等 6 个题项组成；防御焦点由"我总是担心目标不能实现""我经常思考如何防止失败在我的工作中发生"等 6 个题项组成。促进焦点与防御焦点的 Cronbach's α 系数分别为 0.845 和 0.932。

（4）控制变量。以往的研究表明，创客年龄、性别、学历以及入驻众创空间的年限均会对创客的创新行为产生重要影响（曾湘泉等，2008；刘云等，2009；刘志迎等，2017），因此，本研究控制了创客的年龄、性别、学历与入驻众创空间年限四个变量，以期更为准确地把握创客调节焦点、创新氛围以及创新行为之间关系。

7.3　数据分析和结果

7.3.1　共同方法偏差检验

考虑到样本同源的局限，本研究进行了 Harman 单因子检验（周浩等，2004）。结果见表 7.1，第一个主成分解释的变异为 34.454%，未达到临界值40%（Li Y，2013），没有出现某一个单独因子解释所有变量大部分变异的情况，也就说明本研究中未出现严重的同源偏差问题。

表 7.1　　　　　　　　　　　　同源偏差检验结果

成分	解释的总方差					
	初始特征值			提取平方和载入		
	合计	方差的%	累计%	合计	方差的%	累计%
1	10.33	34.454	34.454	10.33	34.454	34.454
2	3.248	10.827	45.282	3.248	10.827	45.282
3	2.987	9.957	55.239	2.987	9.957	55.239
4	2.728	9.905	64.334	2.728	9.905	64.334
5	2.333	7.776	72.110	2.333	7.776	72.110
6	1.736	5.785	77.895	1.736	5.785	77.895

7.3.2　验证性因子分析

采用 AMOS 22.0 对样本数据进行验证性因子分析（confirmatory factor analyses，CFA），以检验变量间的区分效度（见表 7.2）。由表 7.2 可以看出，本研究所构建的创客调节焦点、创新氛围以及创新行为各个维度之间的六因子模型拟合效果最好（$\chi^2/df = 1.471$，$RMSEA = 0.042$，$CFI = 0.972$，$NFI =$

0.918），且明显优于其他嵌套因子模型，说明本研究所涉及变量之间具有较好区分效度。

表7.2　　　　　　　　　　　　验证性因子分析结果

模型	χ^2	df	χ^2/df	RMSEA	CFI	NFI
六因子模型（PF，DF，TO，CS，MO，IB）	573.804	390	1.471	0.042	0.972	0.918
五因子模型（PF + DF，IB，TO，CS，IB）	1 629.765	395	4.126	0.109	0.812	0.767
四因子模型（PF + DF + IB，TO，CS，MO）	2 586.708	399	6.483	0.144	0.666	0.630
三因子模型（PF + DF，TO + CS + MO，IB）	2 927.888	402	7.283	0.155	0.614	0.581
双因子模型（TO + CS + MO，PF + DF + IB）	3 877.972	404	9.599	0.181	0.470	0.445
单因子模型（TO + CS + MO + PF + DF + IB）	4 519.535	405	11.159	0.197	0.372	0.353

注：PF 代表促进焦点，DF 代表防御焦点，TO 表示任务导向，CS 表示社区支持，MO 代表创客赋权，IB 代表创新行为。

7.3.3　描述性统计分析与相关分析

主要变量间的均值、标准差及相关系数见表7.3。

由表7.3可知，任务导向（$\beta = 0.31$，$p < 0.01$）、社区支持（$\beta = 0.36$，$p < 0.01$）、创客赋权（$\beta = 0.31$，$p < 0.01$）与创客创新行为之间有显著的正相关关系；促进焦点与创新行为（$\beta = 0.41$，$p < 0.01$）显著正相关，而防御焦点与创新行为（$\beta = -0.41$，$p < 0.01$）显著负相关，这些结果为本研究的相关假设提供了初步的支持。

表7.3   各主要变量均值、标准差和变量间相关系数

变量	平均值	标准差	1	2	3	4	5	6	7	8	9	10
1. 性别	1.56	0.48	1.00									
2. 年龄	2.50	1.32	-0.46	1.00								
3. 学历	2.27	0.72	0.05	0.11	1.00							
4. 入驻年限	2.14	1.23	0.12	0.49**	0.26**	1.00						
5. 任务导向	3.62	1.07	0.01	0.08	0.04	0.16*	1.00					
6. 社区支持	3.54	1.04	0.03	0.03	0.08	0.06	0.31**	1.00				
7. 创客赋权	3.21	0.94	0.10	0.09	0.04	0.13*	0.26**	0.08	1.00			
8. 促进焦点	3.30	0.95	0.04	0.24**	0.08	0.30**	0.30**	0.34**	0.32**	1.00		
9. 防御焦点	3.61	0.92	0.08	0.01	0.03	0.13*	0.18**	0.30**	0.18**	0.40**	1.00	
10. 创新行为	3.69	1.03	0.00	0.08	0.15*	0.08	0.31**	0.36**	0.31**	0.41**	0.41**	1.00

注: $n = 264$; ** 表示 $p < 0.01$, * 表示 $p < 0.05$。

7.3.4　假设检验

主要采用层级回归的方法来进行所提出的假设的检验。

（1）直接效应检验。促进焦点、防御焦点、任务导向、社区支持、创客赋权对创客创新行为直接影响效应的回归分析结果如表 7.4 所示。

表 7.4　　　　　　　　直接影响效应的回归分析结果

变量	结果变量：创业行为					
	模型 1	模型 2	模型 3	模型 4	模型 5	模型 6
年龄	-0.00	-0.01	-0.03	0.01	0.01	-0.03
性别	0.04	-0.01	0.08	0.04	0.05	0.03
学历	0.18**	0.18**	0.15*	0.16**	0.14*	0.16*
入驻年限	0.11	0.11	0.03	0.06	0.08	0.07
任务导向				0.30**		
社区支持					0.34**	
创业赋权						0.29**
促进焦点		0.42**				
防御焦点			-0.41**			
R^2	0.04	0.20	0.20	0.13	0.15	0.12
ΔR^2	0.04	0.16	0.16	0.09	0.11	0.08
F	2.56*	12.65**	21.77**	7.47**	9.16**	7.10**
ΔF	2.56*	51.03**	35.98**	26.13**	34.31**	24.31**

注：$n = 264$；** 表示 $p < 0.01$，* 表示 $p < 0.05$。

从表 7.4 可以看出，任务导向对创客创新行为有正向影响（$\beta = 0.30$，$p < 0.01$），假设 H7 – 1a 得到支持；社区支持对创客创新行为有正向影响（$\beta = 0.34$，$p < 0.01$），假设 H7 – 1b 得到支持；创客赋权对创客创新行为有正向影响（$\beta = 0.29$，$p < 0.01$），假设 H7 – 1c 得到支持。促进焦点对创客创新行为有正向影响（$\beta = 0.42$，$p < 0.01$），假设 H7 – 2a 得到支持；防御焦点对创客创新行为有负向影响（$\beta = -0.41$，$p < 0.01$），假设 H7 – 2b 得到支持。

（2）调节效应检验。为消除共线性影响，先将自变量和调节变量分别进行标准化，并以此构建交互项，采用层级回归方法，对研究所涉及的调节效应进行检验，结果见表 7.5。同时，为进一步解释调节效应，本研究运用简单斜率分析法，将调节变量得分高于均值一个标准差的分入高分组，低于均值一个标准差的分入低分组，依次在各组分别进行调节焦点对创新行为的回归分析，比较回归系数，并将结果绘制成调节效应图，分别见图 7.2 至图 7.6。

表 7.5 　　　　　　　　创新氛围在调节焦点与创新行为之间的调节作用

变量	结果变量：创业行为								
	模型 1	模型 2	模型 7	模型 8	模型 9	模型 3	模型 10	模型 11	模型 12
年龄	−0.00	−0.01	0.04	0.01	0.03	−0.03	0.01	−0.03	−0.01
性别	0.04	−0.01	0.02	−0.01	0.04	0.08	0.11	0.05	0.11
学历	0.18 **	0.18 **	0.17 **	0.14 **	0.18 **	0.15 *	0.17 **	0.12 *	0.14 **
入驻年限	0.11	0.11	0.02	0.00	−0.01	0.03	0.01	0.04	0.02
任务导向			0.23 **				0.24 **		
社区支持				0.22 **				0.24 **	
创客赋权					0.28 **				0.25 **
促进焦点		0.42 **	0.41 **	0.35 **	0.46 **				
防御焦点						−0.41 **	−0.39 **	−0.33 **	−0.36 **
任务导向×促进焦点			0.22 **						
任务导向×防御焦点							−0.11		
社区支持×促进焦点				0.11 *					
社区支持×防御焦点								0.14 *	
创客赋权×促进焦点					0.43 **				
创客赋权×防御焦点									−0.33 **
R^2	0.04	0.20	0.28	0.25	0.38	0.20	0.27	0.27	0.35
ΔR^2	0.04	0.16	0.08	0.06	0.19	0.16	0.07	0.07	0.15
F	2.56 *	12.65 **	14.24 **	12.43 **	22.64 **	12.90 **	13.19 **	13.46 **	19.93 **
ΔF	2.56 *	51.03 **	14.82 **	9.73 **	38.44 **	52.23 **	11.32 **	12.10 **	30.24 **

注：$n = 264$；** 表示 $p < 0.01$，* 表示 $p < 0.05$。模型 7、模型 8、模型 9 的 ΔR^2 表示该模型相对于模型 2 的 R^2 变化；模型 10、模型 11、模型 12 的 ΔR^2 表示该模型相对于模型 3 的 R^2 变化。

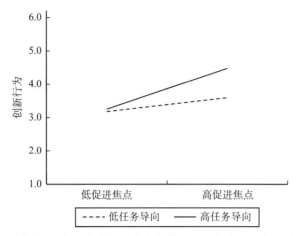

图 7.2　任务导向在促进焦点与创新行为之间的调节作用

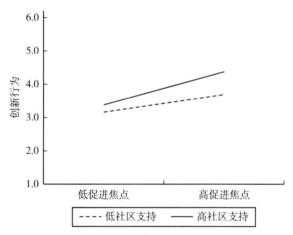

图 7.3　社区支持在促进焦点与创新行为之间的调节作用

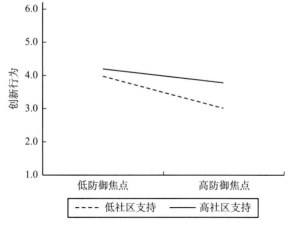

图 7.4　社区支持在防御焦点与创新行为之间的调节作用

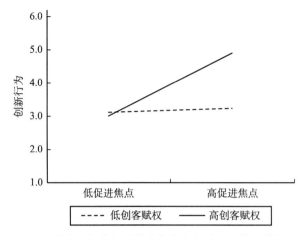

图7.5　创客赋权在促进焦点与创新行为之间的调节作用

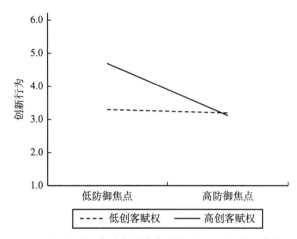

图7.6　创客赋权在防御焦点与创新行为之间的调节作用

　　从表7.5模型7可以看出，任务导向与促进焦点的交互项对创客创新行为有正向影响（$\beta = 0.22$，$p < 0.01$），表明任务导向正调节了促进焦点与创新行为之间的关系（见图7.2）。并且，相比较于低任务导向水平，高任务导向水平下，促进焦点与创新行为之间的关系更显著，即创客感知到高任务导向时，相比于低促进焦点的创客，拥有高促进焦点的创客更倾向于表现出创新行为，假设H7 – 3a得到进一步支持。而由表7.5模型10可以看出，任务导向与防御焦点的交互项对创客创新行为并没有显著影响（$\beta = -0.11$，$p > 0.05$），说明任务导向并不能显著调节防御焦点与创新行为之间的关系，假设H7 – 3b没有得到支持。

　　从表7.5模型8可以看出，社区支持与促进焦点的交互项对创客创新行为有显著正向影响（$\beta = 0.11$，$p < 0.05$），表明社区支持越强，促进焦点对创新行为的正向影响越强（见图 7.3）。相比较于低社区支持水平，高社区支持水平下，促进焦点与创新行为之间的关系更显著，即创客感知到高社区支持时，相比于低促进焦点的创客，高促进焦点的创客更倾向于表现出创新行为，假设 H7 - 4a 得到进一步支持。

从表 7.5 模型 11 可以看出，社区支持与防御焦点的交互项对创新行为有显著正向影响（$\beta = 0.14$，$p < 0.05$），表明社区支持正调节防御焦点与创新行为之间的关系（见图 7.4）。相比于低社区支持，高社区支持情境下，防御焦点对创新行为的抑制更弱，即社区支持越强，创客的防御焦点对创新行为的负向影响越弱，假设 H7 - 4b 得到进一步支持。

从表 7.5 模型 9 可以看出，创客赋权与促进焦点的交互项对创新行为有显著影响（$\beta = 0.43$，$p < 0.01$），表明创客赋权正调节促进焦点与创新行为之间的关系（见图 7.5）。相比较于低创客赋权水平，高创客赋权水平下，促进焦点与创新行为之间的关系更显著，即创客赋权越强，促进焦点对创新行为的正向影响越明显，假设 H7 - 5a 得到进一步支持。

从表 7.5 模型 12 可以看出，创客赋权与防御焦点的交互项对创客创新行为有显著负向影响（$\beta = -0.33$，$p < 0.01$），表明创客赋权负调节创客防御焦点与创新行为之间的关系（见图 7.6）。相比较于低创客赋权水平，高创客赋权水平下，防御焦点对其创新行为的抑制作用更为显著，即创客赋权越强，防御焦点对创新行为的负向影响越明显，假设 H7 - 5b 得到支持。

7.4　结论及讨论

7.4.1　研究结论

本研究构建"创客个体特质 × 创新氛围 - 创新产出"的研究框架，针对众创空间创新氛围与创客调节焦点的交互对创客创新行为的影响开展实证研究，研究支持了大部分假设，主要得出以下结论：

（1）本研究证实在众创空间中，创新氛围的任务导向、社区支持以及创客赋权三个维度均能带来创客的创新行为的提升，这一结果与既往研究结论相符（汤超颖，2012；顾远东，2014；范钧，2017；齐蕾，2019）。同时，本研究进一步发现，在众创空间情境下，具有促进型焦点的创客会表现出更多的创新行为；而具有防御型焦点的创客则会表现出更少的创新行为。这一发现不支持"防御焦点促进创新"或者"防御焦点对创新无影响"的结论。我们进一步分析发现，"防御焦点抑制创新行为"的研究对象主要为处于较为开放的环境的个体，如虚拟社区中的顾客（王莉等，2017）。本研究支持了这一情境下的结论。

（2）本研究提出的假设 H7 - 3b："众创空间任务导向越强，高防御焦点对创新行为的负向影响越弱"没有得到支持。本研究最初认为：任务导向会促进组织成员围绕与任务相关的问题进行交流互动，这有助于减少组织成员受到的消极影响（余义勇，2020），如高防御焦点创客所感知到的创新风险程度。但是本研究实证结果发现任务导向不能调节防御焦点与创客创新行为之间的关系，假设 H3b 没有得到支持。本研究分析认为，这可能是由于对任务导向测量所使用的量表不同造成的：余义勇等（2020）主要从团队成员之间是否进行沟通、互相帮助等角度来测量任务导向，基于此概念可以认为任务导向能弱化防御焦点对创新行为的负向影响。但是本研究测量任务导向采用的量表是范钧（2017）在王辉等（2006）关于任务导向测量量表的基础上修订而来，主要从组织鼓励成员参与完成任务目标、成员感知到自己对任务完成的贡献的角度进行测量，基于此概念，任务导向从本质上无法降低创客在创新过程中所面临的风险。因此，任务导向氛围营造活动不会促进高防御焦点创客表现出更多的创新行为。

（3）本研究提出的假设 H7 - 5b："创客赋权越强，防御焦点对创客创新行为的负向影响越强"虽然与已有结论"赋权会给予个体较大的自主权，有助于个体更多地进行探索与试错，并有利于差错管理氛围的形成（尹奎等，2016），进而个体进行创新活动的可能性也会增加"（尹润锋等，2013）等不同，但在本研究中得到了支持。本研究的假设进一步区别了赋权对不同特质创客的影响，认为赋权只对高促进焦点创客的创新行为有正向影响，对高防御焦点创客的创新行为反倒有负向影响，从而使研究结论更为细粒化。

7.4.2　理论意义

（1）本研究突破既有研究只关注个体特质（刘志迎等，2017）或情境（王兴元等，2018）单一因素对创客创新行为的影响的局限，在众创空间情境下检验了个体特质与外部情境的交互作用对创客创新行为的影响，丰富了个体－情境交互理论的研究情境。

（2）本研究将调节焦点与创新氛围纳入交互模型，并发现了在众创空间情境中，创新氛围对不同调节焦点类型创客创新行为影响的不同作用效果，丰富了关于调节焦点和创新氛围的研究。

7.4.3　实践意义

关注创客已成为国外现有创客空间研究的一大主流（Browder et al.，2019），我国学者也意识到创客培育的重要性，指出目前政策和实践过于重视众创空间建设（张玉利等，2017），应转向更加关注创客的个人特征与需求（赵逸靖等，2017）。本研究的实践意义主要体现在以下两个方面：

（1）众创空间提供的社区支持对高促进焦点创客与对高防御焦点创客的创新行为都具有促进作用，因此，社区支持应是众创空间创新氛围营造的首要策略。

（2）任务导向只在与高促进焦点创客互动时会促进其创新行为，而与高防御焦点创客的创新行为没有关系，同时，创客赋权甚至对高防御焦点创客的创新行为有负面影响。

因此，创客空间在创新氛围营造以及创客孵育过程中，可以进行创客特质测试，并根据不同创客特质因人施策，加强创新孵育针对性，提高有效性，减少负面效应。

7.4.4　不足与未来展望

本研究的不足与未来展望主要表现在以下两个方面：第一，本研究的样本主要来源于三个专业服务型众创空间，而不同类型众创空间的业务特征，以及其为创客所提供的外部环境、服务项目并不一致，因此，对于其他类型的众创空间的适用性还有待进一步验证，未来可以进一步扩大样本范围，开展更具普适性的研究。

第二，众创空间的任务导向和创客赋权对高防御焦点创客的影响值得继续关注，后续研究可以进一步展开其影响机制，形成更为精细化的结论，提升解释范围和解释力。

第8章

入孵企业创新提升路径

——网络关系与组织学习视角

创新一直以来都是企业长足发展的动力与源泉，"大众创业、万众创新"已成为国家大力倡导的政策，"共建创业创造、共谋创新创意"精神也被广大企业家和管理者认可，国家频频颁布扶植政策为"双创"保驾护航。在此政策背景下，创新工场、车库咖啡、创客空间、漫调 e 咖啡等众创空间（crowd innovation space）不断涌现，并且众创空间等孵化器已经逐渐成为我国科技服务业的一支重要新兴力量，成为创业型社会创新创业生态系统的重要组成部分（刘志迎和武琳，2018），是一个能够促进不同主体之间实现协作交流的系统，具有"创新服务平台"特性（张玉利和白峰，2017；陈凤等，2015；刘志迎等，2017）。众创空间不仅能为空间内部新创企业提供经济、技术和社会资本的支持（Han et al.，2017），而且能够促进空间内企业间知识创造与分享，实现内部创客或组织的产品商业化，推动创新与发展。因此，入驻众创空间等孵化器、撬动孵化网络资源已经成为合法性缺失与资源匮乏的新创企业实现生存与发展的关键（胡海青等，2017），众创空间将社会资源、知识和技术通过分享与创造的方式赋予创业团队或个人（Coleman，1988），使其获得相关利益者的认可与支持，从而实现其成长。但值得关注的是，每年入驻众创空间等孵化器内的在孵企业（incubated enterprise）近百万家，但整体失败率却高达 40%（徐可等，2019），并且各在孵企业的创新绩效存在差异，收效甚微的现象愈发显著，其创新差异大和死亡率高的深层原因值得挖掘，以便探讨新创企业嵌入孵化网络获得创新成长的机理。

在孵企业在孵化空间中，与孵化器以及空间中的其他行为主体或者组织通过紧密合作、交流沟通而形成的具有资源共享效应的组织网络被称为孵化网络

（Ratinhor & Henriques，2010），孵化网络分为内层网络和外层网络，内层网络是指在一个特定的孵化器内部，孵化器与在孵企业以及在孵企业之间通过紧密联系所连结成的网络，也叫"内网络"（张力和刘新梅，2012）。外层网络是以孵化器为核心，由孵化器与其他孵化器、供应商、客户企业、政府部门、投融资机构、大学、科研院所、中介服务机构等组织之间联系而形成。内层网络能够建立孵化器与企业以及企业间的直接联系，从而孵化器能够了解在孵企业的资源需求，并提供匹配程度较高的资源和技术支持，本研究旨在探讨众创空间等孵化器内在孵企业创新绩效的相关问题，因此，仅探讨内层孵化网络的特征。在孵化网络中，众创空间等孵化器成为为在孵企业提供链接信息、知识和其他有益资源的渠道（Parkhe，2006），并且，在孵企业可以在与众创空间及内部在孵企业的互动协作的过程中实现资源整合、协作共赢和风险共担（Hansen et al.，2000）。因此，内网络的形成可以加速网络内社会资本的形成与积累，在孵企业在空间内部的网络密度等关系特征会影响其获取资源，最终会对企业的创业绩效产生影响（张力和刘新梅，2012）。但是，众创空间等孵化器与在孵企业之间的深层联系尚未被挖掘，如企业之间沟通交流的频次、企业之间的信任的程度，很少有实证研究在孵企业的互动行为在孵化机制中的作用，这在我们理解众创空间等孵化器孵化新创企业成长的机理上留下许多空白。知识创造和空间共享是众创空间的主要特征，而如何有效识别并利用这些知识资源成为在孵企业能否受孵成功的关键。创业实践表明，在孵企业嵌入到社会网络中，就有机会接触更多的资源，但是在孵企业如何有效吸收和利用这些资源需要企业自身的努力（Weele et al.，2017），国内外学者通过研究发现网络关系与企业绩效、企业创新之间存在正向、负向以及倒 U 型影响关系（胡海青等，2018；张颖颖等，2017；薛捷，2015；Duysters & Lokshin，2007）。因此，有必要对孵化网络嵌入进行进一步探讨，为在孵企业的受孵机制以及受孵结果提供新的解释逻辑。Wuyts（2005）指出虽然网络嵌入行为可以为企业带来异质性的资源和知识技术，但是如果企业自身不对这些知识进行学习吸收，就无法转化为自身的能力（Wuyts et al.，2004）。葛宝山、王浩宇（2017）也指出新创企业将内外部知识资源转化为自身竞争优势的有效途径是组织学习（葛宝山和王浩宇，2017）。因此，有必要将组织学习纳入在孵企业创新的机制中进行研究。在孵企业具有探索式学习和利用式学习两种学习方式，研究在孵企业的学习行为有助于破解网络多元性优势向在孵企业创新转化的过程黑箱。

当前，学者们对于网络关系对新创企业成长的研究已经非常深入，各国学者各辟蹊径，探究了各种影响网络关系对新创企业的影响，近几年，一些学者研究了网络嵌入对企业成长的影响，应用范围最广的是网络关系、网络结构以及认知等方式影响身处其中的企业（林嵩和许健，2018），但这些研究忽略了嵌入网络本身的特征，原因在于不同的网络特点、不同的学习方式会影响新创企业的创新。因此，本研究将这方面的研究进行深化，以重庆市众创空间等孵化器内的在孵企业为研究对象，对在孵企业嵌入到孵化网络关系中之后的创新机制进行深入分析与探讨，并分析组织学习的中介效应，纳入孵化器内部的知识异质性这一特征变量，旨在分析不同孵化情境下在孵企业组织学习方式的差异性。

8.1　理论基础与研究假设

8.1.1　网络关系嵌入与创新绩效

格兰诺维特（Granovetter，1985）最早提出"嵌入性"这一概念，嵌入性（embeddedness）描述了个体经济行为嵌入社会关系结构中的行为特征（Granovetter，1985）。组织或个体是网络中的一些节点，当组织或个体通过网络获取各种自身所需资源并动用这些资源时，就是网络嵌入。古拉蒂（Gulati，1999）指出关系嵌入代表了交易双方相互理解、信任以及承诺的程度。基于在孵的孵化网络关系嵌入主要体现在与空间内部组织成员的联系与信任的现实基础上。本研究采用古拉蒂（1999）对关系嵌入的界定，组织成员间的联系越紧密，信任程度越高，对单个组织的影响越大，说明关系嵌入的强度越大，而弱关系嵌入是指联系较少、距离较远以及不熟悉的关系，可以提供一些宽泛的、碎片化的信息（Hansen et al.，2000；Granovetter，1973；Tiwana，2008），此时网络对组织的影响较小，则说关系嵌入的强度较小。

组织间网络有利于信息、资源的流动以及信任关系的建立（Miozzo & Dewick，2004），企业从外部创业合作伙伴获取到的资源和能力能够激发创新行为，提高企业创新创业能力（Roper & Hewitt – Dundas，2006）。由于关系网络能够连接较多的信息、技术和知识资源，并和其他商业网络形成联系，能为企业进行战略决策提供资源支持和关键性的信息补充。因此，创业者既可以凭借网络获得更多市场和技术资源（Bratkovic et al.，2009），还可以获得较多的对企业有效的信息，进而促企业新产品的开发和创业成长（Lavie，2007）。在孵企业入驻众创空间内，能够比较便捷地与空间内部的企业建立联系而嵌入到空间内部网络中，这种孵化网络嵌入对在孵企业突破资源约束以及合法性限制具有重要作用，拉泽雷蒂（Lazzeretti et al.，2016）的研究表明在孵企业通过与空间内部的其他企业等合作关系，有利于企业及时获得市场最新的技术信息和市场信息。此外，通过众创空间这一平台，企业可以与政府、科研院所等组织保持良好的合作关系，有助于企业迈过合法性缺失的门槛（梁萍平，2012），进而为企业创新扫除阻碍。并且，由于新创企业在创业初期存在合法性不足的问题，他们也愿意嵌入孵化网络平台，以获得创新所需的资源，如融资便利、专利技术申请等。因此，本章提出如下假设：

H8 - 1：关系嵌入对入孵企业创新绩效具有显著的正向影响。

8.1.2　组织学习的中介作用

组织学习概念由马奇和西蒙（March & Simon，1958）首次提出，被进一步区分了探索式学习和利用式学习概念。探索式学习致力于对企业现有知识基础以外的新颖知识和技术的追求与获取，具有搜索、发现、实验、创新和承担风险等特征（March，1991；Katila et al.，2012），通常涉及新技术和新商业机会的搜寻以及新方案的选择（March，2012），可以通过向现有知识库加入异质性知识和提高整合搜索能力正向影响企业的新产品开发（Katila et al.，2012），并且可能隐含着一些对企业甚至行业具有重大影响的创新，这些创新能够帮助企业推出全新的服务或产品，能够创造全新市场以及满足顾客尚未知晓的新需求。利用式学习则体现了提炼、选择、生产、效率、持续改进、实施和执行等方面的特征，本质上是对现有知识的开发与利用，往往涉及对现有技术、服务、方案和能力的投资，也是对当前产品、渠道和顾客等相关能力的优化和利用（March，2012），此类组织对现有技术、认知的颠覆性较小（林春培和张振刚，2017）。

8.1.2.1 利用式学习的中介作用

组织间的合作可以加强组织学习（Hamel，1991），利用式学习关注的是现有知识的获取与利用，强调知识的深度。当新创企业嵌入孵化网络时，在孵企业通过与空间内企业的交流互动可以获取大量的精练知识，为其开展利用式学习活动提供了可能性。当在孵企业与空间内部的合作伙伴建立直接联系时，有助于在孵企业与合作伙伴之间就知识理解和学习意愿达成共识，促进在孵企业开展利用式学习活动，进而获得能直接使用的知识信息。

组织学习是新创企业抓取创业机会、开拓市场的重要方式（杨隽萍等，2013；朱秀梅等，2014）。在市场活动中，新创企业需要通过利用式学习活动来挖掘现有知识和技术潜力，快速获取短期收益，以实现生存与成长。首先，利用式学习能够帮助在孵企业以较低的信息搜寻成本以及运营风险来进一步开发现有市场的目标，原因在于利用式学习侧重于对现有技术和知识的挖掘与精练，因此，从成本视角看利用式学习有助于促进企业创新（林琳和陈万明，2016），并且利用式学习的成本与精力相对较小，企业可以集中精力致力于新产品或新服务的开发，所以利用式学习从成本角度出发可以提高企业的创新绩效。其次，当企业采用利用式学习模式时，企业能够提升自身的知识基础和技术能力，以此深入挖掘顾客的潜在价值，因此，可以在确保企业稳定发展的前提下拓展企业的运营范围，增强企业的服务优势。对于在孵企业而言，这对提高其新项目的成功率以及提高新产品或服务的销售额都具有显著的促进作用（Abebe & Angriawan，2014）。此外，在孵企业通过利用式学习，可以帮助企业将内部资源与外部环境进行匹配，以此促进企业创新绩效（Argyris，1997）。

卡利（Kale，2000）指出，社会关系等社会资本可以通过组织学习来实现组织的价值创造和组织成长，即组织学习在组织关系网络与组织价值创造之间起着中介性的作用（Kale & Singh，2000）。当在孵企业面临创意或创新的瓶颈时，会从孵化网络中获取创新方案，然后在孵企业根据企业自身的知识储备对方案进行剖析、筛选，借助从孵化网络中获取的信息以及自身的知识储备不断改善现有技术以促进产品的改进，这些信息对在孵企业提高利用式学习的效率具有重要的促进作用（Wu et al.，2012），企业在与客户互动的过程中能获得知识和技能（Wu & Hsu，2001），企业可以通过观察、模仿网络中伙伴成员的技术和实践经验达到学习的目的，可以促进企业自身实践，进而促进企业绩效（毛蕴诗和刘富先，2019）。此外，当在孵企业与孵化网络中的成员建立起信任合作关系时，可以直接进行资源获取与利用，降低信息搜寻的成本，可以将精力集中于产品或服务的开发创新。据此，本研究提出如下假设：

H8 - 2a：关系嵌入对入孵企业利用式学习具有显著的正向影响。

H8 - 2b：利用式学习对入孵企业创新绩效具有显著的正向影响。

H8 - 2c：利用式学习在关系嵌入与入孵企业创新绩效间起中介作用。

8.1.2.2 探索式学习的中介作用

首先，孵化网络关系嵌入为在孵企业提供了较多的接触其他企业的机会，进而可以拓宽在孵企业获取外部资源的渠道，增强了在孵企业获取充裕的异质性知识的机会，进而促进在孵的新创企业进行探索式学习（彭伟等，2018）。

第一，通过孵化网络关系嵌入，在孵企业增加了获取外部知识的渠道，为企业开展探索式学习活动提供了可能。第二，由于空间内部入驻了行业各异的在孵企业，导致了空间内在孵企业在知识、创业目标以及价值观方面存在异质性，可以为在孵企业提供一些多样化的、非冗余的知识资源（高菲和黄祎，2018），此时，空间为在孵企业提供了突破企业自身知识而去尝试新知识的机会，进而能够促进探索式学习。

其次，探索式学习旨在突出知识的广度（Kreiser，2011），聚焦于新颖、异质性知识的搜索与发现，强调对新知识和新技术的搜寻和获取。在孵的新创企业为了获得更多的试验创新的机会，需要通过探索式学习，即通过一些搜寻、探索、创新与冒险的行为在较大范围内获取较多的异质性的、非冗余的新知识，从而积极推动企业内部员工创新行为的产生，这可以促进企业的企业技术创新和创业成长（Naiara & Balbastre - Benavent，2017）。此外，探索式学习还可以促使在孵企业空间内部的知识进行创造性应用，如将空间内部的创意知识用于自身的品牌设计与开发，促进企业创新。

在孵企业在空间获得的资源、知识或者技术，并非都是来自同行业，当企业获取的是异质性的知识时，企业需要对这些信息、资源或者技术进行转化，而新创企业的资源约束会阻碍这一转化过程，因此，企业会拓展知识搜寻的广度，在拓展知识搜索的过程中便实现了新知识的探索，此时企业缺乏既有的模式与路径可以遵循，必须不断进行尝试、探索与冒险，进而促进企业新的产品或服务的开发。利用式学习更多的是有利于降低创新方案的搜寻成本，而探索式学习侧重于保证想法的新颖性、有用性。因此，本研究提出假设：

H8 - 3a：关系嵌入对在孵企业探索式学习具有显著的正向影响。

H8 - 3b：探索式学习对在孵企业创新绩效具有显著的正向影响。

H8 - 3c：探索式学习在关系嵌入与入孵企业创新绩效间起中介作用。

8.1.3　知识异质性的调节作用

知识异质性是指组织中所有成员所拥有专长的差异程度（Vander & Bunderson，2005），是知识主体在工作环境、教育背景等方面存在差异而带来的组织知识差异程度，也包括组织成员的价值观念和职业技能（Jehn & Bezruk-ova，2004；Milliken & Martins，2016）。里甘斯和麦克维（Reagans & Mcevily，2015）则从网络视角出发，提出知识异质性是衡量网络异质性的关键指标，并研究得出不同合作伙伴在网络内的交流互动有助于对异质性资源进行重新界定并进行转移，从而为解决问题提供新思路与方案（胡望斌等，2014）。因此，知识异质性是嵌入于网络的主体通过关系网络以获取差异化的技能、技术与知识（Rodan & Galunic，2004）。在孵化网络中，汇聚了具有不同特征的新创企业，这些企业可能行业差距较大、或投资领域不同、或者服务对象存在差异，综合上述研究成果，本研究将这一概念纳入众创空间等孵化组织中，并借鉴耶恩（Jehn，2004）以及里甘斯（Reagans，2015）对知识异质性的界定，即知识异质性是企业在产品特点、服务对象、申请专利以及创业者的经验背景等方面的差异。

组织学习的过程是组织获取知识的过程，而创新的本质就是获取新知识或者将现有知识进行重组以为企业所用的过程。在两种学习方式中，利用式学习指那些可以用"提炼、筛选、生产、选择、执行"等词描述的学习行为，强调组织提炼和改善现有的组织活动的形式，而这个过程中，知识异质性水平的高低会影响组织学习的结果。当知识异质性高时，空间内部知识差异较大，在孵企业开展组织学习活动时，进行知识转化的难度较大、成本较高，不利于新创的在孵企业进行创新探索。此时若开展利用式学习，会增加知识以及技术转换的成本，从而削减利用式学习行为的效果，因而会降低其创新绩效。此外，众创空间内部行业差距太大时，知识异质性将在孵企业分成多个不同的团体，空间内部形成各个"小山头"，从而阻碍整个空间内部的学习活动。并且，杨皖苏等（2019）研究证明了企业组织类型差异、技术能力差异以及目标差异对企业的创新绩效有一定的负向影响作用，并且会影响企业知识资源的获取。

在知识距离较小的团队中，彼此间的知识异质性水平低，只能沿袭已有解决方案去解决新的问题，较难产生创造性想法（戴万亮等，2019），而在知识距离较大的团队中，知识异质性更能产生新颖的想法（刘宁和胡海青，2019）。探索式学习可以用"搜索、变化、实验、尝试、冒险、发现、创新"等词来描述，指组织不断搜寻新的组织活动来提升组织的效率。因此，当孵化网络中知识异质性高时，能够为探索式学习提供进行搜寻、尝试、冒险的资源环境，例如，大数据企业能够为媒体行业提供技术支持，实现知识共享。当企业嵌入知识异质性高的网络中时，此时创新主体差异大，有利于企业探索式学习活动的展开，但是会增加利用式学习的成本，即探索式学习以及利用学习的中介作用会受到知识异质性的调节作用。因此，本研究提出假设：

H8-4a：知识异质性负向调节了利用式学习对创新绩效的影响，知识异质性越高，利用式学习对创新绩效的正向作用减弱。

H8-4b：知识异质性正向调节了探索式学习对创新绩效的影响，知识异质性越高，探索式学习对创新绩效的正向作用增强。

根据上述研究假设，画出本研究的研究模型（见图8.1）。

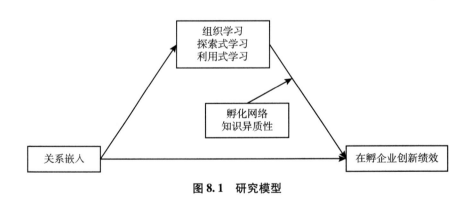

图 8.1　研究模型

8.2　实证研究设计

8.2.1　研究对象选择

本研究的研究对象是入孵企业，对重庆国家级众创空间内的入孵企业进行线上和线下问卷调查，主要对来自于腾讯众创空间、八戒工场、浪尖众创空间、漫调 e 空间、赛伯乐众创空间、重庆 3W 空间、百川兴邦众创空间等的入孵企业的中高层管理者进行调研，行业覆盖文创类、软件类、计算机类、金融类以及知识服务类等企业。

8.2.2　问卷设计与数据收集

本研究设计的调查问卷包括两大主体部分：第一部分是入孵企业的基本资料部分，主要用于控制变量部分，包含 4 个题项；第二部分用于调查企业的经营现状，分为关系嵌入部分 5 个选项、组织学习部分 10 个选项、知识异质性部分 5 个选项和创新绩效部分 3 个题项。本研究采用的量表均来自于国际、国内主流杂志中的研究论文，关系嵌入、组织学习、知识异质性与创新绩效的问卷设计均采用国内外成熟量表。所有测量题目均采取李克特 5 点计分法，"1"代表"非常不符合"，"2"代表"不太符合"，"3"代表"一般"，"4"代表"有点符合"，"5"代表"非常符合"。为了降低被调查者的主观倾向，本次所有调查采取匿名方式进行，并告诉被调查对象所有题项都没有对错答案之分，以便被调查者认真作答。

首先，确定调查内容。具体包括两方面：一方面，确定关于被调查对象的背景信息，如企业年龄、所在行业领域进入众创空间等孵化器的时间，即控制变量的相关信息；另一方面，确定关于问卷收集主体的信息，包括双重网络嵌入、组织学习、知识异质性以及入孵企业创新绩效四大主变量的量表条目。

其次，发放问卷并收集数据。对于所得数据，分别使用 SPSS25.0 和 AMOS21.0 软件进行不同方面的分析，包括信度与效度分析（SPSS & AMOS）、描述性统计分析与 PROCESS 程序来检验中介效用和调节作用。

8.2.3　变量测量

为了保证研究模型的合理性，以及数据的真实性和可获得性，本研究均使用国内学者开发的成熟量表对各变量进行测量。

8.2.3.1　被解释变量：创新绩效

本研究参考克罗斯曼和艾佩丁（Crossean & Apaydin，2010）等的成熟量表，设计4个题项测量入孵企业的创新绩效：新产品或服务的开发速度（CJ1）、新产品或服务的开发数量（CJ2）、创新项目成功率（CJ3）和新产品或服务的销售额占比（CJ4）等指标来测量入孵企业的创新绩效。经过预调研信效度分析之后，删除"创新项目成功率（CJ3）"这一选项，剩下3个条目，均采取李克特5点计分法进行测量。

8.2.3.2　解释变量：关系嵌入

关系嵌入的量表借鉴了马晓芸（2015）验证具有良好信效度的量表，并借鉴了学者格兰诺维特（Granovetter，1985）、古拉蒂和西奇（Gulati & Sytch，2007）以及张恒俊和杨皎平（2015）的观点设计出的问卷，并整合了安德森和福斯格伦（Andersson & Forsgren，1996）的研究成果，在原有量表基础上进行适当改动，从网络成员之间的交流频率、交流范围、信息共享与信任度等方面测量入孵企业嵌入空间内外网络关系的程度（Granovetter，1985；马晓芸和何红光，2015；张恒俊和杨皎平，2015；Gulati & Sytch，2007；Andersson & Forsgren，1996），共5个题项，包括：与本企业交流和联系的空间内的企业数量很多（WQ1）、本企业经常与空间内企业进行信息共享（WQ2）、本企业与空间内企业成员的联系交流频繁（WQ3）、本企业与空间内企业交流合作范围非常广泛（WQ4）、本企业与空间内企业之间相互了解，彼此信任（WQ5）。

8.2.3.3　中介变量：组织学习

为了更好地研究组织学习在关系嵌入对入孵企业创新绩效的中介作用，本研究将组织学习分为利用式学习和探索式学习两个维度，采用吉玛和默里（Atuahene – Gima & Murray，2007）的量表。该量表是在中国情境下开发的，陈国权和刘薇（2017）也采用此量表做了实证研究。共有10个题项，其中，探索式学习有5个题项，包括：在信息搜寻方面，本企业倾向于寻求那些具有试验性和风险性特点的产品和技术知识（TS1）、本企业倾向于收集在现有市场和知识经验之外的各种信息和创意（TS2）、本企业倾向于获取能够进入新的学习领域或者项目领域的知识，如新市场、新的服务和技术领域（TS3）、本企业倾向于将全新的知识或技术用于产品/市场开发（TS4）、本企业倾向于收集能够满足客户的潜在的、新的需求的信息（TS5）；利用式学习有5个题项，包括：本企业倾向于对现有产品或服务的精炼和挖掘（LS1）、本企业强调将现有的知识和经验运用于产品或服务开发（*LS2*）、本企业的目标是寻找可以很好地实施和利用的知识和信息，以确保企业正常生产和服务，而不是那些可能导致项目出现错误的信息（*LS3*）、对于产品或服务开发方面的问题，本企业通常采用成熟的、普遍认可的方法和解决方案（*LS4*）、我们更倾向于在目前从事的、比较熟悉的领域搜寻产品/市场信息（*LS5*）。

8.2.3.4　调节变量：知识异质性

知识异质性可以通过专利数据或问卷调查的方式进行测量，本研究考虑到专利数据难以反映企业的隐性知识，并且新创企业的专利数较少，所以本研究借鉴徐蕾和倪嘉君（2019）在学者格兰斯特兰德和罗丹（Granstrand & Rodan，2004）、葛路尼克（Galunic，1998）等研究基础上设计的成熟量表，包括5个题项：入孵企业之间关于设计、技术知识相差较大（*ZS1*）、入孵企业之间投资领域相差较大（*ZS2*）、入孵企业的人才背景差异较大（*ZS3*）、入孵企业之间专利申请门类差异大（*ZS4*）、入孵企业之间的生产工艺以及服务对象差异大（*ZS5*）。

8.2.3.5　控制变量

控制变量的选择得当与否会对自变量与因变量产生重要的影响，并且控制变量的运用能保证调研数据的准确性和针对性，帮助调研活动的开展。很多实证研究都表明，影响企业创新绩效的因素除了网络嵌入、网络关系等解释变量外，企业的性质、成立年限等都是影响企业创新绩效的因素，因而需对这些因素加以控制。本研究选择与企业和创业者的特征因素有关的变量，包括企业年龄、企业所处行业以及入驻空间的年限作为控制变量。

8.3　实　证　研　究

8.3.1　数据的描述性统计

在获得的235份有效问卷中，被调查者和样本企业的基本特征情况如表8.1所示。

表 8.1 研究样本描述统计

测量内容	分类	数量	占比	测量内容	分类	数量	占比
成立年限	1 年以内	46	20%	入驻年限	1 年以内	75	32%
	1～2 年	76	32%		1～2 年	83	35%
	3～5 年	43	18%		3～5 年	39	17%
	5 年以上	70	30%		5 年以上	38	16%
员工人数	10 人以下	45	19%	公司类型	文创类	37	16%
					金融类	46	20%
	10～50 人	93	40%		新能源或新材料类	28	12%
					计算机服务与软件开发类	44	19%
	51～100 人	40	17%		租赁与商务服务类	18	8%
					工业设计或制造类	33	14%
	100 人以上	57	24%		其他	29	12%

样本数据的收集情况见表 8.1。由表可知，公司成立年限中，1 年以内的占比 20%，1～2 年的占比 32%，3～5 年的占比 18%，5 年以上的占比 30%，在样本总量中，被调查的入孵企业成立 1～2 年的占比较高；从被调查入孵企业的员工人数来看，以 10～50 人为主，占比 40%；从入驻空间年限来看，入驻 1 年以内以及 1～2 年的企业居多，分别占比 32%、35%，入孵企业通常在企业发展的初期进入众创空间等孵化器获得成长所需资源；从企业的所属类型来看，其中占比较大的是金融类和计算机服务与软件开发，分别为 20%、19%，但是各类企业占比差距不大，这说明该样本中的众创空间等孵化器所孵化的企业类型多样，能够为不同性质的企业提供孵化环境。在获取样本数据后，利用 SPSS25.0 软件进行信度分析，利用 AMOS21.0 软件进行效度分析，并利用 Hayes 开发的 process 程序进行中介效应以及调节效应检验。

8.3.2 因子分析与信效度检验

本研究利用 SPSS25.0 软件分析，通过可靠性检验对关系嵌入、知识异质性和组织学习、创新绩效的问题选项进行信度检验，得出信度分析结果见表 8.2。由表 8.2 的信度检验结果可知，关系嵌入的 Cronbach's α 为 0.884，大于衡量边界值 0.7，其中，探索式学习的 Cronbach's α 为 0.870，大于 0.7，利用式学习的 Cronbach's α 为 0.850，这说明关系嵌入的量表以及组织学习各分量表的信度都较高；同样知识异质性的 Cronbach's α 为 0.870，创新绩效的 Cronbach's α 为 0.818，这表明量表中各个条目之间的内部一致性较高。

表 8.2　　　　　　　　　　　量表信度检验 （$n = 235$）

变量	题项	Cronbach's α 值
关系嵌入	5	0.884
知识异质性	5	0.870
探索式学习	5	0.831
利用式学习	5	0.850
创新绩效	3	0.818

本研究对于效度检验主要包括内容效度和结构效度。一方面，就内容效度，调查问卷的各个变量采用的是当前国内外广泛使用的成熟量表或权威专家所使用的量表，随后，在进行大范围发放问卷之前，使用问卷星在网上投放少量测试卷，经过测试及修改，问卷具备较好的内容效度；另一方面，关于量表的结构效度，一般通过收敛效度和判别效度进行检测。首先，对数据进行 Bartlett 球形检验和 KMO 检验以确定能否可以做因子分析，当 KMO > 0.8 时，说明很适合做因子分析，当 KMO 的值小于 0.5 时，不适合做因子分析；其次，采用验证性因子分析 （CFA） 对收敛效度进行测量，当标准化因子载荷值 > 0.5 （最低下限）、平均变异数抽取量 AVE > 0.5 以及组成信度 CR > 0.7 时，该量表的收敛效度较好。判别效度是指根据理论预测某个问题的两个变量具有非相关性，实际测量的结果也应具有非相关性。当 AVE 值的平方根大于其所在的行和列上的相关系数值时，则该量表的判别效度较好。

基于特征值大于 1 的旋转解显示，KMO 值均在 0.7 以上 （见表 8.3），球形值的显著性水平均在 0.01 以下，说明数据适合做因子分析。通过对量表的各条目进行验证性因子得到表 8.4，由表中的分析结果可以看出量表中各题目在 $p < 0.001$ 的显著性水平下 $Z > 1.96$，表明该量表具有统计意义上的显著性；并且可以看到量表中各题目的标准化因子载荷均大于 0.5，并在此基础上计算出的 SMC （> 0.36）、CR （> 0.7） 以及 AVE （> 0.5） 均可接受且模型的拟合度指标都达标。因此，表 8.5 中的指标再一次表明，本研究所采用的量表题项和变量具有很好的信度，并且收敛效度较好，符合研究的要求。通过对整个模型的拟合度进行检验，得出各指标均符合标准，因此，可以判定该模型拟合度较好。

表8.3 　　　　　　　　　　KMO and Bartlett 检验（$n=235$）

变量	KMO	Bartlett 的球形度检验		
		近似卡方	Df	sig
关系嵌入	0.878	582.031	10	0
探索式学习	0.832	400.335	10	0
利用式学习	0.863	450.029	10	0
知识异质性	0.875	537.936	10	0
创新绩效	0.714	278.751	3	0

表8.4 　　　　　　　　　　量表收敛效度检验（$n=235$）

维度	题项	显著性检验				std	信度检验	组成信度	收敛效度
		unstd	S.E.	Z	p		SMC	CR	AVE
关系嵌入	WQ1	0.917	0.068	13.545	***	0.773	0.598		
	WQ2	0.829	0.064	12.878	***	0.746	0.557		
	WQ3	0.917	0.061	14.942	***	0.825	0.682	0.884	0.604
	WQ4	0.825	0.063	13.155	***	0.757	0.573		
	WQ5	0.865	0.063	13.811	***	0.783	0.612		
探索式学习	TS1	0.772	0.062	12.520	***	0.725	0.526		
	TS2	0.699	0.061	11.388	***	0.681	0.464		
	TS3	0.815	0.063	12.848	***	0.739	0.546	0.839	0.510
	TS4	0.767	0.061	12.556	***	0.730	0.533		
	TS5	0.754	0.064	11.826	***	0.695	0.483		
利用式学习	LS1	0.771	0.062	12.376	***	0.729	0.527		
	LS2	0.840	0.061	13.660	***	0.782	0.615		
	LS3	0.758	0.059	12.825	***	0.748	0.558	0.850	0.533
	LS4	0.784	0.061	12.841	***	0.749	0.563		
	LS5	0.677	0.066	10.321	***	0.635	0.403		

续表

维度	题项	显著性检验				std	信度检验	组成信度	收敛效度
		unstd	S. E.	Z	p		SMC	CR	AVE
知识异质性	ZS1	0.862	0.057	15.032	***	0.829	0.687	0.874	0.581
	ZS2	0.761	0.061	12.450	***	0.728	0.530		
	ZS3	0.869	0.066	13.186	***	0.759	0.576		
	ZS4	0.771	0.061	12.627	***	0.736	0.542		
	ZS5	0.786	0.060	13.125	***	0.756	0.572		
创新绩效	CJ1	0.870	0.062	14.000	***	0.760	0.578	0.815	0.595
	CJ2	0.765	0.060	13.821	***	0.752	0.566		
	CJ3	0.815	0.063	12.998	***	0.801	0.642		
模型拟合度指标	χ^2/df	GFI	AGFI	CFI	TLI	RMSEA		SRMR	
实际值	1.858	0.922	0.834	0.939	0.930	0.061		0.049	
评判标准	< 3	> 0.9	> 0.8	> 0.9	> 0.9	< 0.08		< 0.05	

注：unstd 为非标准化因子载荷；S. E. 为标准误；Z 值为 unstd/S. E. ，临界值绝对值，当 $|Z|>1.96$，具有统计意义上的显著性水平；*** 为显著水平 $p<0.001$；std 为标准化因子载荷；SMC 为多元相关平方，检验题项的信度；CR 为变量的组成信度；AVE 为平均变异数抽取量。

表 8.5　　　　　　　　　　量表判别效度检验（$n=235$）

变量	AVE	关系嵌入	探索式学习	利用式学习	知识异质性	创新绩效
关系嵌入	0.604	0.777				
探索式学习	0.510	0.664 **	0.714			
利用式学习	0.533	0.569 **	0.726 **	0.730		
知识异质性	0.581	0.596 **	0.714 **	0.608 **	0.762	
创新绩效	0.595	0.584 **	0.749 **	0.550 **	0.606 **	0.771

注：对角线粗体字为 AVE 的开根号值，下三角为各潜变量的 Pearson 相关，** 表示系数的显著性水平 $p<0.01$。根据有关资料整理。

从分析判别效度的表 8.5 可知，除了探索式学习的 AVE 值得平方根效益所在列的相关系数以外，其他变量 AVE 值的平方根均大于该变量与其他变量的相关系数，说明本研究在调查研究中所采用各变量量表的区分效度较好，能够达到研究要求。

8.3.3 基于层次回归分析的中介效应检验

本研究先通过 SPSS25.0 对变量进行相关分析，表 8.6 显示主要研究变量的平均值、标准差和相关矩阵。对关系嵌入、利用式学习、探索式学习、知识异质性和创新绩效进行 Pearson 相关分析，结果显示，关系嵌入和利用式学习（$r = 0.569$，$P < 0.01$）、探索式学习（$r = 0.596$，$P < 0.01$）、知识异质性（$r = 0.664$，$P < 0.01$）呈正相关；知识异质性同利用式学习（$r = 0.726$，$P < 0.01$）、探索式学习（$r = 0.714$，$P < 0.01$）、创新绩效（$r = 0.794$，$P < 0.01$）呈正相关；利用式学习和创新绩效（$r = 0.550$，$P < 0.001$）呈正相关，探索式学习和创新绩效（$r = 0.606$，$P < 0.01$）呈正相关。

表 8.6 描述性统计、相关分析结果

变量	M	SD	关系嵌入	知识异质性	利用式学习	探索式学习	创新绩效
关系嵌入	3.351	0.928	1.000				
知识异质性	3.463	0.827	0.664 **	1.000			
利用式学习	3.563	0.833	0.569 **	0.726 **	1.000		
探索式学习	3.359	0.869	0.596 **	0.714 **	0.608 **	1.000	
创新绩效	2.077	0.545	0.584 **	0.749 **	0.550 **	0.606 **	1.000

注：M 为平均值；SD 为标准差；** 表示系数的显著性水平 $p < 0.01$。

本研究先基于巴龙（Baron）和肯尼（Kenny）提出的因果步骤法进行层次回归分析，针对自变量关系嵌入、中介变量探索式学习、利用式学习与因变量创新绩效建立层次回归模型，对理论模型进行检验，回归分析结果见表 8.7。

表 8.7 层次回归分析结果

变量	利用式学习		探索式学习		创新绩效			
	模型 1	模型 2	模型 3	模型 4	模型 5	模型 6	模型 7	模型 8
常数	2.980 ***	1.726 ***	3.025 ***	1.486 ***	1.814 ***	0.902 ***	0.534 ***	0.267 *
成立年限	0.378 *** (0.002)	0.223 (0.003)	0.294 (0.001)	0.102 (0.145)	0.205 (0.023)	0.032 (0.675)	−0.041 (0.576)	−0.034 (0.574)

续表

变量	利用式学习		探索式学习		创新绩效			
	模型 1	模型 2	模型 3	模型 4	模型 5	模型 6	模型 7	模型 8
企业规模	-0.157 (0.085)	-0.117 (0.085)	-0.110 (0.236)	-0.061 (0.398)	-0.104 (0.269)	-0.060 (0.444)	-0.021 (0.772)	-0.020 (0.746)
企业类型	0.031 (0.641)	0.054 (0.336)	-0.024 (0.719)	0.005 (0.927)	0.046 (0.502)	0.072 (0.204)	0.054 (0.312)	0.069 (0.131)
入驻年限	0.062 (0.392)	-0.025 (0.689)	0.071 (0.332)	-0.035 (0.537)	0.079 (0.288)	-0.017 (0.786)	-0.009 (0.881)	0.006 (0.903)
关系嵌入		0.529 ***		0.653 ***		0.588 ***	0.416 ***	0.164 **
利用式学习							0.326 ***	
探索式学习								0.648 ***
R^2	0.105	0.353	0.068	0.446	0.041	0.347	0.416	0.566
ΔR^2	0.090	0.339	0.052	0.434	0.024	0.333	0.400	0.556
F	6.759 ***	25.033 ***	4.197 **	36.943 ***	2.427 ***	24.347 ***	27.037 ***	59.635 ***

注：*** 表示系数的显著性水平 $p < 0.001$；** 表示系数的显著性水平 $p < 0.01$。

首先，检验假设 H8 - 1 中自变量关系嵌入与因变量入孵企业创新绩效间的主效应，以创新绩效为因变量，模型 5 仅加入控制变量，模型 6 加入自变量关系嵌入。结果显示，R^2 逐渐增大，且 F 值显著，说明模型 6 的解释力度逐步增强，关系嵌入（$\beta = 0.588$，$p < 0.001$）显著影响入孵企业创新绩效，假设 H8 - 1 得到验证。

其次，检验自变量与中介变量的关系，即关系嵌入与组织学习的关系。模型 2、模型 4 显示关系嵌入对利用式学习（$\beta = 0.529$，$p < 0.001$）、探索式学习（$\beta = 0.653$，$p < 0.001$）均有显著正向影响。这说明入驻企业的关系嵌入越强，越能激发入孵企业进行利用式学习和探索式学习，假设 H8 - 2a、H8 - 3a 得到支持。

最后，将自变量与中介变量同时加入回归模型中，以检验组织学习的中介作用。模型 7、模型 8 显示，利用式学习（$\beta = 0.326$，$p < 0.001$）与探索式学习（$\beta = 0.648$，$p < 0.001$）对创新绩效均有显著影响，假设 H8 - 2b、H8 - 3b 得到支持，且探索式学习对创新绩效的激发作用强于利用式学习，且关系嵌入的回归系数分别下降为 0.416、0.164，但仍在 0.001 和 0.01 的水平上显著，表

明探索式学习、利用式学习在关系嵌入与创新绩效的关系中具中介作用，假设 H8 – 2c、H8 – 3c 得到支持。

8.3.4 基于 Bootstrap 方法的检验中介效应

8.3.4.1 探索式学习的中介作用检验

采用海耶斯（Hayes，2012）编制的 PROCESS 宏中的 Model4（Model4 为简单的中介模型），对企业成立年限、员工人数、入驻空间年限以及行业类型进行控制后，对探索式学习在关系嵌入与创新绩效之间关系中的中介效应进行检验。结果表明（见表 8.8、表 8.9），关系嵌入对创新绩效的预测作用显著（$\beta = 0.345$，$t = 10.370$，$p < 0.001$），进一步表明假设 H8 – 1 得到验证；且当放入探索式学习这一中介变量后，关系嵌入对创新绩效的直接预测作用依然显著（$\beta = 0.097$，$t = 2.779$，$p < 0.01$），假设 H8 – 3c 得到验证。此外，关系嵌入对创新绩效影响的直接效应以及探索式学习的中介效应的 Bootstrap95% 置信区间的上、下限都没有包含 0，说明关系嵌入不仅能够直接预测创新绩效，而且能够通过探索式学习这一中介作用对创新绩效进行预测。其中，直接效应占总效应（0.345）28%，中介效应分别占比 72%。

表 8.8　　　　　　　　　　　　　探索式学习的中介作用模型

变量	创新绩效		探索式学习		创新绩效	
	coeff	t	coeff	t	coeff	t
探索式学习	0.427	11.239***				
关系嵌入	0.097	2.779**	0.582	12.513***	0.345	10.370***
成立年限	−0.017	−0.563	0.076	1.464	0.016	0.420
企业人数	−0.010	−0.324	−0.047	−0.847	−0.031	−0.767
企业类型	0.019	1.518	0.002	0.092	0.020	1.275
入驻年限	0.003	0.122	−0.028	−0.619	−0.009	−0.271
R^2	0.762		0.447		0.347	
F	52.441		36.943		24.347	

注：*** 表示系数的显著性水平 $p < 0.001$；** 表示系数的显著性水平 $p < 0.01$。

表 8.9　　　　　　　总效应、直接效应以及探索式学习中介效应分解情况

效用类型	效应值	bootstrap 标准误	下限	上限	效应占比
总效应	0.345	0.033	0.280	0.411	
直接效应	0.097	0.035	0.028	0.165	28%
探索式学习中介效应	0.249	0.0382	0.178	0.329	72%

8.3.4.2　利用式学习的中介作用检验

同理，对企业成立年限、员工人数、入驻空间年限以及行业类型进行控制后，对利用式学习在关系嵌入与创新绩效之间关系中的中介效应进行检验。结果表明（见表 8.10、表 8.11），放入利用式学习这一中介变量后，关系嵌入对创新绩效的直接预测作用依然显著（$\beta = 0.224$，$t = 6.577$，$p < 0.001$），假设 H8 − 2c 得到验证。此外，利用式学习的中介效应的 bootstrap95% 置信区间的上、下限均不包含 0，表明关系嵌入能够通过利用式学习的中介作用预测创新绩效，其中，该直接效应和中介效应分别占总效应（0.345）的 71%、29%。

表 8.10　　　　　　　　　　利用式学习的中介作用模型

变量	创新绩效		利用式学习		创新绩效	
	coeff	t	coeff	t	coeff	t
利用式学习	0.213	5.175 ***				
关系嵌入	0.224	6.577 ***	0.475	9.369 ***	0.345	10.360 ***
成立年限	− 0.020	− 0.560	0.167	2.963	0.016	0.420
企业人数	− 0.011	− 0.290	− 0.092	− 1.512	− 0.031	− 0.767
企业类型	0.015	1.013	0.023	0.965	0.020	1.275
入驻年限	− 0.005	− 0.149	− 0.020	− 0.401	− 0.009	− 0.271
R^2	0.416		0.353		0.347	
F	27.037		25.003		24.347	

注：*** 表示系数的显著性水平 $p < 0.001$。

表 8.11　　　　　　　总效应、直接效应以及利用式学习中介效应分解表

效用类型	效应值	Bootstrap 标准误	下限	上限	效应占比
总效应	0.345	0.033	0.280	0.411	
直接效应	0.244	0.037	0.171	0.317	0.71
利用式学习中介效应	0.101	0.031	0.048	0.170	0.29

8.3.4.3　双中介检验

利用 Bootstrap 分析还可以得出变量具体影响路径的效应。关系嵌入对创新绩效的总效应为 0.345（置信区间为 0.280 ~ 0.411，不包含 0），从关系嵌入影响创新绩效的两条路径来看，关系嵌入通过探索式学习影响创新绩效的效应为 0.249（置信区间为 0.178 ~ 0.329，不包含 0），效应量为 72%。关系嵌入通过利用式学习影响创新绩效的效应为 0.101（置信区间为 0.048 ~ 0.170，不包含 0），效应量为 29%。因此，我们可以判定，探索式学习的中介作用强于利用式学习。

8.3.5　有调节的中介作用检验

采用海耶斯（Hayes，2012）编制的 PROCESS 宏中的 Model14（Model14 假设中介模型的后半段受到调节，与本研究的理论模型一致）（连帅磊等，2018），在对企业成立年限、员工人数、企业类型以及入驻空间年限进行控制后，对有调节的中介模型进行检验。结果表明（见表 8.12），将知识异质性放入模型后，利用式学习与知识异质性的乘积（$\beta = -0.0630$，$t = -2.110$，$p < 0.05$）项对创新绩效的预测作用显著，并且利用式学习（$\beta = 0.103$，$t = 2.308$，$p < 0.05$）对创新绩效的预测作用显著，置信区间均不包含 0，说明知识异质性能够在探索式学习创新绩效的中介作用中起调节作用（见表 8.12），假设 H8 - 4a 得到验证；此外，探索式学习与知识异质性的乘积（$\beta = -0.0606$，$t = -2.3648$，$p < 0.05$）项对创新绩效的预测作用显著，并且探索式学习（$\beta = 0.3608$，$t = 7.7153$，$p < 0.001$）对创新绩效的预测作用显著，置信区间均不包含 0，说明知识异质性能够在探索式学习创新绩效的中介作用中起调节作用，但是所得结果与假设相反。

表8.12   有调节的中介检验模型

分类		创新绩效			R^2	F
		coeff	se	t		
利用式学习 × 知识异质性	关系嵌入	0.168	0.038	4.400 ***	0.480	26.020
	利用式学习	0.103	0.045	2.308 *		
	知识异质性	0.199	0.043	4.655 ***		
	利用 × 知识	−0.063	0.030	−2.110 *		
探索式学习 × 知识异质性	关系嵌入	0.0866	0.0351	2.4649 *	0.5937	41.2896
	探索式学习	0.3608	0.0468	7.7153 ***		
	知识异质性	0.0546	0.0412	1.3700		
	探索 × 知识	−0.0606	0.0256	−2.3648 *		

注：*** 表示系数的显著性水平 $p < 0.001$；* 表示系数的显著性水平 $p < 0.05$。

此外，在低、中、高三个知识异质性水平上，利用式学习和探索式学习在关系嵌入与创新绩效关系中的中介效应都逐渐降低了（见表8.13），说明随着知识异质水平的提升，关系嵌入更不容易通过利用式学习、探索式学习行为提升入孵企业的创新绩效，假设 H8 − 4a 得到验证，但是假设 H8 − 4b 没有得到验证。

表8.13   在知识异质性不同水平上的中介作用

分类	知识异质性	Effect	Bootstrap 标准误	LLCI 下限	ULCI 上限
知识异质性的调节作用（利用式学习）	M − 1SD	0.158	0.045	0.0693	0.2457
	M	0.103	0.045	0.0150	0.1905
	M + 1SD	0.048	0.058	0.0653	0.1613
知识异质性的调节作用（探索式学习）	M − 1SD	0.4134	0.0460	0.3227	0.5040
	M	0.3608	0.0468	0.2686	0.4529
	M + 1SD	0.3081	0.0570	0.1959	0.4204

进一步简单斜率分析表明，由图8.2可知，知识异质性水平较低（M − 1SD）的被试，利用式学习能够显著促进入孵企业的创新绩效；而对知识异质性水平较高（M + 1SD）的被试，利用式学习对创新绩效产生正向预测作用降

低，表明随着知识异质性水平的提高，利用式学习对创新绩效的预测作用呈逐渐降低趋势。由图8.3可知，知识异质性水平较低（M-1SD）的被试，探索式学习对创新绩效具有显著的正向预测作用；而对知识异质性水平较高（M+1SD）的被试，探索式学习虽然也会对创新绩效产生正向预测作用，但其预测作用较小，表明随着入驻企业知识异质性水平的提高，探索式学习对其创新绩效的预测作用呈逐渐降低趋势，与假设H8-4b提出的观点相反。

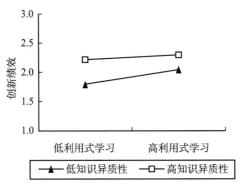

图8.2 简单斜率分析（利用式学习）

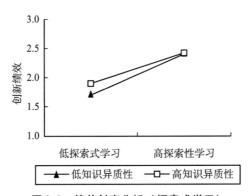

图8.3 简单斜率分析（探索式学习）

本章基于235份样本数据对文章所构建的网络关系嵌入影响入孵企业创新绩效的模型进行了假设检验，结果如表8.14所示，除了假设H8-4b之外，其他假设都得到了验证。研究表明，关系嵌入对创新绩效具有正向的影响作用，利用式学习和探索式学习在关系嵌入到创新绩效的影响中起部分中介作用，知识异质性负向调节了组织学习对创新绩效的影响。

表 8.14   假设验证结论汇总

序号	假设内容	研究结果
H8 - 1	关系嵌入对入孵企业创新绩效具有显著的正向影响	支持
H8 - 2a	关系嵌入对利用式学习具有显著的正向影响	支持
H8 - 2b	利用式学习对入孵企业创新绩效具有显著的正向影响	支持
H8 - 2c	利用式学习在关系嵌入与入孵企业创新绩效间起中介作用	支持
H8 - 3a	关系嵌入对探索式学习具有显著的正向影响	支持
H8 - 3b	探索式学习对入孵企业创新绩效具有显著的正向影响	支持
H8 - 3c	探索式学习在关系嵌入与入孵企业创新绩效间起中介作用	支持
H8 - 4a	知识异质性负向调节了利用式学习对创新绩效的影响，知识异质性越高，利用式学习对创新绩效的正向作用减弱	支持
H8 - 4b	知识异质性正向调节了探索式学习对创新绩效的影响，知识异质性越高，探索式学习对创新绩效的正向作用增强	不支持

8.4 结论与贡献

8.4.1 研究结论

关系嵌入对在孵企业创新绩效的研究是一个非常有益的主题，在孵化器不断涌现的今天，在孵企业在不同特征的孵化器中采取的学习方式对在孵企业的成长与创新具有重要影响。本研究聚焦于关系嵌入对在孵企业创新绩效的影响，在系统查阅了关系嵌入、知识异质性、组织学习以及创新绩效相关文献的基础上，采用问卷调查、数据分析等研究方法，通过对 235 份企业调查问卷数据的分析，检验了关系嵌入对在孵企业创新绩效的关系，以及组织学习的中介作用和知识异质性和调节作用。

（1）关系嵌入与在孵企业创新绩效显著正相关。本研究通过实证研究呼应了杜健（2011）的研究结果，即网络嵌入对创新绩效具有关键性的正向影响（杜健等，2011），与林（Ling，2015）、邦氏肯（Bouncken，2016）、沙彦和艾里（Shayan & Ali，2018）、哈金斯（Huggins，2016）研究所得结果一致。戴维奇（2011）研究证实了网络嵌入、公司创业与企业绩效之间的关系，在传统产业集群背景下将网络嵌入的两个维度关系嵌入和结构嵌入进行结合，探索了网络关系嵌入转化为绩效的中间过程和内在机制，本研究则进一步探讨了关系嵌入对在孵企业创新绩效的关系以及内在机制，是对既有研究的补充。当新创企业嵌入孵化网络中时，可以直接利用空间内部的知识、技术资源以弥补自身资源以及创业经验不足的缺陷，并且在孵企业可以得到众创空间诸如工商代办、创业培训等方面的支持，有助于在孵企业提升创新绩效。

（2）探索式学习在关系嵌入与创新绩效之间起中介作用。本研究进一步探讨了既有研究将组织学习作为中介变量的研究结果。在孵企业通过嵌入到孵化网络中，与不同的在孵企业进行沟通交流，进而拓宽在孵企业获取外部资源的渠道，增强了企业获取知识的丰裕程度。并且，由于众创空间等孵化器内部孵化的企业行业众多，能够提供非冗余的创新创业知识，当企业对这些来自不同行业的知识、资源或技术进行转化时，需要采用探索式学习，促使企业突破现有知识去搜寻和尝试新知识，有利于促进企业创新。例如，在猪八戒众创空间内部，乐湛科技公司本来专攻软件设计，在学习了空间内一些新媒体企业的经验后，将自身技术优势运用到新媒体中，打造了一个有关网络人气打榜的项目，极大地促进了企业的发展与壮大。

（3）利用式学习在关系嵌入与创新绩效之间起中介作用。窦红宾，王正斌（2011）探讨了利用式学习在网络关系对企业成长绩效影响中扮演完全中介的作用，本研究则进一步探讨了利用式学习对创新绩效的影响作用。与既有研究表明利用式学习不利于企业创新的结果不同，对于该结论的解释是：孵化器中存在行业相同或类似的企业，在孵企业通过模仿、观察其他在孵企业的技术和市场实践经验进行学习，并加强企业自身实践，进而促进自身的创新行为。并且，当在孵企业与孵化网络中的成员建立起信任合作关系时，可以直接进行资源获取与利用，降低信息搜寻的成本，从而更有利于集中精力进行企业的创新，因此，利用式学习在关系嵌入与创新绩效的关系中起中介作用。但是由于空间内部同类型企业较少，企业进行利用式学习的机会较少，由于空间内部存在较大的知识异质性，所以更多地采用利用式学习。

（4）知识异质性负向调节了利用式学习在关系嵌入与创新绩效之间的中介作用，知识异质性越高，利用式学习对创新绩效的影响作用越弱。奈斯塔德和保拉斯（Nijstad & Paulas，2003）研究证明了知识异质性会直接影响企业的创新能力，本研究则将知识性作为调节变量，探讨了知识异质性对关系嵌入与利用式学习的调节作用。由于在孵企业都是新创企业，本身资源较为匮乏，在知识异质性高的孵化器中，进行知识转化会花费大量的成本、时间和精力，不利于企业的成长与发展，更不利于企业集中精力创新。而在知识异质性较低的孵化期中，企业可以沿袭已有解决方案去解决新的问题，为企业开展利用式学习提供了便捷。例如，在浪尖众创空间内部，在孵的企业包含车辆设计类、化学药品试剂类以及导航仪设计类企业，这些企业行业差距较大，并且都是新创的企业，很难通过利用式学习获得空间内部其他企业的知识资源，也难以利用其他企业的知识来促进自身的创新。

（5）知识异质性在关系嵌入对探索式学习的作用中的调节作用没有得到验证，实证结果表明知识异质性负向调节了探索式学习对创新绩效的影响。这一实证结果与大多数的研究结论不一致，但呼应了梁海山等（2019）关于知识异质性对创新会产生负面影响的结论。本研究仔细分析后认为，这可能是由于研究对象的孵化情景以及入驻企业为初创企业的特征决定的：首先，被调研的对象中，大多企业处于创建初期，技术逻辑导向下的新创企业战略目标是识别创业机会（李宏贵等，2017），培养自身感知与识别技术机会开发的能力，所以，当知识异质性较低时，空间内可以提供技术创新所需的知识、技术，但异质性太高时，则不能提供企业所需知识与资源；其次，知识异质性太高时，表明在孵企业之间行业差距较大，知识距离较大，难以形成知识互补效应；再次，在孵企业大多是成立 3 年以下的新创企业，面临的经营风险更大（黄宏斌等，2016），该时期创新活动往往举步维艰（王小燕等，2019），此时采取探索式学习风险更大；最后，在调查中发现，众创空间的行业差距太大时，容易导致不同行业之间抱团取暖，从而形成不同的"火山头"，行业差距较大的不同行业之间基本不会有太多的沟通与交流。浪尖以及腾讯众创空间的在孵企业都表明，由于空间内部行业差距较大，企业之间难以开展探索式学习，因为行业差距大，进行知识转换的成本太大，这对处于初创期的企业而言，无疑是一种挑战。

总体而言，基于对重庆市在孵企业的研究，发现新创企业嵌入孵化网络有利于自身创新绩效的提升。具体而言，在孵企业的关系嵌入可以通过探索式学习和利用式学习行为对自身的创新绩效产生作用，并且探索式学习的中介作用强于利用式学习。此外，众创空间等孵化器自身的特征会影响在孵企业的组织学习行为对其创新绩效的影响，知识异质性负向调节的组织学习对在孵企业创新绩效的影响，当孵化网络中的知识异质性较高时，处于初创期的在孵企业若开展组织学习，不仅不利于自身创新绩效的提高，还会提升经营成本。

8.4.2 理论贡献

本研究丰富了嵌入理论以及创业领域的相关研究，揭示了入孵企业嵌入孵化网络促进自身创新绩效的作用机制。

（1）基于孵化情景的具体实践，验证了孵化网络关系嵌入与创新绩效的关系，并揭示了其作用机制。为理解关系嵌入对创新绩效的影响机制提供了文献支撑，打开了关系嵌入对创新绩效影响过程的"黑箱"，探索式学习和利用式学习在关系嵌入对创新绩效的影响过程中起中介作用，不仅拓展和完善了创新创业领域关于社会资本、组织学习等理论的研究成果，也为其入孵化情境下的运用提供了新的实证依据。

（2）本研究深入探讨了关系嵌入对创新绩效的影响，并证实了知识异质性的调节作用。先前关于网络关系的嵌入分为结构嵌入和关系嵌入，本研究率先从孵化情景下提出并验证了关系嵌入与入孵企业创新绩效的关系，丰富了网络关系的相关研究。并且，在全民创新大环境下，嵌入于外部网络以获取自身成长以及创新所需资源显得尤为重要，以往研究虽有探讨网络关系对企业创新的影响，但是未探讨网络特征对作用机制的影响，本研究证实了孵化网络知识异质性的调节作用，研究表明知识异质性对组织学习行为和创新绩效具有负向的调节作用，对于我们理解关系网络特征具有促进作用。

8.4.3 管理启示

本研究对关系嵌入与企业创新能力之间具体作用机制的探讨，表明了关系嵌入、组织学习、知识异质性三者对促进企业创新绩效具有重要意义，据此得出以下管理启示：

（1）新创企业应当积极嵌入到孵化网络中。本研究指出关系嵌入能显著提升企业创新绩效，所以在孵企业可以积极入驻众创空间等孵化器，并与孵化网络中的成员形成积极的沟通与交流，充分利用孵化网络资源以促进自身的成长与创新。近年来，众创空间等孵化器的发展进一步释放了市场活力，释放互联网创业的活力，为新创企业提供服务供给，是新创企业的"摆渡人"，从众创空间生态系统的视角分析，它发挥着创业资源积聚（陈凤等，2015）、创意诞生、创新孵化与创业支撑等功能，因此，新创企业应当利用好这个"摆渡人"，突破自身由于合法性不足而难以获得资源和市场的困境。

（2）新创企业应当合理选择利用式学习行为和探索式学习行为。一个企业可以同时存在两个学习方式，利用式学习可以减轻新创企业的成本压力，在现有的经验中进步，可以提升企业创新的速度与规模，而探索式学习可以促使企业不断开发新的创新项目、技术或者服务，从而在市场上占据领先位置。当新创企业没有先前经验作为支撑，可以进行探索与冒险，实现自身产品或者服务的创新，但是如果新创企业具有足够的能力，并且只是想对现有产品或服务进行深化时，可以采取利用式学习模式。

（3）对于处于知识异质性太高的孵化空间内，进行组织学习会加大知识转化成本。在孵企业的创新绩效降低，充分证实了在孵企业在创业初期能力较弱、资源缺乏，此时若在空间内进行学习活动，会加大知识、技术的转化成本，让本就资源匮乏的在孵企业雪上加霜，因此不能将行业差距大的知识运用于自身的创新发展。因此，在孵企业嵌入孵化网络中之后，应当根据空间的特征以及自身的能力选择学习模式，当空间内部行业差距较大、企业之间知识距离较大时，企业适当采取探索式学习模式，此时更重要的是善于利用空间提供的资源支持和服务支持，如工商代办、教做生意等；当空间内部知识异质性不大时，可以更多地采用利用式学习模式，以较低的成本实现自身产品的更新。

（4）众创空间等孵化器在筛选入驻企业保证兼收并蓄的同时，应当尽量使空间内部行业差距不能太大，应当专注于专业孵化器的打造，以促进孵化网络中的生态网络。比如，不仅吸收工业设计的企业，也要吸纳工业制造的企业。众创空间的在孵企业数量众多、角色多元，创业资源与服务具有多样性，一方面，众创空间应当吸收不同行业不同类型具有不同创业背景的创业者入驻众创空间，另一方面，空间也应当保证内部生态圈的形成，例如猪八戒众创空间内部较多的是文创类企业，腾讯众创空间内部吸收得更多的是科技新企业。

（5）在孵企业关系建构先是一种跨越专业边界的合作，鉴于不同在孵企业在制度、组织与文化等方面存在差异，以及不同组织成员在时间与精力上的有限，想要各在孵企业自觉以组织实体为依托显然难以进行制度建设，因此需要众创空间等孵化器作为桥梁，缓冲各企业的结构与文化冲突，方便在孵企业之

间开展学习交流进而促进创新。例如，猪八戒通过中服交易会、八八节一系列
活动，增加创业企业与外部市场的接触机会与联系，以促进资源流入，鼓励入
驻的新创企业与外部环境的互动，提高新创企业在外部市场的曝光度和认可
度。并且，在内部举行创业交流会实现猪八戒众创空间内部企业之间的沟通，
交换创业理念与管理理念，促进内部组织的交流与学习。

综上，本研究为在孵企业以及众创空间提供了一些建议。总体上来说，这
些建议将激发关系嵌入、组织学习以改善企业管理，进而促进企业创新绩效中
的作用。而这个过程，离不开孵化器的支持，更离不开孵化器的孵化网络。

第9章

入孵企业成长路径
——双重网络与双元拼凑视角

新创企业对创新和经济增长的重要性已得到充分证实。但绝大多数新创企业初创时由于资源不足（Zhang & Li，2010）、高度的市场不确定性（Elfring & Hulsink，2003）以及缺乏来自外部利益相关者的组织合法性等因素（Hager et al.，2004），普遍面临"新生弱性"（liability of newness）（Stinchcombe，1965）和"小而弱性"（liability of smallness）（Aldrich & Auster，1986）。根据资源依赖理论（RDT），企业靠自身挖掘无法获得所需的全部资源，必须与它所处的外部环境进行互动交流以获取外部资源（Hillman et al.，2009；Pfeffer & Salancik，2003；Shane & Cable，2002）。建立孵化组织，帮助新创企业克服双重约束与困境已经成为各个国家的共识（Ebbers & Stam，2019），近几年欧美国家如潮涌现的"创客空间"（maker space，MS）和我国的"众创空间"（crowd innovation space，CIS）就是这类支持新创企业发展的典型孵化平台。2018年，官方报告的全球创客空间数量为2 277个，未报告的数字更高，中国众创空间的数量发展尤为迅猛。根据国家火炬中心网站公布的数据，2018年，中国众创空间的数量接近5 000个，创客运动已被描述为"下一场工业革命的先兆"（Browder et al.，2019；Bergek & Norrman，2008）。创客和众创类的孵化平台采取各种策略帮助新创企业构建社会网络（Browder et al.，2019），获取合法性（Chen，2009）以及可以直接或间接调动的各类资源（Ferriani et al.，2012），从而改变了"新生弱性"和"小而弱性"的新创企业的成长环境。已有文献虽然零星提及了创客/众创运动，但几乎没有实证研究讨论孵育环境如何影响新创企业的成长机制，这使数量众多的孵育活动如何影响创业成长的解释留下了空白。

进一步调研发现，中国众创空间孵育情境中的新创企业嵌入了双重社会网络关系中，一种是入驻企业自身基于其业务关系构建的爱尔德里奇（Aldrich，1991）所指的与供应商、客户、同行竞争对手等的商业网络关系；另一种是众创空间基于自身责任和平台优势，帮助新创企业构建的依靠新创企业自身力量无法建立的，与政府监管行政等部门以及银行、金融机构、行业协会、研究所与学校等机构和人员的网络关系。后一类网络关系中，除了罗和陈（Luo & Chen，1997）与彭（Peng，1997）所称的政府监管、行政部门等政治网络关系外，还包括金融机构、协会/商会、管理/技术咨询机构、高校和研究院等机构及相关人员，这些机构及其人员承担着为新创企业发展提供支持的任务，本研究将其统称为支持性网络关系。基于平台优势和以上网络关系，众创/创客平台具有勃劳德和爱尔德里奇（Browder & Aldrich，2019）所描述的专业知识创造和共享等核心特征，为多样化的入驻者提供了共享空间（包括虚拟空间、物理空间、专业化制造设施）、创业运营资金、优质劳动力、专业化技能（Han et al.，2017）以及制度支持（张颖颖等，2017）等多样化的信息和资源，支持入驻者在共享空间中利用技术、技能、社会和知识资源等开展创业活动。并且，在此过程中促进入驻者之间形成高水平的社会交流和协作，发展专业技能、设计、网络和社区（Browder et al.，2019；Bergek & Norrman，2008）。处于众创空间多样化的网络关系中，以及自身资源不丰裕情景下的新创企业，开始从资源寻求转为通过网络关系进行资源拼凑，并存在着贝克和纳尔逊（Baker & Nelson）所发现的两类拼凑行为：在多个项目、多个领域同时进行的持续性、重复性的"并行型拼凑"，以及在个别项目、个别领域开展的不连续的"选择型拼凑"（Baker & Nelson，2005）。根据资源拼凑理论、资源编排理论等资源理论的最新研究结论，网络和资源是否能真正转变为企业的成长，取决于其是否促发了企业对资源的有效"利用"，即是否促使自身资源不足的新创企业开展"资源拼凑"活动，以创造、抓住和实现创业机会。因此，孵化情景下的新创企业成长机制可以进一步明确为"双重网络－双元拼凑－新创企业成长"的关系。

回顾已有文献，学者们较多关注企业社会网络的结构特征（规模、密度和中心性）以及关系特征（强度）对企业绩效的影响，少有学者关注不同社会网络类型对企业成长的作用。然而，不同类型的网络关系意味着不同类型的资源渠道，为企业提供不同机会组合和可以进行重构的资源，以实现新的效用

（Chang & Webster，2019），因此，这被视为一个更为关键的网络特征。在大量的关于社会网络与企业绩效的研究中，也有少量文献讨论了不同网络与企业绩效的关系。学者们指出，尽管人们很容易把中国管理者视为建立管理关系的积极参与者，但中国组织的多样性表明，并非所有关系都对企业有利（Peng & Luo，2000）。现有文献分别讨论了在位企业（Peng & Luo，2000）、上市公司（Wu et al.，2013）、海归创业企业（彭伟等，2018）、集群企业（倪渊，2019；戴维奇等，2011）、高科技企业（刘鑫和蒋春燕，2016）以及一般情景下新创企业（Li et al.，2014）的商业网络、政治网络对其成长的作用。总体而言，面对外部的高度不确定性，不同网络关系对于企业成长的作用与情景高度相关。

与此同时，贝克和纳尔逊通过田野研究发现，资源匮乏环境下，新创企业的选择性拼凑对企业成长具有促进作用，而并行拼凑则无助于企业成长（Baker & Nelson，2005），我国学者通过案例研究和实证研究支持了这一结论（王扬眉等，2019；于晓宇等，2017；李晓翔和霍国庆，2015）。进一步分析以上各项研究中的企业所处的环境特点，本研究发现贝克与纳尔逊（Baker & Nelson，2005）研究中新创企业并行拼凑对其成长没有提升是由于其嵌入了闭锁的、贫乏的社区商业网络所导致的，这样的网络以及由此形成的封闭和强化的社区活动，将他们与更丰富的、高质量的市场和拥有专业化资源的网络隔离开来，从而阻碍了这些新创企业的成长和发展；同样，家族企业在跨国创业中（王扬眉等，2019）也具有较弱的社会资本支持的环境特征。但众创/创客空间这类新创企业孵化平台，不仅帮助新创企业嵌入了一种更丰富的网络，而且如勃劳德与爱尔德里奇（Browder & Aldrich，2019）所描述的那样，平台提供的物质、人力、技能以及制度等资源具有多样化和专业化的特征，并由此促进了网络社区的开放、共享和知识创造。可见，勃劳德与爱尔德里奇（Browder & Aldrich，2019）所描述的孵化情景下的新创企业，其网络与资源完全迥异于贝克与纳尔逊（Baker & Nelson，2005）描述的低端锁定的封闭网络与非专业资源，这样的网络关系激发的两类资源拼凑策略如何影响新创企业成长的机制尚未得到实证研究的关注。

综上，受孵情境下的商业网络关系与支持性网络关系是否以及如何通过两种拼凑策略影响新创企业成长，是一个尚待揭开的机制"黑箱"，还需通过实证加以探索。数量众多的众创空间的孵化实践如何进一步优化，也尚待实证结果的指导。基于现有研究越来越注重情境化的趋势，本研究整合社会资本理论与资源拼凑理论，构建了"双重网络嵌入 – 双元拼凑 – 新创企业成长"的概念框架模型，并以众创空间入驻企业为样本，对孵化平台的网络孵化、资源孵化活动的作用机制进行更精细的分析，以为孵化实践提供更细致的理论指导。本研究结果将从孵化情景视角丰富网络关系和资源拼凑作用的文献，并为众创空间的网络孵育机制提供整体解释框架。

9.1　理论基础与研究假设

9.1.1　双重网络关系对新创企业成长的影响

文献表明，网络关系所体现的社会资本尤其重要（Li et al.，2008）。环境不确定性越大，企业在进入交换关系时越有可能依赖外部关系（Pfeffer & Salancik，2003）。特别地，在制度支持薄弱、市场化制度尚未健全的转型经济中，嵌入管理关系中的社会资本可以弥补透明市场支持机制的缺乏从而对企业的成长提供支持（Luo，2003；Peng & Heath，1996）。众创空间内入驻企业嵌入了两类网络关系：商业网络关系和支持性网络关系。商业网络关系是入驻新创企业与供应商、客户、同行之间的关系。良好的商业网络关系有助于彼此之间的信任建立和对彼此的支持。与供应商之间的良好关系有助于企业获得高质量的原材料、好的服务以及及时的交付；与客户的良好关系可以获得客户的忠诚度、可靠的支付从而促进销售；更重要的是，从供应商和客户处可获得市场信息和产品建议，有助于企业及时改进与更新产品（Yan & Chang，2018）；与同行竞争者的良好关系可以促进企业之间的合作以及最小化不确定性的私下协议。先前的研究表明，环境越不确定，与同行企业的非正式联系就越有可能被调动起来（Pfeffer & Salancik，2003）。同时，以上商业网络关系也是建立企业间关系的机会，并作为一种企业间关系的润滑剂降低了交易成本。

通过嵌入支持性网络关系，入驻企业可以获取合法性、实现技术转移、获取经营性资源。在市场经济体制不完善的背景下，政府官员在很大程度上控制着关键资源的分配和信息的流通（Li et al.，2009），企业通过与政府保持紧密联系，有利于获得关键信息、技术资源和融资优惠（刘鑫和蒋春燕，2016），同时，这种网络关系作为一种非正式的治理机制，能够弥补转型经济下知识产权保护制度不完善的缺口（Li，2001）；与金融机构间的关系作为一种非正式信用，弥补了缺乏可靠的历史运营成绩的不足，有助于企业获得资金支持（刘鑫和蒋春燕，2016）；高校、研究机构是专利技术与产品创新的源泉，新创企业与其建立关系为产品研发提供理论保障，通过技术转移和产业间的知识溢出降低自身的技术交易成本与信息搜寻费用（薛澜等，2019），以及共同开发新产品，减少自身投资研发设施的成本（Chang & Webster，2019）。

同时，不同类型的网络关系意味着不同类型的信息和资源渠道，对新创企业成长的作用显然有所差异。商业网络关系基于成员间商业往来形成，频繁的交往有利于信任和市场信息的获取。但商业网络关系间的各主体处于同一领域，组织类型较为相似，提供的更多是同质的商业信息（戴维奇等，2011）。同时，商业网络中的联结对象由于利益目标较为趋同，当激励机制不公平或（和）执法效率低时，越强的关系越有可能使入驻企业放松对商业伙伴的监督和控制，导致商业伙伴对入驻企业的机会主义行为增加（寿志钢等，2018）。再者，较强的商业网络关系伴随着新创企业更多的情感投入和承诺水平，虽然这有利于企业间合作大型项目的持续进行与深度交流（曾德明等，2015），但也可能因为嵌入过度而影响资源的有效获取和使用（杨震宁等，2013）。相对于以提供市场信息、营销渠道与声誉等市场资源为主的商业网络，支持性网络可以提供关键政策及制度信息（Li et al.，2014）、税收优惠、融资便利（刘鑫和蒋春燕，2016）、专利技术申请与取得等支持（Li et al.，2014；薛澜等，2019）。新创企业在初创时的合法性不足问题，他们有更强烈的意愿通过与政府等机构建立关系以克服新生弱性和小而弱性的双重约束，因而对外部网络关系特别是政治网络以及其他拥有行政资源的机构的依赖更大（Stinchcombe，1965；Pfeffer & Salancik，2003；Ray et al.，2013）。同时，支持性网络中的主体在组织结构、治理模式等方面差异较大（Guan & Liu，2016），存在功能互补和资源协调效应（薛澜等，2019）。这种差异和互补正是入驻企业获取异质性信息和新资源，从而更好地提升组织价值的重要通道。

综上，本研究提出以下假设：

H9-1a：商业网络关系对新创企业成长具有正向影响。

H9-1b：支持性网络关系对新创企业成长具有正向影响。

H9-1c：支持性网络关系对新创企业成长的正向影响效应大于商业网络关系对新创企业成长的正向影响效应。

9.1.2 双重网络关系对新创企业双元拼凑的影响

不少研究证实了社会网络对新创企业拼凑行为的重要影响，认为关系网络是创业者获得拼凑资源的重要渠道，也是拼凑行为的触发器。贝克与纳尔逊（Baker & Nelson）的研究表明，社会网络关系确实能够促进资源拼凑行为（Baker & Nelson，2005），梅尔和玛蒂（Mair & Marti，2009）、德萨和巴苏（Desa & Basu，2013）、王海花等（2019）、黄艳等（2017）的研究也支持了这一观点。而不同网络关系的信息和资源，影响着创业者的机会发现和对资源用途的理解，进而对拼凑行为的影响也会不同。

通过与供应商、客户及同行企业的非正式商业网络关系，入驻企业可以获得更多的市场、技术、生产运作（Wiklund & Shepherd，2010）等机会和信息；供应商、客户和同行由于组织类型和利益诉求趋同带来的同质性资源和信息降低了企业发现现有市场领域以外机会的可能，因此更易促发企业对资源有选择性地在现有机会的重点领域整合使用，即商业网络关系更容易激发新创企业的选择性拼凑行为。同时，入驻企业与商业网络关系之间的紧密关系可以带来更多的互动和信任，从而增强彼此间进行资源交换和分享的意愿，促进知识信息交流与共享行为（奚雷等，2017）。并且，这种互动也有帮助企业发现新的商业机会和项目资源的可能，从而促发企业开拓对多个新商业机会的拼凑行为，即激发了新创企业的并行拼凑行为。

政府、行业协会/商会、金融机构、高校、研究机构等支持性网络关系的主体之间差别较大，其组织结构和利益诉求更具差异性。支持性网络关系强度越强，越有利于促进信息交流，并增强政府部门及相关机构对入驻企业的了解和信心，越有助于入驻企业获取更多异质性信息和新的资源组合（戴维奇等，2011），从而更有可能为企业提供新的市场机会和项目基础。因此，支持性网络关系更易激发入驻企业的并行拼凑行为。同时，支持性网络关系加深了入驻企业对市场和资源的理解能力，以及对技术标准的把握能力，从而促进企业对现有市场和项目进行纵向深入的有针对性的资源投入，更恰当地匹配获得的资源与市场战略任务，从而达到准确高效的拼凑结果。因此支持性网络关系也在一定程度上促进了选择性拼凑行为的发生。综上，本研究提出以下假设：

H9－2a：商业网络关系对新创企业并行拼凑具有正向影响。

H9－2b：商业网络关系对新创企业选择性拼凑具有正向影响。

H9－2c：支持性网络关系对新创企业并行拼凑具有正向影响。

H9－2d：支持性网络关系对新创企业选择性拼凑具有正向影响。

H9－2e：商业网络关系对选择性拼凑的正向影响效应大于对并行拼凑的正向影响效应；支持性网络关系对并行拼凑的正向影响效应大于对选择性拼凑的正向影响效应。

9.1.3 双元拼凑对新创企业成长的影响

创业拼凑是企业利用手头资源立即开展的有目的资源重组行动（Baker & Nelson，2005），是企业在资源约束与环境不确定性下成功开展创业活动的战略行为。从资源动员理论视角看，创业拼凑是与资源优化相对的资源调度方式（Desa & Basu，2013；Baker et al.，2003）；从行为视角分析，创业拼凑是对资源约束的回应行为（Senyard et al.，2009；2010）；从能力视角分析，创业拼凑是一种独特的、能产生竞争优势的能力（Salunke et al.，2013）。贝克和纳尔逊基于不同的拼凑频率和范围，将企业的拼凑行为分为两种：一种是并行拼凑，即在多个项目、多个领域同时并行的持续性、重复性的拼凑；另一种是选择性拼凑，即在个别项目、个别领域开展的不连续的、有选择性地拼凑（Baker & Nelson，2005）。

并行型拼凑是机会导向型的策略，企业同时尝试多种可能性，采取多种拼凑避免机会错失，并通过拼凑使企业在学习、试错中调整行为和方向（Baker & Nelson，2005；Senyard et al.，2014；Welter et al.，2016）。众创空间及其网络关系提供的可得资源，可能促发入驻企业为手头资源寻找基于能够实现的、合适的结果（Sarasvathy，2001）的拼凑活动，即基于"效果逻辑"的拼凑，从而带来新的市场和成长机会。同时，众创空间提供的创业导师、平台成员之间的内部网络以及网络中频繁的正式、非正式沟通带来的项目团队内的协作以及跨团队的知识经验交流（Salvador，2011），促发新创企业不断发现新的商业机会，从而开展基于"因果逻辑"的资源拼凑，即以机会为导向重新审视手头资源的用途，开展资源拼凑以满足新发现的机会目标的需求（Fisher，2012）。基于"因果逻辑"的拼凑减少了战略模糊性，在一定程度上降低了"试错"成本和"挫折"程度。再者，受孵情境下众创空间的"办公资源共享特征"，使得并行拼凑可以避免沈雅德（Senyard et al.，2014）所指出的过于重视收集储备"零碎的东西"、由不遵循工艺标准和规章制度，导致一定程度上有害于企业的标准化流程等问题；通过网络联结的高校和研究机构、创业导师和行业大咖及其创业培训，有助于入驻企业更好地理解工艺标准和流程，提高专业资质、标准化能力（张颖颖等，2017），从而在实施并行拼凑策略时，不再需要"花费大量时间和精力在学习、实验和制作的过程中"，也不必"依靠自学掌握现有工具、设备操作的基本原理及局限性"（Baker & Nelson，2005），避免了在陈旧过时的资源中为获得额外价值进行持续尝试。最后，与贝克和纳尔逊研究对象所处网络环境中的极度贫乏客户、低质量产品和服务不同，众创空间入驻企业相对高质量的网络带来高质量客户、新市场机会和利润机会，使新创企业在一定程度上避免陷入"认同强化和过度承诺效应，无法顾及更具成长潜力的项目"（Baker & Nelson，2005）的并行拼凑陷阱。因此，受孵情境下新创企业的并行拼凑，也能促进其成长。

与其他情境一样，选择性拼凑是问题导向型拼凑，企业基于对拼凑结果的初步预期，持续优化先前的拼凑方案（Baker & Nelson，2005；Senyard et al.，2014；Welter et al.，2016）。采取选择性拼凑的企业并不会在多个领域中持续不断地重复拼凑，而是更注重利用比较优势，认准并集中精力在对企业生存至关重要的领域进行拼凑活动（Senyard et al.，2014）。采用这种方式的企业会合理筛选项目并进行自我阻止，选择性地放弃部分机会，在更少的领域"从无到有"并创建更具独特性的服务来实现增长，减少了不必要的资源占用（机会成本），提高有限资源的利用效率（Baker & Nelson，2005；Fisher，2012）。此外，选择性拼凑的企业通过对潜在客户进行限制，将其服务导向更广阔的市场，从而获取到更多要求更高但利润更高的客户（Senyard et al.，2014）。因此，选择性拼凑也有助于新创企业成长。

综上，本研究提出以下假设：

H9 - 3a：并行性拼凑对新创企业成长具有正向影响。

H9 - 3b：选择性拼凑对新创企业成长具有正向影响。

9.1.4 双元拼凑的中介作用

前面的分析初步论述了众创空间入驻企业的双重网络关系通过影响并行拼凑和选择性拼凑进而促进自身成长的逻辑关系。商业网络关系通过提供关于市场、技术等同质性信息，提高了企业对现有市场和项目的深入理解；也可能提供新的市场机会，从而促发入驻企业开展选择性拼凑和并行性拼凑，进而对入驻企业成长产生积极影响。支持性网络提供更多异质性信息，以及物质与经济资源、政策支持、技术能力、专业技能以及制度资源等企业初期发展所需的各类资源，从而可能提供了更多的市场机会、项目基础以及实现市场机会的资源、技能、人力、制度支持；或者促发企业对现有市场的深刻理解和更精准地把握，从而促发企业并行拼凑和选择性拼凑进而促进入驻企业的成长。两类网络关系都可以促进新创企业的成长，但两类拼凑行为在两类网络关系影响众创空间入驻企业成长过程中发挥的中介效应存在一定的差异。

商业网络关系可以促进企业间产生特殊信任，加强企业间现有市场业务信息和知识技术的共享和交流（奚雷等，2017），促进同行间形成战略联盟，从而有利于入驻企业获得更多的业务市场信息或者专业知识。这些市场信息和专业知识帮助入驻企业加深对现有市场、产品的理解，并促发对技术和核心优势进行深度挖掘（张颖颖等，2017）的能力，从而促使企业将众创平台提供的丰富资源有选择性地用于现有机会的某些方面，以强化自己的核心能力和核心优势。即商业网络关系促发了选择性拼凑行为，强化企业核心竞争力，从而促进企业成长。当然，在某些情况下，新创企业也可能在商业网络关系交往中获得现有市场和业务之外的信息，从而发现既有市场机会之外的其他市场机会或者项目资源，从而促发企业利用平台资源开展并行拼凑，以实现新的市场机会。但总体而言，嵌入于商业网络的入驻企业更可能开展促进核心竞争力的选择性拼凑，聚焦于打造自己更有优势的方面。因此，在商业网络关系对众创空间入驻企业成长的影响过程中，选择性拼凑发挥的中介效应比并行拼凑更强。

　　支持性网络关系有助于入驻企业从政府机构、银行、行业协会、研究机构以及高校等获得现有市场业务之外的多样化资源、信息、知识技能，一方面，有助于新创企业加深对现有业务、产品、市场的理解，从而利用平台资源集中打造现有业务、产品、市场的优势领域；另一方面，支持性网络关系的各主体具有多样化的组织特征和利益追求，新创企业与其联系越密切，越容易关注到现有业务、产品、市场之外的新的机会，越有可能将商业网络和平台提供的各类资源用于把握这些新项目和新机会。因此，支持性网络关系可以同时促发新创企业开展选择性拼凑和并行拼凑。同时，支持性网络可以帮助入驻企业获得特殊政策支持和规制方面的帮助，提供获得关键发展资源的捷径甚至政府的独家支持和优惠待遇（彭伟等，2018），从而为开展并行拼凑以抓住新的机会实现企业成长提供了更多的可能。因此，在支持性网络关系影响众创空间入驻企业成长的过程中，并行拼凑发挥的中介作用强于选择性拼凑。

　　综上，本研究提出以下假设：

　　H9-4a：并行拼凑和选择性拼凑在商业网络关系对新创企业成长的影响中均具有中介作用，且选择性拼凑的中介作用强于并行拼凑。

　　H9-4b：并行拼凑和选择性拼凑在支持性网络关系对新创企业成长的影响中均具有中介效应，且并行拼凑的中介作用强于选择性拼凑。

　　本研究的理论研究模型如图9.1所示。

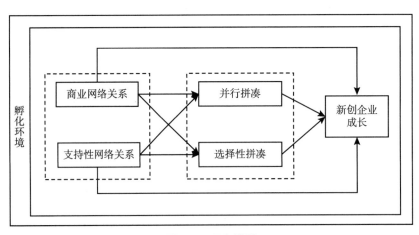

图9.1　研究模型

9.2　研　究　设　计

9.2.1　样本选取与数据收集

本研究设定样本条件如下：

（1）因全球创业观察报告（global entrepreneurship monitor，GEM）将新创企业定义为成立时间在 42 个月以内的企业（即 3.5 年），因此，本研究将目标企业的成立年限控制在 3.5 年以内。（2）入驻众创空间内的企业。由于众创空间于 2015 年以来才开始大规模发展，入驻其中的很多新创企业缺乏规范成熟的历史经营数据，因此，本研究采用问卷调查方法收集数据。

为了获得更准确的信息，本研究需要参与调研者为企业创始人、中层以上管理者或者较了解企业情况者。为此，本研究利用在科技局和孵化器工作的朋友以及研究者作为导师授课的机会，分别于重庆、北京和杭州举办的小微企业管理者培训专题会议、全国科技企业孵化器、众创空间负责人培训班上现场发放纸质问卷，先后共 7 个班发放问卷 437 份，回收问卷 372 份。在回收的 372 份问卷中，剔除回答不完整、存在明显问题及不符要求的问卷，获得有效问卷 289 份，有效回收率 66.1%。同时，本研究也利用问卷星平台并通过重庆市科技局和重庆市孵化器协会，向重庆市各大众创空间内入驻企业定向发放问卷，回收问卷 71 份，剔除回答不完整、存在明显问题及不符要求的问卷，获得有效问卷 37 份。两个时间段一共获得有效问卷 326 份。

9.2.2　变量测量

9.2.2.1　被解释变量：新创企业成长

本研究根据科尔曼和斯多克芒（Kollmann & Stockmann et al.，2014）的研究，采用市场份额的增长、销售额的增长和新员工人数的增长等成长性维度的指标衡量新创企业的成长绩效。本研究没有采用彭和罗（Peng & Luo，2000）的利润增长指标，是由于入驻的新创企业成立时间较短，一方面，其盈利状况尚不稳定，另一方面，受访企业对利润问题比较敏感，担心报告自己的利润增长会影响到企业获取政策帮扶等，设置利润增长指标容易导致受访者的抵触。为更好体现孵化情景，本研究将各题项描述稍做调整，分别为：入驻空间以来，公司的市场份额快速增长（NVG1）；入驻空间以来，公司的销售额快速增长（NVG2）；入驻空间以来，公司的新员工数量快速增长（NVG3）。以上题项采用李克特 5 点量表进行打分，1 代表"非常不同意"，5 代表"非常同意"。

9.2.2.2 解释变量：商业网络关系、支持性网络关系

网络关系的嵌入有关系嵌入和结构嵌入两个视角，前者关注关系的特征，分析的是二元关系的本质特点，如信任和关系的"好坏"等（Rowley et al.，2015）；后者关注的是关系结构的特征，如网络规模、网络密度和中心性等（Andersson et al.，2002）。对于成立年限不超过 3.5 年的新创企业而言，本研究更多关注其关系强度特征对其成长的影响，因而采用柯林斯和克拉克（Collins & Clark，2003）对网络关系强度的测量方法，来度量两类网络关系的嵌入状况，表征入驻企业与这些网络伙伴的联结程度。商业网络关系（business network，BN）测度入驻企业与主要供应商、主要客户、主要代理商/销售商、同行企业的关系数目（BN1）、接触的次数（BN2）、持续的时间（BN3）、亲密程度（BN4）；支持性网络关系（supportive network，SN）测度入驻企业与政府主管部门、金融机构、行业协会/商会、管理/技术咨询机构、大学/科研院所的关系数目（SN1）、接触的次数（SN2）、持续的时间（SN3）、亲密程度（SN4）。以上题目采用李克特 5 点量表进行打分，1 代表"很少""很短""很低""不亲密"，5 代表"很多""很长""很高""很亲密"。

9.2.2.3 中介变量：选择性拼凑、并行拼凑

目前我国学者大多采用（Senyard et al.，2014）的量表对资源拼凑进行测量，而这一测量仅着重于"拼凑"概念本身。本研究明确区分选择性拼凑（selective bricolage，SB）和并行拼凑（parallel bricolage，PB）两类拼凑行为，结合国内创业学者于晓宇等（于晓宇等，2017）的拼凑量表以及贝克和纳尔逊对两类拼凑策略的定义，本研究确定了选择性拼凑和并行拼凑的测量条目。然后对众创空间入驻企业开展访谈，根据他们对资源拼凑行为的描述和反馈优化了题项描述。最终确定了选择性拼凑和并行拼凑的测量题项。测量选择性拼凑的题项有四个：公司利用众创平台资源解决现有产品和市场的问题（SB1），公司利用众创平台资源优化现有产品和市场的问题（SB2），公司利用众创平台资

源提升现有产品或者市场的核心优势（*SB3*），公司使用众创平台资源提升现有产品或者市场的市场份额（*SB4*）。测量并行拼凑的题项也是四个：公司利用众创平台资源不断开发新产品或者新市场（*PB1*），公司将众创平台资源同时用于现有产品/市场以及新产品/市场（*PB2*），公司在多个项目中交叉使用众创平台资源（*PB3*）；公司在多个项目中同时使用众创平台资源（*PB4*）。以上题项都采用李克特 5 点量表进行打分，1 代表"非常不同意"，5 代表"非常同意"。

9.2.2.4　控制变量：企业成立年限、企业规模

参考以往研究对可能影响新创企业成长的其他因素进行控制。既有研究考虑了所有制属性、规模（Peng & Luo，2000）以及成立年限（戴维奇等，2011）等行业企业特征作为控制变量。新创企业在成立初期由于缺乏良好声誉，且规模小的企业往往缺乏实力以致网络关系中伙伴对其缺乏信任（尹苗苗和李秉泽，2017），因此，成立年限和规模是影响企业构建网络关系的重要因素。同时，鉴于众创空间入驻企业都是民营企业，因此，本研究只保留了企业规模、企业成立年限作为控制变量。对于新创企业，人员规模较小，本研究将企业人数规模按照"1～10 人、11～20 人、21～30 人、30 人以上"四个分段进行统计取值；对企业成立年限按照"1.5 年以下（含 1.5 年）、1.5～2.5 年（含 2.5 年）、2.5～3.5 年（含 3.5 年）"三个分段进行统计取值。

9.3　数据分析与实证结果

9.3.1　信效度检验与变量的描述性统计分析

为检验同源偏差对问卷的影响，本研究采用最常用的哈曼（Harman）单因素分析法进行共同方法偏差检验。运用 SPSS25.0 软件对所有观测变量进行探索性因子分析，被萃取出的 5 个因子累计方差解释率为 66.57%，首个因子只解释了各个变量所有题项 35.82% 的变异，占总解释变异的比例小于 40%，说明本研究的共同方法偏差在可接受的范围内。为确保问卷有足够的信度和效度，使用 AMOS21.0 对五个变量进行验证性因子分析，检验度量模型的构建效度。分析结果如表 9.1 所示，对各因子模型进行对比发现，五因子模型对数据

的拟合效果最好（$\chi^2/df = 2.029$，$RMSEA = 0.056$，$TLI = 0.937$，$CFI = 0.947$，$GFI = 0.915$，$NFI = 0.902$），表明这 5 个变量间具有较好的区分效度。

表 9.1   验证性因子分析模型对比

模型	所含因子	绝对拟合度			增值拟合度	
		χ^2/df	GFI	RMSEA	CFI	NFI
单因子模型	$BN + SN + SB + PB + NVG$	5.695	0.735	0.106	0.766	0.722
双因子模型 1	$BN + SN$、$SB + PB + NVG$	3.480	0.803	0.087	0.844	0.795
双因子模型 2	$BN + SN + SB + PB$、NVG	3.586	0.800	0.089	0.837	0.788
三因子模型	$BN + SN$、$SB + PB$、NVG	2.890	0.842	0.076	0.881	0.830
四因子模型 1	$BN + SN$、SB、PB、NVG	3.254	0.825	0.083	0.859	0.810
四因子模型 2	BN、SN、$SB + PB$、NVG	2.949	0.855	0.077	0.878	0.828
五因子模型	BN、SN、SB、PB、NVG	2.029	0.915	0.056	0.947	0.902

注：BN 为商业网络关系，SN 为支持性网络关系，PB 为并行拼凑，SB 为选择性拼凑，NVG 为新创企业成长。

运用 SPSS25.0 进行验证性因子分析来考察量表的收敛效度和判别效度。从表 9.2 可见，基于特征值大于 1 的旋转解显示，KMO 值均在 0.8 以上，球形值的显著性水平均在 0.001 以下，说明数据适合做因子分析。对各变量量表进行主成分因子分析各提取出一个成分，商业网络关系的因子载荷在 0.623 ~ 0.815，支持性网络关系的因子载荷在 0.726 ~ 0.847，并行拼凑的因子载荷在 0.634 ~ 0.752，新创企业成长的因子载荷在 0.804 ~ 0.866，选择性拼凑的因子载荷在 0.559 ~ 0.703，都大于标准值 0.5。各变量的 Cronbach's α 系数均大于标准值 0.7，问卷总 α 系数为 0.916，可见量表内部一致性较高。各变量的组合信度（CR 值）均大于标准值 0.7，因此仍可以认为选择性拼凑的组合信度良好。除选择性拼凑以外，各变量的 AVE 值均大于门槛值 0.5，表明各测量变量能较有效反应潜在变量。依据变量 AVE 值的平方根与相关系数进行区分效度检验，表 9.3 显示各变量 AVE 值的平方根均大于该变量与其他变量的相关系数，说明各变量间具有良好的区分效度。

表9.2   量表信效度检验

变量	KMO 和球形检验	Cronbach's α	CR	AVE 值
商业网络关系（*BN*）	0.852 ***	0.819	0.820	0.534
支持性网络关系（*SN*）	0.873 ***	0.888	0.889	0.659
并行拼凑（*PB*）	0.839 ***	0.759	0.761	0.516
选择性拼凑（*SB*）	0.817 ***	0.742	0.745	0.404
新创企业成长（*NVG*）	0.821 ***	0.797	0.799	0.512

注：$**p < 0.01$，$***p < 0.001$，下同。

表9.3   描述性统计与相关系数矩阵

变量	均值	标准差	1	2	3	4	5	6	7
1. 入驻企业成长	3.240	0.844	0.731						
2. 商业网络关系	3.265	0.835	0.811	0.455 **					
3. 支持性网络关系	2.966	0.968	0.566 **	0.562 **	0.630				
4. 并行拼凑	3.178	0.773	0.395 **	0.487 **	0.558 **	0.615			
5. 选择性拼凑	3.456	0.716	0.431 **	0.504 **	0.499 **	0.528 **	0.708		
6. 企业成立年限	2.782	1.267	0.288 **	0.175 **	0.313 **	0.202 **	0.167 **	1.000	
7. 企业规模	2.414	1.186	0.209 **	0.249 **	0.412 **	0.276 **	0.213 **	0.480 **	1.000

注：对角线为变量的 AVE 值平方根，下三角为变量间的皮尔森相关系数。

表9.3 为变量的描述性统计和相关性分析，包括均值、标准差和变量间相关系数。比较分析变量均值可见，新创企业商业网络关系的均值高于支持性网络关系（3.265 > 2.966），说明新创企业参与商业网络嵌入活动相对更多，参与支持性网络嵌入的活动相对较少。从变量间相关系数看，商业网络关系、支持性网络关系与新创企业成长显著正相关，与假设 H9 – 1a、H9 – 1b 预期相符。商业网络关系与并行拼凑、选择性拼凑均显著正相关，支持性网络关系与选择性拼凑、并行拼凑均显著正相关，与假设 H9 – 2a ~ H9 – 2d 预期相符。并行拼凑、选择性拼凑与新创企业成长显著正相关，与假设 H9 – 3a、H9 – 3b 预期相符，相关性分析初步支持了上述假设。

9.3.2　假设检验

为进一步探究研究假设及变量之间的因果关系，运用结构方程模型对研究假设构建两个模型，并采用 Amos21.0 软件进行检验。由于两个初始模型的适配度未达到理想水平，参考 Amos 报表提供的修正指标，模型进行修正后与样本数据适配良好。于是，输出修正模型的路径参数估计结果，见表9.4、表9.5。

表9.4 直接效应模型参数估计结果

假设	路径关系		标准化路径系数	S. E.	C. R.	P
H9-1a	新创企业成长←商业网络关系		0.107	0.036	3.322	***
H9-1b	新创企业成长←支持性网络关系		0.637	0.086	6.125	***

模型拟合度指标	χ^2/df	GFI	AGFI	RMSEA	RMR	NFI	TLI	IFI	CFI
实际值	2.235	0.953	0.922	0.062	0.041	0.953	0.963	0.973	0.973
评判标准	<3	>0.900	>0.900	<0.080	<0.050	>0.900	>0.900	>0.900	>0.900

表9.5 修正模型的路径参数估计结果

假设	路径关系	标准化路径系数	S. E.	C. R.	P
—	新创企业成长←商业网络关系	0.023	0.015	2.412	**
—	新创企业成长←支持性网络关系	0.364	0.091	3.502	***
H9-2a	并行拼凑←商业网络关系	0.132	0.047	2.714	**
H9-2b	选择性拼凑←商业网络关系	0.253	0.050	4.312	***
H9-2c	并行拼凑←支持性网络关系	0.578	0.085	5.583	***
H9-2d	选择性拼凑←支持性网络关系	0.503	0.079	5.187	***
H9-3a	新创企业成长←并行拼凑	0.214	0.112	2.040	**
H9-3b	新创企业成长←选择性拼凑	0.231	0.050	5.250	***

模型拟合度指标	χ^2/df	GFI	AGFI	RMSEA	RMR	NFI	TLI	IFI	CFI
实际值	2.029	0.915	0.887	0.056	0.046	0.902	0.937	0.948	0.947
评判标准	<3	>0.900	>0.900	<0.080	<0.050	>0.900	>0.900	>0.900	>0.900

9.3.2.1 双重网络关系对新创企业成长的直接影响

表9.4中路径回归系数的 CR 值均大于1.96，且在0.001的水平上显著，

路径系数验证了双重网络关系对新创企业成长的直接影响。商业网络关系对新创企业成长有显著正向影响（$\beta = 0.107$，$p < 0.001$），支持性网络关系对新创企业成长有显著正向影响（$\beta = 0.637$，$p < 0.001$），假设 H9-1a、H9-1b 得到支持，且支持性网络关系对新创企业成长的影响更强（0.637 > 0.107），假设 H9-1c 得到支持。

9.3.2.2 双重网络关系对新创企业成长的作用机制

表9.5 中各路径回归系数都达到显著性水平，因此可基于各路径的标准化路径系数检验两类网络关系通过不同的拼凑路径对新创企业成长的影响。结果显示：

（1）商业网络关系对并行拼凑有显著正向影响（$\beta = 0.132$，$p < 0.01$），对选择性拼凑有显著正向影响（$\beta = 0.253$，$p < 0.001$），假设 H9-2a、H9-2b 得到支持。

（2）支持性网络关系对并行拼凑（$\beta = 0.578$，$p < 0.001$）、选择性拼凑（$\beta = 0.503$，$p < 0.001$）均有显著正向影响，假设 H9-2c、H9-2d 得到支持。

（3）相比于商业网络关系对并行拼凑的影响，商业网络关系对选择性拼凑的正向影响更大（0.253 > 0.132），相比于支持性网络关系对选择性拼凑的影响，支持性网络关系对并行拼凑的正向影响更大（0.578 > 0.503），假设 H9-2e 得到支持。

（4）并行拼凑（$\beta = 0.214$，$p < 0.01$）、选择性拼凑（$\beta = 0.231$，$p < 0.001$）对新创企业绩效有显著正向影响，假设 H9-3a、H9-3b 得到支持。由以上结果可知两类拼凑行为在双重网络关系对新创企业成长的影响中均具有中介作用，假设 H9-4a、H9-4b 得到部分支持。商业网络关系不但对新创企业成长有直接促进作用，而且可以通过两种拼凑行为影响新创企业成长，支持性网络也是如此。但不同的是双元拼凑的中介效应有所差异。

商业网络关系对新创企业成长的直接效应为 0.087，通过并行拼凑、选择性拼凑起的间接效应分别为 0.028、0.059，因此对新创企业成长的总效应为 0.173。支持性网络关系对新创企业成长的直接效应为 0.364，通过并行拼凑、选择性拼凑起的间接效应分别为 0.124、0.116，因此对新创企业成长的总效应为 0.604。可以看出，在商业网络关系对新创企业成长的影响中，选择性拼凑的间接效应更强；在支持性网络关系对新创企业成长的影响中，选并行拼凑的间接效应更强，假设 H9-4a、H9-4b 得到支持。

9.3.2.3 基于 Bootstrapping 方法的中介效应检验

为了更好地对比两种拼凑行为的中介效应，也即检验假设 H9 – 4a、H9 – 4b 的后半部分，根据海耶斯的建议（Hayes，2009），本研究使用 Bootstrapping 方法估计中介效应的标准值和置信区间。经过 5 000 次放回抽样产生样本，置信区间为 95%，结果如表 9.6 所示。在商业网络关系（BN）对新创企业成长（NVG）的影响中，并行拼凑的间接效应为 0.139，置信区间为（0.084，0.210）；选择性拼凑（SB）的间接效应为 0.156，置信区间为（0.095，0.233），均不包含"0"。说明并行拼凑（PB）与选择性拼凑（SB）在商业网络关系（BN）与新创企业成长（NVG）的关系中具有部分中介作用，且选择性拼凑（SB）的作用更强（0.156 > 0.139），假设 H9 – 4a 的后半部分得到支持。在支持性网络关系（SN）对新创企业成长（NVG）的影响中，并行拼凑（PB）的间接效应为 0.129，置信区间为（0.073，0.204），选择性拼凑（SB）的间接效应为 0.114，置信区间为（0.065，0.177），均不包含"0"。说明并行拼凑（PB）与选择性拼凑（SB）在支持性网络关系（SN）与新创企业成长（NVG）的关系中具有部分中介作用，且并行拼凑（PB）的中介作用更强（0.129 > 0.114），假设 H9 – 4b 的后半部分得到支持。因此，假设 H9 – 4a、H9 – 4b 进一步得到支持。

表 9.6 　　　　　　　　　　Bootstrap 分析结果

效应分析	中介变量：并行拼凑			效应分析	中介变量：选择性拼凑		
	效应值	效应比重	95%置信区间		效应值	效应比重	95%置信区间
直接效应：$BN \rightarrow NVG$	0.291	67.21%	(0.188, 0.395)	直接效应：$BN \rightarrow NVG$	0.304	70.21%	(0.202, 0.406)
间接效应：$BN \rightarrow PB \rightarrow NVG$	0.139	32.10%	(0.084, 0.210)	间接效应：$BN \rightarrow SB \rightarrow NVG$	0.156	36.03%	(0.095, 0.233)
直接效应：$SN \rightarrow NVG$	0.332	72.02%	(0.245, 0.431)	直接效应：$SN \rightarrow NVG$	0.348	75.49%	(0.258, 0.438)
间接效应：$SN \rightarrow PB \rightarrow NVG$	0.129	27.98%	(0.073, 0.204)	间接效应：$SN \rightarrow SB \rightarrow NVG$	0.114	24.73%	(0.065, 0.177)

9.4　结论及讨论

9.4.1　主要结论及讨论

本研究探讨了自身资源贫乏但处于孵化情景中的新创企业的受孵成长机制，通过实证发现了孵化情景下新创企业（Browder et al.，2019）与处于低端闭锁的社区情景下新创企业（Baker & Nelson，2005）的成长机制的不同。本研究提供了关于孵化情景下网络 - 资源 - 成长这一机制的整体解释框架，从孵化和使能视角丰富了网络关系和资源拼凑的有关文献。具体而言，本研究有以下几方面的发现和贡献：

（1）入孵情景下，商业网络关系、支持性网络关系都能正向影响新创企业成长；而且，关系强度相对较低的支持性网络关系（平均强度 2.966）对新创企业成长的影响大于关系强度相对更强的商业网络关系（平均强度 3.265）。在本研究的研究中，支持性网络关系中的政府、税务、工商等部门，也即是以往学者所指的政治网络关系主体（Luo & Chen，1997；Peng，1997）。而金融机构、协会/商会、管理/技术咨询机构、高校和研究院等支持性机构，虽然不是行政部门，但在目前行政权力体制下，他们与新而弱的新创企业建立联系的行为更多是响应政策性号召、完成行政性任务的行为。并且，这些机构及其人员入孵化活动中享有对其技能、知识资源等的行政处置权。因此，从行政性的角度看，这些机构形成的网络关系也具有明显的政治网络关系特征。因此，本研究的发现进一步呼应了关于相对弱势的新创企业需要两类网络关系的结论，也支持了关于新创企业对政治网络关系更为依赖的结论（Wu et al.，2013；戴维奇等，2011）。本研究表明，对于面临双重约束的新创企业，在其最初的成长阶段，众创空间帮助企业构建的支持性网络关系比企业自身建立的商业性网络关系对其成长的作用更大，也更为重要，这不仅为众创空间开展网络构建孵育活动提供了作用机制解释，也丰富了孵化情景下网络与创业企业成长之间关系的文献。

（2）入孵情景下，选择性拼凑和并行拼凑都能显著促进新创企业成长。这一结论证明了本研究最初的假设，说明孵化情景带来的更开放、多样化和专业性的支持性网络关系，以及专业化、标准化、合规化的物质、技能、人力和制度资源，使企业能够避免在非专业化网络关系和非标准资源环境下施行并行拼凑的低端锁定，从而得到了与以往学者关于并行性拼凑无助于新创企业成长的结论不一致的发现，即入孵情景下，并行拼凑有助于新创企业成长。同时，选择性拼凑对新创企业成长的影响大于并行拼凑的作用。这说明虽然并行拼凑与选择性拼凑对新创企业成长的影响没有作用方向上的区别，但还是有作用程度上的不同，与以往研究中选择性拼凑更有助于新创企业成长的结论相符。

（3）选择性拼凑和并行拼凑在两类网络关系与新创企业成长关系间的中介作用效果有明显的差异，商业网络关系主要通过选择性拼凑对新创企业成长起作用，支持性网络关系主要通过并行拼凑对新创企业成长起作用。本研究认为这与企业从两种网络关系中获得的信息和资源的特点以及其促发的资源拼凑策略有关：从商业网络关系中获得的更多是针对现有产品和市场的信息，促进了入驻新创企业对既有产品和市场的认识，从而促使企业更倾向于采取提升现有产品和市场优势能力的选择性拼凑；而由于支持性网络关系主体更具多元化和异质性，企业与他们的联络越多，越能获得与新创企业现有产品和市场不同的信息和资源，使得企业关注到更多现有产品和市场之外的信息和资源，为企业将资源同时投入原有产品以及新机会提供了可能，促使入驻企业实施并行拼凑，从而获取新的市场机会，推动了新创企业的成长。两种拼凑中介作用效果的不同也验证了资源依赖理论的观点：企业所处环境对资源拼凑有重要影响；企业不仅依赖于不同网络关系获取不同的资源，而且决定这些资源被如何组合、重新诠释和创造性应用。同时，本结论进一步丰富了资源依赖理论适用的情境范围。

9.4.2 研究局限及展望

本研究在探究两类网络关系对新创企业的影响机理进而揭示众创空间网络化孵育机制的过程中，研究设计和实证分析存在以下不足：

（1）受客观条件限制，在具体操作上采用了横截面的研究设计来收集数据。以往研究表明，网络关系和拼凑行为与企业生命周期有一定关系，未来的研究可以采取跨时点的纵贯研究设计，以增强研究结论的细粒度和解释力。

（2）研究样本选择采用了便利抽样的方法，研究结论可能会受到抽样误差和测量误差的影响，未来的研究可以尽量采用随机抽样的调查方式。

（3）本研究对成长的测量采用管理者自陈式判断，可能受到受访人的主观因素影响，未来可以采用要求受访人报告行业增长率和自我增长率等方式，用以矫正自陈报告数据，以减小自陈式测量误差对研究结论的影响。

（4）在实证研究过程中，效度检验结果选择性拼凑的 AVE 值（0.404），未达到指标最佳阈值（0.500），修正模型中的拟合指标 AGFI 为 0.887，未达到但很接近阈值（0.900），模型与指标仍有进一步优化的空间，未来可针对指标设计与模型构建方面做进一步的完善。

参 考 文 献

［1］安同良，周绍东，皮建才．R&D 补贴对中国企业自主创新的激励效应 ［J］．经济研究，2009，44（10）：87－98，120.

［2］白俊红，江可申，李婧．中国区域创新系统创新效率综合评价及分析 ［J］．管理评论，2009，21（9）：3－9.

［3］卜令通，许亚楠，张嘉伟，等．2015—2020 年中国众创空间政策量化评价 ［J］．中国科技论坛，2021（7）：46－56.

［4］蔡铂，聂鸣．社会网络对产业集群技术创新的影响 ［J］．科学学与科学技术管理，2003（7）：57－60.

［5］蔡新蕾，高山行，杨燕．企业政治行为对原始性创新的影响研究——基于制度视角和资源依赖理论 ［J］．科学学研究，2013，31（2）：276－285.

［6］曾德明，何文鹏，文金艳．基于元分析的网络强度与企业创新关系研究 ［J］．管理学报，2015，12（1）：103－110.

［7］曾萍，邬绮虹．政府支持与企业创新：研究述评与未来展望 ［J］．研究与发展管理，2014，26（2）：98－109.

［8］陈灿平，李妍．从不完全契约路径融通知识产权保护与协同创新 ［J］．苏州大学学报（哲学社会科学版），2020，41（6）：66－73，199.

［9］陈国权，刘薇．企业环境对探索式学习、利用式学习及其平衡影响的实证研究 ［J］．中国软科学，2017（3）：99－109.

［10］陈婕．政府支持、企业 R&D 投入与技术创新绩效关系研究 ［J］．预测，2021，40（2）：40－46.

［11］陈柳钦．国内外关于产业集群技术创新环境研究综述 ［J］．贵州师范大学学报（社会科学版），2007（5）：6－15.

［12］陈守明．小企业网络——一种新型的企业组织形式 ［J］．管理现代化，2000（1）：30－31.

［13］陈夙，项丽瑶，俞荣建．众创空间创业生态系统：特征、结构、机制与策略——以杭州梦想小镇为例［J］．商业经济与管理，2015（11）：35－43.

［14］陈武．基于 CCR 模型的中国众创空间培育进程研究［J］．调研世界，2020（1）：51－57.

［15］陈修德，梁彤缨．中国高新技术产业研发效率及其影响因素——基于面板数据 SFPF 模型的实证研究［J］．科学学研究，2010，28（8）：1198－1205.

［16］陈一鸣，杜德斌，张建伟．区域创新环境与上海研发产业因果关联机制研究［J］．软科学，2011，25（8）：124－125，130.

［17］陈悦，刘则渊，陈劲，等．科学知识图谱的发展历程［J］．科学学研究，2008（3）：449－460.

［18］陈悦，王智琦．中国创新管理研究发展的驱动因素——基于文献计量分析［J］．创新与创业管理，2014（1）：93－107.

［19］陈战光，宛晴，冯家丛，武传德．政府补贴、知识产权保护与研发投入［J］．投资研究，2018，37（5）：57－71.

［20］陈章旺，柯玉珍，孙湘湘．我国众创空间产业政策评价与改进策略［J］．科技管理研究，2018，38（6）：18－24.

［21］陈子韬，孟凡蓉，王焕．政府支持对高技术产业创新效率影响研究［J］．科学学研究，2020，38（10）：1782－1790.

［22］成琼文，丁红乙．政府补贴强度对资源型企业实质性创新产出的影响［J］．科技进步与对策，2021，38（2）：85－94.

［23］程郁，崔静静．孵化器税收优惠政策的传导效应评估［J］．科研管理，2016，37（3）：101－109.

［24］崔静波，张学立，庄子银，程郁．企业出口与创新驱动——来自中关村企业自主创新数据的证据［J］．管理世界，2021，37（1）：76－87，6.

［25］崔兆财，张志新，李成．政府资助与企业创新：缓解匮缺还是滋长惰性？［J］．科研管理，2023，44（5）：140－148.

［26］戴淑芬，张亦楠，于婧．我国区域创新环境省际差异——基于面板数据的实证研究［J］．技术经济，2012，31（8）：12－18.

［27］戴万亮，杨皎平，李庆满．内部社会资本、二元学习与研发团队创造力［J］．科研管理，2019，40（1）：159－169.

[28] 戴维奇, 林巧, 魏江. 集群内外网络嵌入与公司创业——基于浙江省四个产业集群的实证研究 [J]. 科学学研究, 2011, 29 (4): 571 –581.

[29] 单标安, 蔡莉, 陈彪, 等. 中国情境下创业网络对创业学习的影响研究 [J]. 科学学研究, 2015, 33 (6): 899 –906, 14.

[30] 单鹏, 裴佳音. 众创空间绩效评价指标体系构建与实证 [J]. 统计与决策, 2018, 34 (20): 185 –188.

[31] 党国英, 刘朝阳, 罗明灿. 技术创新门限效应研究——基于知识产权保护与技术差异视角 [J]. 工业技术经济, 2016, 35 (4): 34 –42.

[32] 丁凯, 朱顺林. 政府 R&D 补贴对技术创新绩效的影响研究——基于我国高技术产业视角 [J]. 科技与经济, 2016, 29 (1): 37 –41.

[33] 窦红宾, 王正斌. 网络结构对企业成长绩效的影响研究——利用性学习、探索性学习的中介作用 [J]. 南开管理评论, 2011, 14 (3): 15 –25.

[34] 杜健, 姜雁斌, 郑素丽, 等. 网络嵌入性视角下基于知识的动态能力构建机制 [J]. 管理工程学报, 2011, 25 (4): 145 –151.

[35] 杜鹏程, 刘升阳. 促进型调节焦点对跨界行为的影响——基于工作重塑的视角 [J]. 华东经济管理, 2021, 35 (3): 111 –120.

[36] 杜璿, 邱国栋. 组织创新氛围对员工创新行为的影响——创新自我效能感和心理涉入的双重中介效应 [J]. 财经论丛, 2009 (4): 92 –103.

[37] 杜运周, 刘秋辰, 程建青. 什么样的营商环境生态产生城市高创业活跃度? ——基于制度组态的分析 [J]. 管理世界, 2020, 36 (9): 141 –155.

[38] 樊琦, 韩民春. 政府 R&D 补贴对国家及区域自主创新产出影响绩效研究——基于中国 28 个省域面板数据的实证分析 [J]. 管理工程学报, 2011, 25 (3): 183 –188.

[39] 范钧, 梁号天. 社区创新氛围与外向型知识共创: 内部人身份认知的中介作用 [J]. 科学学与科学技术管理, 2017, 38 (11): 71 –82.

[40] 范钧, 林东圣. 社区支持、知识心理所有权与外向型知识共创 [J]. 科研管理, 2020, 41 (7): 1 –10.

[41] 方琳瑜, 宋伟. 创新驱动战略下众创空间知识产权公共服务能力提升研究——以福建省为例 [J]. 科技管理研究, 2018, 38 (15): 194 –198.

[42] 费坚, 赵海涛. 众创空间视域下大学科技园创新发展的市场驱动力 [J]. 阅江学刊, 2015 (5): 99 –102.

［43］冯海红，曲婉，李铭禄．税收优惠政策有利于企业加大研发投入吗？
［J］．科学学研究，2015，33（5）：665－673.

［44］冯宗宪，王青，侯晓辉．政府投入、市场化程度与中国工业企业的技术创新效率［J］．数量经济技术经济研究，2011，28（4）：3－17，33.

［45］付群英，刘志迎．大众创新：内涵与运行模式［J］．科学学与科学技术管理，2016，37（2）：3－10.

［46］傅世侠，罗玲玲．建构科技团体创造力评估模型［M］．北京：北京大学出版社，2005.

［47］高菲，黄祎．供应链网络对公司创业的影响研究——组织学习的中介作用［J］．东北大学学报（社会科学版），2018，20（3）：255－261.

［48］高涓，乔桂明．创新创业财政引导政策绩效评价——基于地方众创空间的实证检验［J］．财经问题研究，2019（3）：75－82.

［49］葛宝山，王浩宇．资源整合、创业学习与创新研究［J］．南方经济，2017（3）：57－70.

［50］耿晔强，都帅帅．制度环境、技术创新与企业加成率——基于动态竞争视角的微观研究［J］．经济问题，2020（10）：62－71.

［51］顾远东，彭纪生．组织创新氛围对员工创新行为的影响：创新自我效能感的中介作用［J］．南开管理评论，2010，13（1）：30－41.

［52］顾远东，周文莉，彭纪生．组织创新支持感对员工创新行为的影响机制研究［J］．管理学报，2014，11（4）：548－554，609.

［53］关成华，邱英杰，袁祥飞．财政政策工具与中国科技企业孵化器效率［J］．财政研究，2018（12）：48－61.

［54］官建成，刘顺忠．区域创新机构对创新绩效影响的研究［J］．科学学研究，2003（2）：210－214.

［55］郭淑芬，张俊．中国31个省市科技创新效率及投入冗余比较［J］．科研管理，2018，39（4）：55－63.

［56］韩晨，高山行．政治战略、突破式创新与政府创新支持——技术能力和战略柔性的调节效应［J］．当代经济管理，2018，40（9）：18－23.

［57］何凌云，陶东杰．税收征管、制度环境与企业创新投入［J］．科研管理，2020，41（9）：42－50.

［58］何伟怡，王静，钟炜，孙春玲．"双高"压力情境下工程设计创新

行为研究——基于调节焦点理论 [J]. 科技管理研究, 2016, 36 (7): 224 - 228.

[59] 洪勇, 李英敏. 自主创新的政策传导机制研究 [J]. 科学学研究, 2012, 30 (3): 449 -457.

[60] 侯润秀, 官建成. 外商直接投资对我国区域创新能力的影响 [J]. 中国软科学, 2006 (5): 104 -111.

[61] 胡海青, 王兆群, 张琅. 孵化器控制力对创新孵化绩效的影响: 一个有调节的中介效应 [J]. 南开管理评论, 2017, 20 (6): 150 -162, 177.

[62] 胡海青, 张旲, 张宝建等. 网络交互模式与创业支持类型——基于中国孵化产业的实证分析 [J]. 科学学研究, 2012, 30 (2): 275 -283.

[63] 胡海青, 张颖颖, 王兆群, 等. 网络多元性对在孵企业孵化绩效作用机制研究——孵化器支持情境的调节作用 [J]. 科技进步与对策, 2018, 35 (15): 76 -82.

[64] 胡军燕, 钟玲, 修佳钰. 众创空间集聚对区域创新能力的影响 [J]. 统计与决策, 2022 (8): 174 -178.

[65] 胡明铭. 区域创新系统理论与建设研究综述 [J]. 外国经济与管理, 2004 (9): 45 -49.

[66] 胡望斌, 张玉利, 杨俊. 同质性还是异质性: 创业导向对技术创业团队与新企业绩效关系的调节作用研究 [J]. 管理世界, 2014 (6): 92 -109, 87 -88.

[67] 黄海艳. 非正式网络对个体创新行为的影响——社区支持感的调节作用 [J]. 科学学研究, 2014, 32 (4): 631 -638.

[68] 黄宏斌, 翟淑萍, 陈静楠. 企业生命周期、融资方式与融资约束——基于投资者情绪调节效应的研究 [J]. 金融研究, 2016 (7): 96 -112.

[69] 黄艳, 陶秋燕, 孟猛猛. 社会网络、资源拼凑与新创企业的创新绩效 [J]. 技术经济, 2017, 36 (10): 31 -37.

[70] 黄玉蓉, 郝云慧. 中国创客生态培育研究 [J]. 福建论坛 (人文社会科学版), 2016 (10): 123 -130.

[71] 黄钟仪, 向玥颖, 熊艾伦, 等. 双重网络, 双元拼凑与受孵新创企业成长: 基于众创空间入驻企业样本的实证研究 [J]. 管理评论, 2020, 32 (5): 125 -137.

[72] 黄钟仪，赵骓，许亚楠．众创空间创新产出影响因素的协同作用研究——基于31个省市众创空间数据的模糊集定性比较分析 [J]．科研管理，2020，41（5）：21－31.

[73] 霍生平，赵葳．众创空间创客团队断裂带对创新行为的影响：基于知识共享的中介跨层研究 [J]．科学学与科学技术管理，2019，40（4）：94－108.

[74] 吉生保，周小柯．基于三阶段 DEA 模型的中国高技术产业效率研究 [J]．中央财经大学学报，2010（12）：62－66，77.

[75] 纪祥裕，顾乃华．知识产权示范城市的设立会影响创新质量吗？ [J]．财经研究，2021（5）：49－63.

[76] 江静．公共政策对企业创新支持的绩效——基于直接补贴与税收优惠的比较分析 [J]．科研管理，2011，32（4）：1－8，50.

[77] 江庆勇．中等收入国家技术企业孵化的方法创新——基于全球经验的研究 [J]．经济与管理研究，2015，36（12）：82－89.

[78] 姜李丹，薛澜，梁正．技术创新网络强弱关系影响效应的差异化：研究综述与展望 [J]．科学学与科学技术管理，2020，41（5）：42－53.

[79] 姜骞，王丹，唐震．网络编配能力、价值平台与创新孵化绩效——定制化服务的调节效应 [J]．软科学，2019，33（2）：118－121，134.

[80] 姜诗尧．创业者"动机－能力"视角下迭代式创新机制研究 [J]．科学学研究，2020，38（9）：1698－1705.

[81] 解学芳，刘芹良．创新2.0时代众创空间的生态模式——国内外比较及启示 [J]．科学学研究，2018（4）：577－585.

[82] 靳光辉，王雷，马宁．政府补贴对企业研发投资的影响机制研究：高管创新努力视角 [J]．科研管理，2023，44（4）：47－55.

[83] 康志勇，刘馨．政府支持与市场竞争对企业创新绩效的交互影响 [J]．研究与发展管理，2020，32（6）：66－77.

[84] 康志勇．政府补贴促进了企业专利质量提升吗？ [J]．科学学研究，2018，36（1）：69－80.

[85] 孔淑红．税收优惠对科技创新促进作用的实证分析——基于省际面板数据的经验分析 [J]．科技进步与对策，2010，27（24）：32－36.

[86] 寇宗来，李三希，邵昱琛．强化知识产权保护与南北双赢 [J]．经济

研究, 2021, 56 (9): 56 - 72.

[87] 李柏洲, 王丹. 我国专利密集型产业动态效率测度及时空演化 [J]. 科学学研究, 2020, 38 (11): 1987 - 1997.

[88] 李勃昕, 韩先锋, 李宁. 知识产权保护是否影响了中国 OFDI 逆向创新溢出效应? [J]. 中国软科学, 2019 (3): 46 - 60.

[89] 李宏贵, 曹迎迎, 陈忠卫. 新创企业的生命周期、创新方式与关系网络 [J]. 外国经济与管理, 2017, 39 (8): 16 - 27.

[90] 李洪波, 史欢. 基于 DEA 方法的国内众创空间运行效率评价 [J]. 华东经济管理, 2019, 33 (12): 77 - 83.

[91] 李洪伟, 任娜, 陶敏, 等. 基于三阶段 DEA 的我国高新技术产业投入产出效率分析 [J]. 中国管理科学, 2012 (S1): 126 - 131.

[92] 李瞿, 吴和成, 朱晨. 中国众创空间创新创业效率损失来源研究——基于两阶段混联网络 DEA 模型与共同前沿理论 [J]. 科学学研究, 2023, 41 (7): 1259 - 1269.

[93] 李瞿, 吴和成. 中国众创空间内入孵企业创新创业效率及其提升路径研究——基于两阶段混联网络 DEA 与 fsQCA 方法 [J]. 研究与发展管理, 2022, 34 (3): 66 - 80.

[94] 李磊, 尚玉钒, 席酉民. 基于调节焦点理论的领导语言框架对下属创造力的影响研究 [J]. 科研管理, 2012, 33 (1): 127 - 137.

[95] 李梦雅, 严太华, 郝晨. 风险投资、创新产出质量与企业绩效——基于地区制度环境的调节作用 [J]. 科研管理, 2021, 42 (8): 168 - 175.

[96] 李名梁, 葛静. 众创问题研究: 现状、视角及展望 [J]. 职教论坛, 2016 (30): 30 - 34.

[97] 李荣, 王彦铭. 众创空间服务效率的多阶段测度 [J]. 科技管理研究, 2020, 40 (22): 78 - 84.

[98] 李蕊, 周平. 政府行为与自主创新: 基于供求视角的分析框架 [J]. 中国科技论坛, 2012 (3): 11 - 17.

[99] 李瑞军, 吴松. 众创空间视域下大学生创业教育的思考 [J]. 思想教育研究, 2015 (7): 82 - 85.

[100] 李万, 常静, 王敏杰, 等. 创新 3.0 与创新生态系统 [J]. 科学学研究, 2014, 32 (12): 1761 - 1770.

［101］李万君，李艳军，李婷婷，等．政府支持如何影响种子企业技术创新绩效？——基于政策、组织和市场异质性的分析［J］．中国农村经济，2019（9）：104－123.

［102］李伟，梅继霞．领导授权赋能对员工创新行为影响研究——一个有调节的中介模型［J］．软科学，2018，32（12）：75－79.

［103］李晓翔，霍国庆．资源匮乏、拼凑策略与中小企业产品创新关系研究［J］．商业经济与管理，2015，35（3）：41－55.

［104］李昕．网络嵌入、创新联盟选择与企业创新绩效研究［D］．沈阳：辽宁大学，2019.

［105］李雪灵，万妮娜．基于 Timmons 创业要素模型的创业经验作用研究［J］．管理世界，2009（8）：182－183.

［106］李燕萍，陈武，陈建安．创客导向型平台组织的生态网络要素及能力生成研究［J］．经济管理，2017，39（6）：101－115.

［107］李燕萍，陈武．中国众创空间研究现状与展望［J］．中国科技论坛，2017（5）：12－18，56.

［108］李燕萍，李洋．中美英三国创客空间发展的比较及启示［J］．贵州社会科学，2017（8）：82－88.

［109］李燕萍，秦书凝，陈武．众创平台管理者创业服务能力结构及其生成逻辑——基于创业需求—资源分析视角［J］．江苏大学学报（社会科学版），2017，19（6）：62－72.

［110］李颖，赵文红，周密．政府支持、创业导向对创业企业创新绩效的影响研究［J］．管理学报，2018，15（6）：847－855.

［111］李玉连．基于社会资本理论的产业集群可持续发展研究［J］．科学学与科学技术管理，2006（3）：104－108，137.

［112］李泽，何培旭，彭正龙．关键资源获取、新产品创造性、战略地位优势与新服务产品开发绩效［J］．科学学与科学技术管理，2017，38（7）：131－142.

［113］李左峰，张铭慎．政府科技项目投入对企业创新绩效的影响研究——来自我国 95 家创新型企业的证据［J］．中国软科学，2012（12）：123－132.

［114］连帅磊，刘庆奇，孙晓军，等．手机成瘾与大学生拖延行为的关

系：有调节的中介效应分析 [J]. 心理发展与教育，2018，34（5）：595-604.

[115] 梁海山，王海军. 异质性资源配置管理研究——基于开放式创新理论和模块化理论 [J]. 软科学，2019，33（6）：8-11.

[116] 梁萍平. 嵌入性和海归创业绩效的研究 [D]. 杭州：浙江工业大学，2012.

[117] 梁祺，张宏如. 新业态下孵化器社会资本对创新孵化绩效的影响机制研究 [J]. 软科学，2019，33（11）：29-34.

[118] 林春培，张振刚. 基于吸收能力的组织学习过程对渐进性创新与突破性创新的影响研究 [J]. 科研管理，2017，38（4）：38-45.

[119] 林高榜. 创新异质性与中国技术进步 [D]. 杭州：浙江大学，2012.

[120] 林菡馨. 制度对创新的影响研究 [D]. 厦门：厦门大学，2021.

[121] 林琳，陈万明. 创业导向、双元创业学习与新创企业绩效关系研究 [J]. 经济问题探索，2016（2）：63-70.

[122] 林妙昕，杨诗炜，陈修德，等. 广东省众创空间的发展政策及发展现状评价 [J]. 科技管理研究，2021，41（4）：32-42.

[123] 林青宁，毛世平. 自主创新与企业科技成果转化：补助亦或政策 [J]. 科学学研究，2023，41（1）：70-79.

[124] 林嵩，许健. 嵌入性与初创企业创新倾向：一个实证研究 [J]. 科技进步与对策，2018，35（1）：102-118.

[125] 林洲钰，林汉川，邓兴华. 政府补贴对企业专利产出的影响研究 [J]. 科学学研究，2015，33（6）：842-849.

[126] 刘春晓. 创新2.0时代：众创空间的现状、类型和模式 [J]. 互联网经济，2015（8）：38-43.

[127] 刘慧龙，吴联生. 制度环境、所有权性质与企业实际税率 [J]. 管理世界，2014（4）：42-52.

[128] 刘佳薇，徐光宜，郑淑洁. 众创空间塑造创新创业新生态 [J]. 中国经济报告，2015（9）：75-77.

[129] 刘钧霆，曲丽娜. 政府补贴、国际知识产权保护与企业创新——来自战略性新兴产业上市公司的证据 [J]. 商业研究，2020（3）：20-28.

[130] 刘亮，吴笙. 众创空间集群与区域产业结构转型升级 [J]. 科研管

理，2017，38（8）：19-26.

[131] 刘宁，胡海青．孵化网络多元性对在孵企业创业机会开发的影响研究——二元学习的中介作用 [J]．南方经济，2019（10）：47-60.

[132] 刘顺忠，官建成．区域创新系统创新绩效的评价 [J]．中国管理科学，2002（1）：76-79.

[133] 刘思明，侯鹏，赵彦云．知识产权保护与中国工业创新能力——来自省级大中型工业企业面板数据的实证研究 [J]．数量经济技术经济研究，2015，32（3）：40-57.

[134] 刘文博．基于社会网络理论的社会化媒体营销模式研究 [D]．济南：山东大学，2012.

[135] 刘筱寒，王栋晗，谷盟等．基于三阶段数据包络分析的国内众创空间创新效率研究 [J]．科技管理研究，2020，40（20）：64-74.

[136] 刘新民，孙向彦，吴士健．政府规制下众创空间创业生态系统发展的演化博弈分析 [J]．商业经济与管理，2019（4）：71-85.

[137] 刘鑫，蒋春燕．政治和商业网络关系与企业探索式创新：一个整合模型 [J]．经济管理，2016，38（8）：68-81.

[138] 刘洋．转型经济背景下后发企业启发式规则、研发网络边界拓展与创新追赶 [D]．杭州：浙江大学，2014.

[139] 刘友金，李洪铭，叶俊杰．基于聚类分析的区域创新能力差异研究 [J]．哈尔滨学院学报（社会科学），2001（2）：24-29.

[140] 刘云，石金涛．组织创新气氛与激励偏好对员工创新行为的交互效应研究 [J]．管理世界，2009，10：88-101，114，118.

[141] 刘志迎，孙星雨，徐毅．众创空间创客创新自我效能感与创新行为关系研究——创新支持为二阶段调节变量 [J]．科学学与科学技术管理，2017（8）：146-156.

[142] 刘志迎，武琳．众创空间：理论溯源与研究视角 [J]．科学学研究，2018，36（3）：569-576.

[143] 柳卸林，胡志坚．中国区域创新能力的分布与成因 [J]．科学学研究，2002（5）：550-556.

[144] 龙静，黄勋敬，余志杨．政府支持行为对中小企业创新绩效的影响——服务性中介机构的作用 [J]．科学学研究，2012，30（5）：782-788，

790 - 792.

[145] 龙静,刘海建.政府机构的权力运用方式对中小企业创新绩效的影响——基于企业与政府关系的视角 [J].科学学与科学技术管理,2012,33 (5):96 - 105.

[146] 龙小宁,易巍,林志帆.知识产权保护的价值有多大?——来自中国上市公司专利数据的经验证据 [J].金融研究,2018 (8):120 - 136.

[147] 卢纪华,陈丽莉,赵希男.社区支持感、组织承诺与知识型员工敬业度的关系研究 [J].科学学与科学技术管理,2013,34 (1):147 - 153.

[148] 罗登跃.三阶段 DEA 模型管理无效率估计注记 [J].统计研究, 2012,29 (4):104 - 107.

[149] 罗辉道,项保华.资源概念与分类研究 [J].科研管理,2005,26 (4):99 - 104.

[150] 罗瑾琏,张波,钟竞.认知风格与组织氛围感知交互作用下的员工创造力研究 [J].科学学与科学技术管理,2013,34 (2):144 - 151.

[151] 吕力,李倩,方竹青,等.众创、众创空间与创业过程 [J].科技创业月刊,2015,28 (10):14 - 15.

[152] 马晓芸,何红光.网络关系嵌入对中小企业技术创新绩效的影响——考虑知识获取的中介作用 [J].技术经济,2015,34 (7):15 - 19.

[153] 马迎霜,马君,张昊民.创新性工作要求与员工创造力:一个被调节的中介模型 [J].预测,2018,37 (1):8 - 14.

[154] 马永军,李毅凡.政府研发补贴、制度环境与战略性新兴产业创新绩效 [J].技术经济,2021,40 (8):1 - 8.

[155] 毛畅果.调节焦点理论:组织管理中的应用 [J].心理科学进展, 2017,25 (4):682 - 690.

[156] 毛大庆.中国众创空间行业发展蓝皮书 2016 [M].杭州:浙江人民出版社,2016.

[157] 毛其淋,许家云.政府补贴对企业新产品创新的影响——基于补贴强度适度区间的视角 [J].中国工业经济,2015 (6):94 - 107.

[158] 毛蕴诗,刘富先.双重网络嵌入、组织学习与企业升级 [J].东南大学学报 (哲学社会科学版),2019,21 (1):54 - 65,144.

[159] 孟佳佳.双元营销能力对企业绩效的影响研究 [D].大连:大连理

工大学, 2013.

[160] 倪渊. 核心企业网络能力与集群协同创新: 一个具有中介的双调节效应模型 [J]. 管理评论, 2019, 31 (12): 85 – 99.

[161] 聂岸羽. 财税政策对企业创新绩效影响的实证研究 [D]. 杭州: 浙江理工大学, 2012.

[162] 宁静, 徐凯. 企业孵化: 资源配置与社会支持网络 [J]. 科技进步与对策, 2004 (9): 87 – 89.

[163] 潘冬, 刘东皇, 张媛媛. 科技企业孵化器知识产权服务升级影响因素及优化建议 [J]. 科技进步与对策, 2019, 36 (9): 26 – 33.

[164] 彭伟, 金丹丹, 符正平. 双重网络嵌入、双元创业学习与海归创业企业成长关系研究 [J]. 管理评论, 2018, 30 (12): 63 – 75.

[165] 彭晓, 修宗峰, 刘然. 商帮文化、制度环境与企业社会责任信息披露——基于我国 A 股民营上市公司的经验证据 [J]. 中南大学学报 (社会科学版), 2020, 26 (5): 133 – 147.

[166] 彭莹莹, 房宏君, 汪昕宇. 创新还是模仿: 产业集群环境下的青年创业决策 [J]. 企业经济, 2021, 40 (5): 54 – 62.

[167] 齐蕾, 刘冰, 宋延政, 李钰菡. 服务导向高绩效工作系统对员工服务创新的影响 [J]. 管理科学, 2019, 32 (3): 16 – 27.

[168] 秦剑, 王迎军. 跨国公司在华突破性创新的关键资源研究 [J]. 科学学研究, 2010, 28 (8): 1273 – 1280.

[169] 冉爱晶, 周晓雪, 肖咪咪, 等. 我国中小企业组织创新氛围的架构和异质性研究 [J]. 科学学与科学技术管理, 2017, 38 (5): 72 – 84.

[170] 邵传林. 制度环境、财政补贴与企业创新绩效——基于中国工业企业微观数据的实证研究 [J]. 软科学, 2015, 29 (9): 34 – 37, 42.

[171] 沈嫣, 顾秋阳, 吴宝. 财税支持、融资获取与众创空间创新绩效——基于浙江的经验研究 [J]. 浙江学刊, 2021 (3): 117 – 124.

[172] 史宇鹏, 顾全林. 知识产权保护、异质性企业与创新: 来自中国制造业的证据 [J]. 金融研究, 2013 (8): 136 – 149.

[173] 寿志钢, 王进, 汪涛. 企业边界人员的私人关系与企业间机会主义行为——双刃剑效应的作用机制及其边界条件 [J]. 管理世界, 2018, 34 (4): 162 – 175.

[174] 宋刚, 唐蔷, 陈锐, 等. 复杂性科学视野下的科技创新 [J]. 科学对社会的影响, 2008 (2): 28 - 33, 3 - 5, 7.

[175] 宋华, 王岚. 企业间关系行为对创新柔性的影响研究 [J]. 科研管理, 2012, 33 (3): 1 - 10, 17.

[176] 宋砚秋, 齐永欣, 高婷, 等. 政府创新补贴、企业创新活力与创新绩效 [J]. 经济学家, 2021 (6): 111 - 120.

[177] 苏敬勤, 王鹤春. 企业资源分类框架的讨论与界定 [J]. 科学学与科学技术管理, 2010, 31 (2): 158 - 161.

[178] 苏中兴, 张雨婷, 曾湘泉. 组织创新战略如何转化为员工创新行为? ——以中关村 IT 行业为例 [J]. 中国人民大学学报, 2015, 29 (5): 102 - 112.

[179] 孙凯. 在孵企业社会资本对资源获取和技术创新绩效的影响 [J]. 中国软科学, 2011 (8): 165 - 177.

[180] 孙晓宁, 闫励, 张强. 科学知识图谱在学科可视化研究中的应用 [J]. 图书馆, 2014 (5): 87 - 91.

[181] 覃大嘉, 杨颖, 刘人怀, 等. 技能员工的创新、承诺与离职: 被中介的调节模型 [J]. 管理科学, 2018, 31 (2): 20 - 32.

[182] 谭力文, 丁靖坤. 21 世纪以来战略管理理论的前沿与演进——基于 SMJ (2001 - 2012) 文献的科学计量分析 [J]. 南开管理评论, 2014, 17 (2): 84 - 94, 106.

[183] 谭新雨, 刘帮成. 管理者企业家导向与知识型员工创造力——积极印象管理动机和专业度的双重视角 [J]. 科学学与科学技术管理, 2017, 38 (10): 158 - 169.

[184] 汤超颖, 商继美. 变革型领导对科研团队创造力作用的多重中介模型 [J]. 中国科技论坛, 2012 (7): 120 - 126.

[185] 唐源, 邵云飞, 陈一君. 跨界行为、知识整合能力对企业创新绩效的影响研究: 基于知识获取和资源损耗的作用 [J]. 预测, 2000, 39 (4): 31 - 37.

[186] 陶虎, 田金方, 郝书辰. 科技财政、创新活动与国有企业自主创新效率——基于治理制度视角的比较分析 [J]. 经济管理, 2013, 35 (11): 149 - 160.

[187] 陶蕾. 创客空间——创客运动下的图书馆新模式探索及规划研究 [J]. 现代情报, 2014, 34 (2): 52-57.

[188] 童馨乐, 杨璨, 王金民. 政府研发补贴与企业创新投入: 数量激励抑或质量导向? [J]. 宏观质量研究, 2022, 10 (1): 27-45.

[189] 王炳成, 王敏, 张士强. 实践出真知: 商业模式创新失败的影响研究 [J]. 研究与发展管理, 2019, 31 (4): 91-102.

[190] 王丛虎. 论我国政府采购促进自主创新 [J]. 科学学研究, 2006 (6): 967-970.

[191] 王端旭, 赵轶. 工作自主性、技能多样性与员工创造力: 基于个性特征的调节效应模型 [J]. 商业经济与管理, 2011 (10): 43-50.

[192] 王凤荣, 董法民. 地方政府竞争与中国的区域市场整合机制——中国式分权框架下的地区专业化研究 [J]. 山东大学学报 (哲学社会科学版), 2013 (3): 11-25.

[193] 王海成, 吕铁. 知识产权司法保护与企业创新——基于广东省知识产权案件"三审合一"的准自然试验 [J]. 管理世界, 2016 (10): 118-133.

[194] 王海花, 熊丽君, 李玉. 众创空间创业环境对新创企业绩效的影响 [J]. 科学学研究, 2020, 38 (4): 673-684.

[195] 王宏伟, 朱雪婷, 李平. 政府补贴对光伏产业创新的影响 [J]. 经济管理, 2022, 44 (2): 57-72.

[196] 王华. 更严厉的知识产权保护制度有利于技术创新吗? [J]. 经济研究, 2011, 46 (S2): 124-135.

[197] 王辉, 常阳. 组织创新氛围、工作动机对员工创新行为的影响 [J]. 管理科学, 2017 (3): 55-66.

[198] 王辉, 忻蓉, 徐淑英. 中国企业 CEO 的领导行为及对企业经营业绩的影响 [J]. 管理世界, 2006 (4): 87-96, 139.

[199] 王娟, 张喆, 杨妞. 调节焦点视角下工作压力对员工创造力的影响 [J]. 管理工程学报, 2000, 34 (2): 161-171.

[200] 王俊. R&D 补贴对企业 R&D 投入及创新产出影响的实证研究 [J]. 科学学研究, 2010, 28 (9): 1368-1374.

[201] 王莉, 袁胡艺欣, 李沁芳. 虚拟品牌社区中顾客的调节焦点对创新行为的影响机制研究 [J]. 科学学与科学技术管理, 2017, 38 (3): 83-94.

［202］王是业，武常岐．孵化支持会促进创业企业增加研发投入吗？——在孵企业研发人力资源的调节作用［J］．研究与发展管理，2017，29（2）：20－28．

［203］王小燕，张俊英，王醒男．金融科技、企业生命周期与技术创新——异质性特征、机制检验与政府监管绩效评估［J］．金融经济学研究，2019，34（5）：93－108．

［204］王兴元，朱强．众创空间支持对大学生创客团队创新绩效影响机制研究［J］．科技进步与对策，2018，35（14）：128－134．

［205］王扬眉，吴琪，罗景涛．家族企业跨国创业成长过程研究——资源拼凑视角的纵向单案例研究［J］．外国经济与管理，2019，41（6）：105－125．

［206］王寅，贾翠雪，张明明，等．如何实现区域创新生态系统高水平双元创新？——基于战略三角的组态分析［J/OL］．外国经济与管理．https：//doi. org/10. 16538/j. cnki. fem. 20230525. 402.

［207］王永贵，李霞．促进还是抑制：政府研发补助对企业绿色创新绩效的影响［J］．中国工业经济，2023（2）：131－149．

［208］王永贵，马双．虚拟品牌社区顾客互动的驱动因素及对顾客满意影响的实证研究［J］．管理学报，2013，10（9）：1375－1383．

［209］王永钦．政策性歧视、隐性税负与中小企业发展［J］．学习与探索，2009（4）：130－132．

［210］王佑镁，叶爱敏．从创客空间到众创空间：基于创新2.0的功能模型与服务路径［J］．电化教育研究，2015，36（11）：5－12．

［211］王钰，胡海青．知识产权保护对双元创新的影响研究——制度环境的调节效应［J/OL］．软科学．https：//kns. cnki. net/kcms/detail/51. 1268. G3. 20230410. 1613. 003. html.

［212］卫武，杨天飞，温兴琦．基于初创企业发展周期的众创空间服务与角色［J］．科学学研究，2021，39（9）：1720－1728．

［213］魏江，郑小勇．关系嵌入强度对企业技术创新绩效的影响机制研究——基于组织学习能力的中介性调节效应分析［J］．浙江大学学报（人文社会科学版），2010，40（6）：168－180．

［214］魏巍，彭纪生，华斌．政府创新支持与企业创新：制度理论和委托代理理论的整合［J］．重庆大学学报（社会科学版），2021，27（4）：231－

244.

[215] 吴超鹏, 唐菂. 知识产权保护执法力度、技术创新与企业绩效——来自中国上市公司的证据 [J]. 经济研究, 2016 (11): 125 – 139.

[216] 吴剑峰, 杨震宁. 政府补贴、两权分离与企业技术创新 [J]. 科研管理, 2014, 35 (12): 54 – 61.

[217] 吴伟伟, 张天一. 非研发补贴与研发补贴对新创企业创新产出的非对称影响研究 [J]. 管理世界, 2021, 37 (3): 137 – 160, 10.

[218] 吴先明, 黄春桃, 张亭. 后发国家研发投入的影响因素分析——知识产权保护的调节作用 [J]. 科学学研究, 2016, 34 (4): 503 – 511.

[219] 吴小节, 杨书燕, 汪秀琼. 资源依赖理论在组织管理研究中的应用现状评估——基于 111 种经济管理类学术期刊的文献计量分析 [J]. 管理学报, 2015, 12 (1): 61 – 71.

[220] 吴延兵. 中国式分权下的偏向性投资 [J]. 经济研究, 2017, 52 (6): 137 – 152.

[221] 吴岩. 创业团队的知识异质性对创业绩效的影响研究 [J]. 科研管理, 2014 (7): 84 – 90.

[222] 伍健, 田志龙, 龙晓枫, 等. 战略性新兴产业中政府补贴对企业创新的影响 [J]. 科学学研究, 2018, 36 (1): 158 – 166.

[223] 奚雷, 彭灿, 杨红. 资源拼凑对双元创新协同性的影响: 环境动态性的调节作用 [J]. 技术经济, 2017, 36 (4): 1 – 5.

[224] 夏立军, 方轶强. 政府控制、治理环境与公司价值——来自中国证券市场的经验证据 [J]. 经济研究, 2005 (5): 40 – 51.

[225] 项国鹏, 黄玮. 创业扶持方式与新创企业绩效的关系研究 [J]. 科学学研究, 2016, 34 (10): 1561 – 1568.

[226] 肖文, 林高榜. 政府支持、研发管理与技术创新效率——基于中国工业行业的实证分析 [J]. 管理世界, 2014 (4): 71 – 80.

[227] 肖兴志, 王伊攀. 政府补贴与企业社会资本投资决策——来自战略性新兴产业的经验证据 [J]. 中国工业经济, 2014 (9): 148 – 160.

[228] 肖振红, 李炎. 知识产权保护、R&D 投入与区域绿色创新绩效 [J]. 系统管理学报, 2022, 31 (2): 374 – 383.

[229] 谢光华, 郝颖, 靳姝菲. 风险投资对政府补贴的创新激励有效性的

影响研究 [J]. 管理学报, 2018, 15 (9): 1337 - 1346.

[230] 谢乔昕, 宋良荣. 中国式分权、经济影响力与研发投入 [J]. 科学学研究, 2015, 33 (12): 1797 - 1804.

[231] 熊维勤. 税收和补贴政策对 R&D 效率和规模的影响——理论与实证研究 [J]. 科学学研究, 2011, 29 (5): 698 - 706.

[232] 徐可, 于渼川, 陈卫东. 在孵企业创新驱动研究: 网络权力与关系承诺视角 [J]. 南开管理评论, 2019, 22 (5): 38 - 48.

[233] 徐蕾, 倪嘉君. 网络异质性如何提升创新绩效?——基于设计驱动型创新解析视角的实证研究 [J]. 科学学研究, 2019, 37 (7): 1334 - 1344.

[234] 徐莉, 胡文彪, 张正午. 基于区域创新能力的众创空间运行效率评价——以我国 30 省份的众创空间为例 [J]. 科技管理研究, 2019, 39 (17): 71 - 81.

[235] 徐思彦, 李正风. 公众参与创新的社会网络: 创客运动与创客空间 [J]. 科学学研究, 2014, 32 (12): 1789 - 1796.

[236] 许晖, 单宇. 打破资源束缚的魔咒: 新兴市场跨国企业机会识别与资源 "巧" 配策略选择 [J]. 管理世界, 2019, 35 (3): 127 - 141, 168, 207.

[237] 许亚楠, 黄钟仪, 王艺, 等. 中国众创空间运营效率评价及影响因素研究 [J]. 科技管理研究, 2020, 40 (4): 80 - 87.

[238] 许治, 蔡恩娣, 陈朝月. 孵化补贴提升了孵化服务吗?——基于广东省孵化器数据的实证研究 [J]. 科学学与科学技术管理, 2021, 42 (5): 20 - 31.

[239] 薛捷. 知识网络双重异质性对于科技型企业产品创新的影响研究 [J]. 中国科技论坛, 2015 (8): 28 - 34.

[240] 薛澜, 姜李丹, 黄颖, 等. 资源异质性、知识流动与产学研协同创新——以人工智能产业为例 [J]. 科学学研究, 2019, 37 (12): 2241 - 2251.

[241] 薛阳, 胡丽娜. 制度环境、政府补助和制造业企业创新积极性: 激励效应与异质性分析 [J]. 经济经纬, 2020, 37 (6): 88 - 96.

[242] 阎亮, 张治河. 组织创新氛围对员工创新行为的混合影响机制 [J]. 科研管理, 2017, 38 (9): 97 - 105.

[243] 杨隽萍, 唐鲁滨, 于晓宇. 创业网络、创业学习与新创企业成长 [J]. 管理评论, 2013, 25 (1): 24 - 33.

[244] 杨皖苏，曾媛，杨希. 创新主体差异性、知识资源获取与企业创新绩效 [J]. 郑州大学学报（哲学社会科学版），2019，52（5）：59－65.

[245] 杨向阳，刘备，陈凯华，等. 政府支持对 KIBS 企业创新活跃度的影响 [J]. 科学学与科学技术管理，2015，36（12）：13－23.

[246] 杨洋，魏江，罗来军. 谁在利用政府补贴进行创新？——所有制和要素市场扭曲的联合调节效应 [J]. 管理世界，2015（1）：75－86，98，188.

[247] 杨震宁，李东红，范黎波. 身陷"盘丝洞"：社会网络关系嵌入过度影响了创业过程吗？[J]. 管理世界，2013，243（12）：101－116.

[248] 杨震宁，李东红. 政府监管，鳗鱼效应与知识产权管理：企业创新绩效的提升 [J]. 中国管理科学，2010，18（6）：177－184.

[249] 姚铮. 开放式创新中企业资源禀赋对新产品开发绩效作用机理研究 [D]. 长沙：湖南大学，2016.

[250] 叶静怡，李晨乐，雷震，等. 专利申请提前公开制度、专利质量与技术知识传播 [J]. 世界经济，2012，35（8）：115－133.

[251] 易朝辉，罗志辉. 网络嵌入、技术能力与大学衍生企业绩效 [J]. 科研管理，2015，36（10）：94－103.

[252] 尹奎，孙健敏，陈乐妮. 差错管理氛围研究述评与展望 [J]. 外国经济与管理，2016，38（2）：76－88.

[253] 尹苗苗，李秉泽. 新企业市场导向对网络关系构建的影响研究 [J]. 科研管理，2017，38（8）：83－91.

[254] 尹润锋，朱颖俊. 绩效考核目标取向与员工创新行为：差错管理文化的中介作用 [J]. 科学学与科学技术管理，2013，34（2）：174－180.

[255] 尹志锋，叶静怡，黄阳华，等. 知识产权保护与企业创新：传导机制及其检验 [J]. 世界经济，2013，36（12）：111－129.

[256] 于晓宇，陈颖颖，蔺楠，等. 冗余资源、创业拼凑和企业绩效 [J]. 东南大学学报（哲学社会科学版），2017，19（4）：52－62.

[257] 余典范，王佳希. 政府补贴对不同生命周期企业创新的影响研究 [J]. 财经研究，2022，48（1）：19－33.

[258] 余义勇，杨忠. 团队领导跨界行为如何影响团队创造力？——基于知识整合和团队氛围的整合视角 [J]. 科学学与科学技术管理，2020，41（12）：129－144.

[259] 余泳泽. 创新要素集聚、政府支持与科技创新效率——基于省域数据的空间面板计量分析 [J]. 经济评论, 2011 (2): 93 - 101.

[260] 余长林, 王瑞芳. 发展中国家的知识产权保护与技术创新: 只是线性关系吗? [J]. 当代经济科学, 2009, 31 (3): 92 - 100, 127.

[261] 袁慧, 赵四化. 众创空间下地方高校双创系统运行效率分析与发展研究 [J]. 成都工业学院学报, 2018, 21 (4): 67 - 70.

[262] 张丹宁, 付小赟, 易平涛. 沈阳市众创空间产业集群发展路径研究——基于运营效率测度 [J]. 东北大学学报 (社会科学版), 2017, 19 (1): 34 - 40.

[263] 张峰, 黄玖立, 王睿. 政府管制、非正规部门与企业创新: 来自制造业的实证依据 [J]. 管理世界, 2016 (2): 95 - 111, 169.

[264] 张峰, 王睿. 政府管制与双元创新 [J]. 科学学研究, 2016, 34 (6): 938 - 950.

[265] 张恒俊, 杨皎平. 双重网络嵌入、学习空间与集群企业技术创新的实证研究 [J]. 研究与发展管理, 2015, 27 (1): 51 - 60.

[266] 张慧, 周小虎, 吴周玥. 政治赞助与空间资源禀赋如何塑造众创空间成果——来自江苏省 276 家苏青 C 空间的证据 [J]. 系统管理学报, 2021, 30 (5): 982 - 999.

[267] 张建宇. 企业探索性创新与开发性创新的资源基础及其匹配性研究 [J]. 管理评论, 2014, 26 (11): 88 - 98.

[268] 张杰, 陈志远, 杨连星, 等. 中国创新补贴政策的绩效评估: 理论与证据 [J]. 经济研究, 2015, 50 (10): 4 - 17, 33.

[269] 张静进, 陈光华. 基于 DEA 模型的众创空间创新创业效率及投入冗余比较研究 [J]. 工业技术经济, 2019, 38 (9): 26 - 34.

[270] 张力, 刘新梅. 在孵企业基于孵化器 "内网络" 的成长依赖 [J]. 管理评论, 2012, 24 (9): 103 - 110, 163.

[271] 张书琴, 张望. 知识产权保护政府补贴与经济增长 [J]. 技术经济与管理研究, 2014 (4): 62 - 71.

[272] 张心懿, 王君华. 众创空间运行效率研究综述 [J]. 合作经济与科技, 2020 (5): 162 - 165.

[273] 张新, 任强. 我国企业创新财税政策效应研究: 基于 3SLS 方法

［J］．中央财经大学学报，2013（8）：1－5，11．

［274］张旭，樊耘，朱婧．社区支持对情感承诺和员工创新行为的影响［J］．华东经济管理，2014，28（9）：125－130，171．

［275］张颖颖，胡海青，张丹．网络多元性、入孵企业战略创业与孵化绩效［J］．中国科技论坛，2017，35（15）：76－82．

［276］张玉利，白峰．基于耗散理论的众创空间演进与优化研究［J］．科学学与科学技术管理，2017，38（1）：22－29．

［277］赵斌，古睿，宇卫昕．员工越轨创新行为与创新绩效关系机理研究［J］．科技进步与对策，2020，37（21）：144－151．

［278］赵凯，李磊．政府多工具组合补贴对企业创新行为的影响研究［J/OL］．中国管理科学．https：//doi.org/10.16381/j.cnki.issn1003－207x.2022.2728．

［279］赵坤，郭东强，刘闲月．众创式创新网络的共生演化机理研究［J］．中国软科学，2017（8）：74－81．

［280］赵彦飞，李雨晨，陈凯华．国家创新环境评价指标体系研究：创新系统视角［J］．科研管理，2020，41（11）：66－74．

［281］赵逸靖，千庆兰．广州市众创空间现状特征及其满意度评价［J］．科技管理研究，2017（22）：100－105．

［282］赵袁军，许桂苹，刘峥，等．政府支持视角下的我国企业创新绩效研究［J］．科研管理，2017，38（4）：412－418．

［283］赵忠秀，李泽鑫．贸易便利化与中国企业创新：从国内研发到专利出海［J］．经济评论，2022（3）：3－21．

［284］郑馨怡，李燕萍，刘宗华．知识分享对员工创新行为的影响：基于组织的自尊和社区支持感的作用［J］．商业经济与管理，2017（1）：24－33．

［285］郑绪涛，柳剑平．促进R&D活动的税收和补贴政策工具的有效搭配［J］．产业经济研究，2008（1）：26－36．

［286］郑烨，吴建南，王焕．打开政府支持行为与企业创新绩效关系的"黑箱"——一个研究综述［J］．华东经济管理，2017，31（10）：155－163．

［287］郑烨，吴建南．政府支持行为何以促进中小企业创新绩效？——一项基于扎根理论的多案例研究［J］．科学学与科学技术管理，2017，38（10）：41－54．

[288] 仲深, 刘雨奇, 杜磊. 基于网络 DEA 模型的企业孵化器运行效率评价 [J]. 科技管理研究, 2018, 38 (20): 84 – 90.

[289] 周海涛, 张振刚. 政府研发资助方式对企业创新投入与创新绩效的影响研究 [J]. 管理学报, 2015, 12 (12): 1797 – 1804.

[290] 周浩, 龙立荣. 共同方法偏差的统计检验与控制方法 [J]. 心理科学进展, 2004, 12 (6): 942 – 942.

[291] 周文辉, 李兵, 周依芳, 等. 创业平台赋能对创业绩效的影响: 基于 "海尔 + 雷神" 的案例研究 [J]. 管理评论, 2018, 30 (12): 276 – 284.

[292] 朱平芳, 徐伟民. 政府的科技激励政策对大中型工业企业 R&D 投入及其专利产出的影响——上海市的实证研究 [J]. 经济研究, 2003 (6): 45 – 53, 94.

[293] 朱秀梅, 孔祥茜, 鲍明旭. 学习导向与新企业竞争优势: 双元创业学习的中介作用研究 [J]. 研究与发展管理, 2014, 26 (2): 9 – 16.

[294] 庄子银. 创新、企业家活动配置与长期经济增长 [J]. 经济研究, 2007 (8): 82 – 94.

[295] 宗文, 李晏墅, 陈涛. 社区支持与组织公民行为的机理研究 [J]. 中国工业经济, 2010 (7): 104 – 114.

[296] AARONS G A, SOMMERFELD D H. Leadership, Innovation Climate, and Attitudes Toward Evidence – Based Practice During a Statewide Implementation [J]. Journal of the American Academy of Child & Adolescent Psychiatry, 2012, 51 (4): 423 – 431.

[297] ABEBE M A, ANGRIAWAN A. Organizational and Competitive Influences of Exploration and Exploitation Activities in Small Firms [J]. Journal of Business Research, 67 (3): 339 – 345.

[298] ACEMOGLU D, AKCIGIT U. Intellectual property rights policy, competition and innovation [J]. Journal of the European Economic Association, 2012, 10 (1): 1 – 42.

[299] ACS Z J, ANSELIN L, VARGA A. Patents and Innovation Counts as Measures of Regional Production of New Knowledge [J]. Research Policy, 2002, 31: 1069 – 1085.

[300] ALDRICH H, AUSTER E R. Even Dwarfs Started Small: Liabilities of

Age and Size and Their Strategic Implications [J]. Research in Organizational Behavior, 1986, 8 (4): 165 – 186.

[301] ALLEN F, J QIAN, M QIAN. Law, Finance, and Economic Growth in China [J]. Journal of Financial Economics, 2005 (77): 57 – 116.

[302] AMABILE T M, CONTI R, COON H, et al. Assessing the Work Environment for Creativity [J]. Academy of Management Journal, 1996 (39): 1154 – 1184.

[303] AMABILE T M, GRYSKIEWICZ N D. The creative environment scales: Work environment inventory [J]. Creativity Research Journal, 1989, 2 (4): 231 – 253.

[304] AMEZCUA A S, GRIMES M G, BRADLEY S W, et al. Organizational sponsorship and founding environments: A contingency view on the survival of business-incubated firms, 1994 – 2007 [J]. Academy of Management Journal, 2013, 56 (6): 1628 – 1654.

[305] ANDERSON C. Makers: The New Industrial Revolution [M]. Crown Business. New York, NY, 2012.

[306] ANDERSSON U, FORSGREN M, HOLM U. The Strategic Impact of External Networks: Subsidiary Performance and Competence Development in the Multinational Corporation [J]. Strategic Management Journal, 2002, 23 (11): 979 – 996.

[307] ANDERSSON U, FORSGREN M. Subsidiary Embeddedness and Control in the Multinational Corporation [J]. International Business Review, 1996, 5 (5): 487.

[308] ANG J S, CHENG Y, WU C. Does Enforcement of Intellectual Property Rights Matter in China? Evidence from Financing and Investment Choices in the Hightech Industry [J]. Review of Economics and Statistics, 2014, 96 (2): 332 – 348.

[309] ARGYRIS D. Organizational Learning: A Theory of Action Perspective [J]. Reis, 1997 (77/78): 345.

[310] ARROW K J. Economic welfare and the allocation of resources for innovation [A]. In R. Nelson (ed.). The Rate and direction of Economic Activity [C].

New York: Princeton University Press, 1962.

[311] ASHEIM B, ISAKSEN A. Regional Innovation Systems: The Integration of Local 'Sticky and Global' Ubiqui-tous' Knowledge [J]. Journal of Technology Transfer, 2002, 27 (1): 77 – 86.

[312] ATUAHENE K, MURRAY J. Exploratory and Exploitative Learning in New Product Development: A Social Capital Perspective on New Technology Ventures in China [J]. Journal of International Marketing, 2007, 15 (2): 1 – 29.

[313] AUDRETSCH D B, FELDMAN M P. R&D Spillovers and the Geography of Innovation and Production [J]. American Economic Review, 1996, 86 (3): 630 – 640.

[314] AYDALOT P, KEEBLE D. High Technology Industry and Innovation Environments [M]. London: Routledge, 1988.

[315] BAAS M, DREU C K W D, NIJSTAD B A. When Prevention Promotes Creativity: The Role of Mood, Regulatory Focus, and Regulatory Closure [J]. Journal of Personality and Social Psychology, 2011, 100 (5): 794 – 809.

[316] BAICHTAL J. Hack This: 24 Incredible Hackerspace Projects from the DIY Movement [M]. Que Publishing Company, 2011.

[317] BAKER T, MINER A S, EESLEY D T. Improvising Firms: Bricolage, Account Giving and Improvisational Competencies in the Founding Process [J]. Research Policy, 2003, 32 (2): 255 – 276.

[318] BAKER T, NELSON R E. Creating Something from Nothing: Resource Construction through Entrepreneurial Bricolage [J]. Administrative Science Quarterly, 2005, 50 (3): 329 – 366.

[319] BAKER W E. Market Networks and Corporate Behavior [J]. American Journal of Sociology, 1990, 96 (3): 589.

[320] BARNEY J B. Firm Resources and Sustained Competitive Advantage [J]. Journal of Management, 1991, 17 (1): 99 – 120.

[321] BARON R M, KENNY D A. The Moderator – Mediator Variable Distinction in Social Psychological Research: Conceptual, Strategic, and Statistical consideration [J]. Journal of Personality and Social Psychol, 1986 (51): 1173 – 1182.

[322] BARROW C. Incubators: A realist's guide to the world's new business

accelerators [M]. Chichester, UK: Wiley, 2001.

[323] BAUWENS M, MENDOZA N, IACOMELLA F. A synthetic overview of the collaborative economy [M]. Orange Labs and P2P Foundation, 2012.

[324] BERGEK A, NORRMAN C. Incubator Best Practice: A Framework [J]. Technovation, 2008, 28 (1): 20 – 28.

[325] BESEN S M, RASKIND L J. An Introduction to the Law and Economics of Intellectual Property [J]. Journal of Economic Perspectives, 1991, 5 (1): 3 – 27.

[326] BESSEN J, ERIC M. Sequential Innovation, Patents, and Imitation [J]. The RAND Journal of Economics, 2009, 40 (4): 611 – 635.

[327] BIGGART N W, DELBRIDGE R. Systems of exchange [J]. Academy of Management Review, 2004, 29 (1): 28 – 49.

[328] BLANCHARD O, SHLEIFER A. Federalism with and without political centralization: China versus Russia [J]. IMF Staff Papers, 2001, 48 (1): 171 – 179.

[329] BOLDRIN M, LEVINE D K. The case against patents [J]. Journal of Economic Perspectives, 2013, 27 (1): 3 – 22.

[330] BOSCHMA R A. Proximity and Innovation: A Critical Assessment [J]. Regional Studies, 2005 (39): 61 – 74.

[331] BOUNCKEN R B, FREDRICH V. Learning in Coopetition: Alliance Orientation, Network size, and Firm Types [J]. Journal of Business Research, 2016, 69 (5): 1753 – 1758.

[332] BRANSTETTER L, FISMAN R, FOLEY C F. Do Stronger Intellectual Property Rights Increase International Technology Transfer? Empirical Evidence from U. S. Firm – Level Data [J]. NBER Working Papers, 2005: 321 – 349.

[333] BRASS D J, GALASKIEWICZ J, GREVE H R, et al. Taking stock of networks and organizations: A multilevel perspective [J]. Academy of Management Journal, 2004, 47 (6): 795 – 817.

[334] BRATKOVIC T, ANTONCIC B, RUZZIER M. The Personal Network of the Owner – Manager of a Small Family Firm: The Crucial Role of the Spouse [J]. Managing Global Transitions, 2009, 7 (2): 171 – 190.

[335] BROWDER R E, ALDRICH H E, BRADLEY S W. The Emergence of

the Maker Movement: Implications for Entrepreneurship Research [J]. Journal of Business Venturing, 2019, 34 (3): 459 – 476.

[336] BRÜGGEMANN J, CROSETTO P, MEUB L, BIZER K. Intellectual property rights hinder sequential innovation. Experimental evidence [J]. Research Policy, 2016, 45 (10): 2054 – 2068.

[337] BRUNEEL J, RATINHO T, CLARYSSE B, et al. The Evolution of Business Incubators: Comparing Demand and Supply of Business Incubation Services Across Different Incubator Generations [J]. Technovation, 2012, 32 (2): 110 – 121.

[338] BURT R. Structural Holes: the Social Structure of Competition [M]. Boston: Harvard Business Press, 1992.

[339] BØLLINGTOFT A, ULHØI J. The Networked Business Incubator: Leveraging Entrepreneurial Agency [J]. Journal of Business Venturing, 2005, 20 (2): 265 – 290.

[340] CALERO – MEDINA C, NOYONS E. Combining mapping and citation network analysis for a better understanding of the scientific development: the case of the absorptive capacity field [J]. Journal of Informetrics, 2008 (4): 272 – 279.

[341] CAMAGNI R. Interfirm industrial networks: the costs and benefits of cooperative behavior [J]. Journal of Industry Studies, 1993, 1 (1): 1 – 15.

[342] CARAYANNIS E, ZEDTWITZ M V. Architecting gloCal (global-local), real-virtual incubator networks (G-RVINs) as catalysts and accelerators of entrepreneurship in transitioning and developing economies: Lessons learned and best practices from current development and business incubation practices [J]. Technovation, 2005, 25 (2): 95 – 110.

[343] CASSIMAN B, VALENTINI G. Open Innovation: Are Inbound and Outbound Knowledge Flows Really Complementary? [J]. Strategic Management Journal, 2016, 37 (6): 1034 – 1046.

[344] CASTROGIOVANNI G. Pre – Startup Planning and the Survival of New Small Businesses: Theoretical Linkages [J]. Journal of Management, 1996, 22 (6): 801 – 822.

[345] CERNE M, NERSTAD C, DYSVIK A, et al. What Goes Around Comes

Around: Knowledge Hiding, Perceived Motivational Climate, and Creativity [J]. Academy of Management Journal, 2014, 57 (1): 172 - 192.

[346] CHAN K F, LAU T. Assessing Technology Incubator Programs in the Science Park: The Good the Bad and the Ugly [J]. Technovation, 2005, 25 (10): 1215 - 1228.

[347] CHANG F, WEBSTER C M. Effects of Network Bricolage on Entrepreneurs' Resource Creation [C]. Academy of Management Proceedings, 2019.

[348] CHARLES G D, RODAN S. Resource recombinations in the firm: Knowledge structures and the potential for Schumpeterian [J]. Strategic Management Journal (John Wiley & Sons, Inc), 1998, 19 (12): 1193 - 1201.

[349] CHEN C J. Technology Commercialization, Incubator and Venture Capital, and New Venture Performance [J]. Journal of Business Research, 2009, 62 (1): 93 - 103.

[350] CHEN V Z, LI J, SHAPIRO D M. Subnational Institutions and Outward FDI by Chinese Firms [J]. Multinational Business Review, 2015, 23 (4): 254 - 276.

[351] CHEN Y, PUTTITANUN T. Intellectual Property Rights and Innovation in Developing Countries [J]. Journal of Development Economics, 2005, 78 (2): 474 - 493.

[352] CHOW G C. Challenges of China's Economic System for Economic Theory [J]. American Economic Review, 1997 (87): 321 - 327.

[353] COLEMAN S J. Social Capital in the Creation of Human Capital [J]. American Journal of Sociology, 1988 (94): 95 - 120.

[354] COLLINS C J, CLARK K D. Strategic Human Resource Practices, Top Management Team Social Networks, and Firm Performance: The Role of Human Resource Practices in Creating Organizational Competitive Advantage [J]. Academy of Management Journal, 2003, 46 (6): 740 - 751.

[355] CONNER K R, PRAHALAD C K. A Resource-based Theory of the Firm: knowledge Versus Opportunism [J]. Organization Science, 1996, 7 (5): 477 - 501.

[356] COOKE P, Regional Innovation Systems: Competitive Regulation in the

New Europe [J]. Geoforum, 1992, 23 (3): 365 – 382.

[357] COOPER C E, HAMEL S A, CONNAUGHTON S L. Motivations and obstacles to networking in a university business incubator [J]. Journal of Technology Transfer, 2012, 37 (4): 433 – 453.

[358] CRESO S A, LEE H. Science, Business, and innovation: Understanding Networks in Technology – Based Incubators [J]. R&D Management, 2012, 42 (3): 243 – 253.

[359] CUMMINGS A, OLDHAM G R. Enhancing Creativity: Managing Work Contexts for the High Potential Employee [J]. California Management Review, 1997, 40 (1): 22 – 38.

[360] CZARNITZK D, LICHT G. Additionality of Public R&D Grants in a Transition Economy: The Case of Eastern Germany [J]. Economics of Transition, 2005, 14 (1): 101 – 131.

[361] DAS T K, TENG B. A Resource-based Theory of Strategic Alliances [J]. Journal of Management, 2000, 26 (1): 31 – 61.

[362] DESA G, BASU S. Optimization or Bricolage? Overcoming Resource Constraints in Global Social Entrepreneurship [J]. Strategic Entrepreneurship Journal, 2013, 7 (1): 26 – 49.

[363] DIMOTAKIS N, DAVISON R B, HOLLENBECK J R. Team structure and regulatory focus: the impact of regulatory fit on team dynamic [J]. Journal of Applied Psychology, 2012, 97 (2): 421 – 434.

[364] DUBINI P, ALDRICH H. Personal and Extended Networks Are Central to the Entrepreneurial Process [J]. Journal of Business Venturing, 1991, 6 (5): 305 – 331.

[365] DUSHNITSKY G, LENOX M. When do incumbents learn from entrepreneurial ventures? [J]. Research Policy, 2005, 34 (5): 615 – 639.

[366] DUTTA A, SHARMA S. Intellectual property rights and innovation in developing countries: Evidence from India [J]. International Finance Corporation, World Bank Group, 2008: 1 – 51.

[367] DUYSTERS G, LOKSHIN B. Determinants of Alliance Portfolio Complexity and Its Effect on Innovative Performance of Companies [J]. Journal of Product

Innovation Management, 2011, 28 (4): 570 – 585.

[368] EBBERS J, STAM W. The Value of Perceived and Actual Intra – Incubator Networks and Firm Performance [C]. Academy of Management Annual Meeting Proceedings, 2019.

[369] ELFRING T, HULSINK W. Networks in Entrepreneurship: The Case of High – Technology Firms [J]. Small Business Economics, 2003, 21 (4): 409 – 422.

[370] ELFRING T, BAVEN G. Spinning-off capabilities: Competence development in knowledge-intensive services [J]. Dynamics of Competence-based Competition. Theory and Practice in the new Strategic Management, 1996: 209 – 225.

[371] ENGEL C, KLEINE M. Who Is Afraid of Pirates? An Experiment on the Deterrence of Innovation by Imitation [J]. Research Policy, 2015, 44 (1): 20 – 33.

[372] ETZKOWITZ, HENRY, LOETLEYDESDORF. The Dynamics of Innovation: From National Systems and 'Mode 2' to a Triple Helix of University-industry-government Relations [J]. Research Policy, 2000 (29): 109 – 123.

[373] FAGERBERG J, FOSAAS M, SAPPRASERT K. Innovation: Exploring the knowledge base [J]. Research Policy, 2012, 42 (7): 1132 – 1153.

[374] FANG L H, LERNER J, WU C P. Intellectual property rights protection, ownership, and innovation: Evidence from China [J]. The Review of Financial Studies, 2017, 30 (7): 2446 – 2477.

[375] FELDMAN M P, KELLEY M R. The exante assessment of knowledge spillovers: Government R&D policy, economic incentives and private firm behavior [J]. Research Policy, 2006, 35 (10): 1509 – 1521.

[376] FERRIANI S, FONTI F, CORRADO R. The Social and Economic Bases of Network Multiplexity: Exploring the Emergence of Multiplex Ties [J]. Strategic Organization, 2012, 11 (1): 7 – 34.

[377] FISHER G. Effectuation, Causation, and Bricolage: A Behavioral Comparison of Emerging Theories in Entrepreneurship Research [J]. Entrepreneurship Theory and Practice, 2012, 36 (5): 1019 – 1051.

[378] FISS P C. A set theoretic approach to organizational configurations [J]. Academy of Management Review, 2007, 32 (4): 1180 – 1198.

[379] FISS P C. Building better causal theories: A fuzzy set approach to typologies in organization research [J]. Academy of Management Journal, 2011, 54 (2): 393 - 420.

[380] FLEISHER B, ZHOU M. Are Patent Laws Harmful to Developing Countries? Evidence from China [J]. Ohio State University Working Paper, 2010.

[381] FLYNN D M. Sponsorship and the survival of new organizations [J]. Journal of Small Business Management, 1993, 31 (1): 51 - 63.

[382] FONTICHIARO K. Sustaining a makerspace [J]. Teach Librar, 2016 (43): 39 - 41.

[383] FURUKAWA Y. Intellectual Property Protection and Innovation [J]. Economics Letters, 2010, 109 (2): 99 - 101.

[384] FURUKAWA Y. The protection of intellectual property rights and endogenous growth: is stronger always better? [J]. Journal of Economic Dynamics and Control, 2007, 31 (11): 3644 - 3670.

[385] SANSONE G, ANDREOTTI P, A COLOMBELLI, et al. Are social incubators different from other incubators? Evidence from Italy [J]. Technological Forecasting Social Change, 2020 (158): 120 - 132.

[386] GALLINI N, SCOTCHMER S. Intellectual Property: When Is It the Best Incentive System? [J]. Innovation Policy and the Economy, 2002 (2): 51 - 77.

[387] GAMACHE D L, MCNAMARA G, MANNOR M J, JOHNSON R E. Motivated to acquire? The impact of CEO regulatory focus on firm acquisitions [J]. Academy of Management Journal, 2015, 58 (4): 1261 - 1282.

[388] GANGOPADHYAY K, MONDAL D. Does Stronger Protection of Intellectual Property Right Stimulate Innovation? [J]. Economics Letters, 2012, 116 (1): 80 - 82.

[389] GARCIA A, MOHEN P. Impact of government support on R&D and innovation [R]. Working Paper, 2010.

[390] GOLD A H, MALHOTRA A, SEGARS A H. Knowledge Management: An Organizational Capabilities Perspective [J]. Journal of Management Information Systems, 2001, 18 (1): 185 - 214.

[391] GORMAN C A, MERIAC J P, OVERSTREET B L, et al. A meta-analysis

of the regulatory focus nomological network: Work-related antecedents and consequences [J]. Journal of Vocational Behavior, 2012, 80 (1): 160 – 172.

[392] GRANOVETTER M S. The Strength of Weak Ties [J]. American Journal of Sociology, 1973, 78 (6): 1360 – 1380.

[393] GRANOVETTER M S. Economic Action and Social Structure: The Problem of Embeddedness [J]. American Journal of Sociology, 1985, 91 (3): 481 – 510.

[394] GRANSTRAND O. Towards a Theory of the Technology – Based Firm [J]. Research Policy, 1998, 27 (5): 465 – 489.

[395] GRANT E S, BUSH A J. Salesforce Socialization Tactics: Building Organizational Value Congruence [J]. Journal of Personal Selling & Sales Management, 1996, 16 (3): 17 – 31.

[396] GRECKHAMER T. CEO compensation in relation to worker compensation across countries: The configurational impact of country-level institutions [J]. Strategic Management Journal, 2016, 37 (4): 793 – 815.

[397] GUAN J, LIU N. Exploitative and Exploratory Innovations in Knowledge Network and Collaboration Network: A Patent Analysis in the Technological Field of Nano – Energy [J]. Research Policy, 2016, 45 (1): 97 – 112.

[398] GULATI R, SYTCH M. Dependence Asymmetry and Joint Dependence in Interorganizational Relationships: Effects of Embeddedness on a Manufacturer's Performance in Procurement Relationships [J]. Administrative Science Quarterly, 2007, 52 (1): 32 – 69.

[399] GULATI R. Network Location and Learning: The Influence of Network Resources and Firm Capabilities on Alliance Formation [J]. Strategic Management Journal, 1999, 20 (5): 397 – 420.

[400] HAGER M A, GALASKIEWICZ J, LARSON J A. Structural Embeddedness and the Liability of Newness among Nonprofit Organizations [J]. Public Management Review, 2004, 6 (2): 159 – 188.

[401] HALL B H, JAFFE A B, TRAJTENBERG M. The NBER Patent Citation Data Files: Lessons, Insights and Methodological Tools [M]. NBER Working Paper, 2001.

［402］HALVERSON E R, SHERIDAN K. Learning in the Making: A Comparative Case Study of Three Makerspaces ［J］. Harvard Educational Review, 2014, 84 (4): 505 – 531.

［403］HALVERSON E R, SHERIDAN K. The Maker Movement in Education ［J］. Harvard Educational Review, 2014, 84 (4): 495 – 504.

［404］HAMEL G. Competition for Competence and Inter – Partner Learning Within International Strategic Alliances ［J］. Strategic Management Journal, 1991, 12 (1): 83 – 103.

［405］HAN S Y, YOO J, ZO H, et al. Understanding makerspace continuance: A self-determination perspective ［J］. Telematics and Informatics, 2017, 34 (4): 184 – 195.

［406］HANSEN M T, CHESBROUGH H W, NOHRIA N, et al. Networked incubators. Hothouses of the new economy ［J］. Harvard Business Review, 2000, 78 (5): 74 – 84, 199.

［407］HAYES A F. Beyond Baron and Kenny: Statistical Mediation Analysis in the New Millennium ［J］. Communication Monographs, 2009, 76 (4): 408 – 420.

［408］HEJAZI W, SAFARIAN A. Trade, foreign direct investment, and R&D spillovers ［J］. Journal of International Business Studies, 1999 (30): 491 – 511.

［409］HELFAT C E, PETERAF M A. The dynamic resource-based view: Capability lifecycles ［J］. Strategic Management Journal, 2003, 24 (10): 997 – 1010.

［410］HENTTONEN K, HURMELINNA – LAUKKANEN P, RITALA P. Managing the Appropriability of R&D Collaboration ［J］. R&D Management, 2016 (46): 145 – 158.

［411］HERZENSTEIN M, POSAVAC S, BRAKUS J. Adoption of new and really new products: The effects of self-regulation systems and risk salience ［J］. Journal of Marketing Research, 2007, 44 (2): 251 – 260.

［412］HIGGINS E T. Does personality provide unique explanations for behaviour? Personality as cross-person variability in general principles ［J］. European Journal of Personality, 2000, 14 (5): 391 – 406.

［413］HILLMAN A J, WITHERS M C, COLLINS B J. Resource dependence theory： A review ［J］. Journal of Management, 2009, 35 (6)： 1404 – 1427.

［414］ HOCHBERG Y V, FEHDER D C. Accelerators and ecosystems ［J］. Science, 2015, 348 (6240)： 1202 – 1203.

［415］ HOLGERSSON M. Patent Management in Entrepreneurial Smes： A Literature Review and an Empirical Study of Innovation Appropriation, Patent Propensity, and Motives ［J］. R&D Management, 2013, 43 (1)： 21 – 36.

［416］ HORII R, IWAISAKO T. Economic Growth with Imperfect Protection of Intellectual Property Rights ［J］. Journal of Economics, 2007, 90 (1)： 45 – 85.

［417］ HUGHES M, IRELAND R D, MORGAN R E. Stimulating Dynamic Value： Social Capital and Business Incubation as a Pathway to Competitive Success ［J］. Long Range Planning, 2007, 40 (2)： 154 – 177.

［418］ HUSSINGER K, PACHER S. Information ambiguity, patents and the market value of innovative assets ［J］. Research Policy, 2019, 48 (3)： 665 – 675.

［419］ INKPEN A C. Learning and knowledge acquisition through international strategic alliances ［J］. Academy of Management Perspectives, 1998, 12 (4)： 69 – 80.

［420］ JARILLO J C. On strategic networks ［J］. Strategic Management Journal, 1988, 9 (1)： 31 – 41.

［421］ JASON V, GEETHA N. Regulatory focus and innovative work behavior： The role of work engagement ［J］. Curr Psychol, 2021 (40)： 2791 – 2803.

［422］ JAVIDAN M. Core competence： what does it mean in practice? ［J］. Long Range Planning, 1998, 31 (1)： 60 – 71.

［423］ JEHN K A, BEZRUKOVA K. A Field's Study of Group Diversity, Workgroup Context, and Performance ［J］. Journal of Organizational Behavior, 2004, 25 (6)： 703 – 729.

［424］ JOHNSON P D, SMITH M B, WALLACE J C, et al. A Review of Multilevel Regulatory Focus in Organizations ［J］. Journal of Management, 2015, 41 (5)： 1501 – 1529.

［425］ JONES C, HESTERLY W S, BORGATTI S P. A general theory of network governance： Exchange conditions and social mechanisms ［J］. Academy of Management Review, 1997, 22 (4)： 911 – 945.

[426] KAHN W A. Psychological conditions of personal engagement and disengagement at work [J]. Academy of Management Journal, 1990 (33): 692 – 724.

[427] KALE P, SINGH H, PERLMUTTER H. Learning and protection of proprietary assets in strategic alliances: Building relational capital [J]. Strategic Management Journal, 2000, 21 (3): 217 – 237.

[428] KANG K H, KANG J. Do External Knowledge Sourcing Modes Matter for Service Innovation? Empirical Evidence from South Korean Service Firms [J]. Journal of Product Innovation Management, 2014, 31 (1): 176 – 191.

[429] KANG K, PARK H. Influence of government R&D support and inter-firm collaborations on innovation in Korean bio-technology SMEs [J]. Technovation, 2012, 32 (1): 68 – 78.

[430] KANWAR, EVENSON. Does Intellectual Property Protection Spur Technological Change? [J]. Oxford Economics Papers, 2003, 55 (2): 236 – 264.

[431] KARK R, DIJK D V, VASHDI D R. Motivated or Demotivated to Be Creative: The Role of Self – Regulatory Focus in Transformational and Transactional Leadership Processes [J]. Applied Psychology, 2018, 67 (1): 186 – 224.

[432] KARK R, DIJK D V. Motivation to lead, motivation to follow: the role of the self-regulatory focus in leadership processes [J]. Academy of Management Review, 2007, 32 (2): 500 – 528.

[433] KATILA R, CHEN E L, PIEZUNKA H. All the right moves: How Entrepreneurial Firms Compete Effectively [J]. Strategic Entrepreneurship Journal, 2012, 6 (2): 116 – 132.

[434] KIM M, LEE S Y. The effects of government financial support on business innovation in South Korea [J]. Asian Journal of Technology Innovation, 2011, 19 (1): 67 – 83.

[435] KLEER R. Government R&D subsidies as a signal for private investors [J]. Research Policy, 2010, 39 (10): 1361 – 1374.

[436] KLEINE, MARCO, ENGEL. Who is afraid of pirates? An experiment on the deterrence of innovation by imitation [J]. Research Policy: A Journal Devoted to Research Policy, Research Management and Planning, 2015, 44 (1): 20 – 33.

[437] KOLLMANN T, STÖCKMANN C. Filling the Entrepreneurial Orientation –

Performance Gap: The Mediating Effects of Exploratory and Exploitative Innovations [J]. Entrepreneurship Theory & Practice, 2014, 38 (5): 1001 – 1026.

[438] KREISER P M. Entrepreneurial Orientation and Organizational Learning: The Impact of Network Range and Network Closure [J]. Entrepreneurship Theory & Practice, 2011, 35 (5): 1025 – 1050.

[439] LAMIN A, RAMOS M A. R&D Investment Dynamics in Agglomerations under Weak Appropriability Regimes: Evidence from Indian R&D Labs [J]. Strategic Management Journal, 2016, 37 (3): 604 – 621.

[440] LANJOUW J, LERNER J. The Enforcement of Intellectual Property Rights: A Survey of the Empirical Literature [J]. Annals of Economics and Statistic, 1998 (49 – 50): 223 – 246.

[441] LAURSEN K, SALTER A. The paradox of openness: Appropriability, external search and collaboration [J]. Research Policy, 2014, 43 (5): 867 – 878.

[442] LAVIE D. Alliance portfolios and firm performance: A study of value creation and appropriation in the U. S. software industry [J]. Strategic Management Journal (John Wiley & Sons, Inc), 2007, 28 (12): 1187 – 1212.

[443] LEANNE B, RYAN C. Mindful makers: Question prompts to help guide young peoples' critical technical practices in maker spaces in libraries, museums, and community-based youth organizations [J]. Library and Information Science Research, 2016, 38 (2): 117 – 124.

[444] LEE S M, RIBEIRO D, OLSON D L, et al. The importance of the activities of ser-vice business in the economy: Welcome to the Service Business [J]. An International Journal. Service Business, 2007, 1 (1): 1 – 5.

[445] LI D M, WEI J C, MCKIERNAN P. Government support and firm innovation performance [J]. Chinese Management Studies, 2015, 9 (1): 38 – 55.

[446] LI H, ATUAHENE – GIMA K. Product Innovation Strategy and the Performance of New Technology Ventures in China [J]. Academy of Management Journal, 2001, 44 (6): 1123 – 1134.

[447] LI J J, POPPO L, ZHOU K Z. Do Managerial Ties in China Always Produce Value? Competition, Uncertainty, and Domestic vs. Foreign Firms [J]. Strategic Management Journal, 2008, 29 (4): 383 – 400.

[448] LI J J, ZHOU K Z, SHAO A T. Competitive Position, Managerial Ties, and Profitability of Foreign Firms in China: An Interactive Perspective [J]. Journal of International Business Studies, 2009, 40 (2): 339 – 352.

[449] LI Y, CHEN H, LIU Y, et al. Managerial Ties, Organizational Learning, and Opportunity Capture: A Social Capital Perspective [J]. Asia Pacific Journal of Management, 2014, 31 (1): 271 – 291.

[450] LI Y. A multi-level model of individual information privacy beliefs [J]. Electronic Commerce Research and Applications, 2013, 13 (1): 32 – 44.

[451] LINDTNER S. Hackerspaces and the internet of things in China: How makers are reinventing industrial production, innovation, and the self [J]. China Information, 2014, 28 (2): 145 – 167.

[452] LINK A N, SCOTT J T. Private investor participation and commercialization rates for government-sponsored research and development: Would a prediction market improve the performance of the SBIR Program? [J]. Economic, 2009 (76): 264 – 281.

[453] LIU L, WANG L, REN J, et al. Promotion/prevention focus and creative performance: Is it moderated by evaluative stress? [J]. Personality and Individual Differences, 2017, 105: 185 – 193.

[454] LOUKIL K. Intellectual property rights, human capital and Innovation in emerging and developing Countries [J]. Journal of Social Economics Research, 2020, 7 (1): 35 – 41.

[455] LUO Y, CHEN M. Does Guanxi Influence Firm Performance? [J]. Asia Pacific Journal of Management, 1997, 14 (1): 1 – 16.

[456] LUO Y. Industrial Dynamics and Managerial Networking in an Emerging Market: The Case of China [J]. Strategic Management Journal, 2003 (24): 1315 – 1327.

[457] MAIR J, MARTI I. Entrepreneurship in and around Institutional Voids: A Case Study from Bangladesh [J]. Journal of Business Venturing, 2009, 24 (5): 419 – 435.

[458] MARCH J G. Exploration and Exploitation in Organizational Learning [J]. Organization Science, 1991, 2 (1): 71 – 87.

［459］ MARIA A H. The role of makerspaces in supporting consumer innovation and diffusion：An empirical analysis ［J］. Research Policy，2018，47（10）：2028 – 2036.

［460］ MARIA A HALBINGER. The role of makerspaces in supporting consumer innovation and diffusion：An empirical analysis ［J］. Research Policy，2018，47（10）：2028 – 2036.

［461］ MARKMAN G D，PHAN P H，BALKIN D B，GIANIODIS T P. Entrepreneurship and University-based Technology Transfer ［J］. Journal of Business Venturing，2005，20（2）：241 – 263.

［462］ MASEKO N，MANYANI O，CHIRISERI L，TSEKEA S，MUGOGO P C. An analysis of the impact of targeted government support on SMEs growth and development in Zimbabwe：a survey of Mashonaland Central Province ［J］. Journal of Research in International Business Management，2011，2（2）：51 – 59.

［463］ MASKUS K E，MILANI S，NEUMANN R. The Impact of Patent Protection and Financial Development on Industrial R&D ［J］. Research Policy，2019，48（1）：355 – 370.

［464］ MEDCOF J W. Resource-based strategy and managerial power in networks of internationally dispersed technology units ［J］. Strategic Management Journal，2001，22（11）：999 – 1012.

［465］ MEYER M. Domesticating and democratizing science：A geography of do-it-yourself biology ［J］. Journal of Material Culture，2013，18（2）：117 – 134.

［466］ MIAN S，LAMINE W，FAYOLLE A. Technology Business Incubation：An overview of the state of knowledge ［J］. Technovation，2016（50 – 51）：1 – 12.

［467］ MILLER D，SHAMSIE J. The Resource – Based View of the Firm in Two Environments：The Hollywood Film Studios from 1963 to 1965 ［J］. Academy of Management Journal，1996，39（1）：519 – 543.

［468］ MILLIKEN F J，MARTINS L L. Search for Common Threads：Understanding the Multiple Effects of Diversity in Organizational Groups ［J］. Academy of Management Review，2016，21（2）：402 – 433.

［469］ MIOZZO M，DEWICK P. Networks and Innovation in European Construction：Benefits from Inter-organizational Cooperation in a Fragmented Industry

[J]. International Journal of Technology Management, 2004, 27 (1): 68 – 89.

[470] MILNE A, RIECKE B, ANTLE A. Exploring maker practice: Common attitudes, habits and skills from vancouver's maker community [J]. Studies, 2014, 19 (21): 23.

[471] MOHTADI H, RUEDIGER S. Intellectual property rights and growth: Is there a threshold effect? [J]. International Economic Journal, 2014, 28 (1): 121 – 135.

[472] MOSER P. Innovation without Patents: Evidence from World's Fairs [J]. The Journal of Law and Economics, 2012, 55 (1): 43 – 74.

[473] MUHAMMAD R K. Mapping Entrepreneurship Ecosystem of Saudi Arabia [J]. World Journal of Entrepreneurship, Management and Sustainable Development, 2013, 9 (1): 28 – 54.

[474] NAIARA, BALBASTRE – BENAVENT. Employees' perceptions of high-performance work systems and innovative behavior: The role of exploratory learning [J]. European Management Journal, 2017, 35 (9): 273 – 281.

[475] NAQSHBANDI M. Managerial ties and open innovation: examining the role of absorptive capacity [J]. Management Decision, 2016, 54 (9): 2256 – 2276.

[476] NEUBERT M J, KACMAR K M, CARLSON D S, et al. Regulatory focus as a mediator of the influence of initiating structure and servant leadership on employee behavior [J]. Journal of Applied Psychology, 2008, 93 (6): 1220.

[477] NIKZAD R. Small and Medium – Sized Enterprises, Intellectual Property, and Public Policy [J]. Science and Public Policy, 2015, 42 (2): 176 – 187.

[478] NONAKA, TAKEUCHI H, UMEMOTO K. A theory of organizational knowledge creation [J]. International Journal of Technology Management, 1996, 11 (7 – 8): 833 – 845.

[479] NYBAKK E. Innovation strategy, innovative working climate and learning orientation as drivers for success in the Norwegian wood industry [C]. 2012.

[480] O'DONOGHUE T, ZWEIMILLER J. Patents in a model of endogenous growth [J]. Journal of Economic Growth, 2004, 9 (1): 81 – 123.

[481] OLIVER C. Determinants of interorganizational relationships: Integration

and future directions [J]. Academy of Management Review, 1990, 15 (2): 241 – 265.

[482] PAMELA T, FARMER S M. Creative self-efficacy: its potential antecedents and relationship to creative performance [J]. The Academy of Management Journal, 2002, 45 (6): 1137 – 1148.

[483] PARK W G. International Patent Protection: 1960 – 2005 [J]. Research Policy, 2008, 37 (4): 761 – 766.

[484] PARKER S L, JIMMIESON N L, AMIOT C E. The Stress – Buffering Effects of Control on Task Satisfaction and Perceived Goal Attainment: An Experimental Study of the Moderating Influence of Desire for Control [J]. Applied Psychology, 2010, 58 (4): 622 – 652.

[485] PARKHE D A. Orchestrating Innovation Networks [J]. Academy of Management Review, 2006, 31 (3): 659 – 669.

[486] GRANSTRAND O, PATEL P, PAVITT K. Multi-technology corporations: why they have "distributed" rather than "distinctive core" competencies [J]. California Management Review, 1997, 39 (4): 8 – 25.

[487] PENG M W, HEATH P S. The Growth of the Firm in Planned Economies in Transition: Institutions, Organizations, and Strategic Choice [J]. Academy of Management Review, 1996, 21 (2): 492 – 528.

[488] PENG M W, LUO Y. Managerial Ties and Firm Performance in a Transition Economy: The Nature of a Micro – Macro Link [J]. Academy of Management Journal, 2000, 43 (3): 486 – 501.

[489] PENG M W. Firm Growth in Transitional Economies: Three Longitudinal Cases from China, 1989 – 1996 [J]. Organization Studies, 1997, 18 (3): 385 – 413.

[490] PENROSE E T. The Theory of the Growth of the Firm [M]. Oxford university press, 2009.

[491] PFEFFER J, NOWAK P. Joint ventures and interorganizational interdependence [J]. Administrative Science Quarterly, 1976: 398 – 418.

[492] PFEFFER J, SALANCIK G R. The External Control of Organizations: A Resource Dependence Perspective [M]. New York: Harper & Row, 2003.

［493］PFEFFER J. Merger as a response to organizational interdependence ［J］. Administrative Science Quarterly, 1972: 382 - 394.

［494］PFEFFER J, SALANCIK G R. The external control of organizations: A resource dependence perspective ［M］. New York: Harper & Row, 1978.

［495］PINTO I, PICOTO W N. Earnings and capital management in European banks - Combining a multivariate regression with a qualitative comparative analysis ［J］. Journal of Business Research, 2018, 89 (8): 258 - 264.

［496］PODOLNY J M, PAGE K L. Network forms of organization ［J］. Annual Review of Sociology, 1998, 24 (1): 57 - 76.

［497］PORTER M E. Competitive Strategy: Techniques for Analyzing Industries and Competitors ［J］. Social Science Electronic Publishing, 1980 (2): 86 - 87.

［498］PRAHALAD C K, HAMEL G. The core competence of the corporation ［M］. Knowledge and strategy. Routledge, 2009: 41 - 59.

［499］QIAN Y, ROLAND G. Federalism and the Soft Budget Constraint ［J］. American Economic Review, 1998, 88 (5): 1143 - 1162.

［500］QIAN Y. Do National Patent Laws Stimulate Domestic Innovation in a Global Patenting Environment? A Cross-country Analysis of Pharmaceutical Patent Protection1978 - 2002 ［J］. The Review of Economics and Statistics, 2007, 89 (3): 436 - 453.

［501］RATINHO T, HENRIQUES E. The role of science parks and business incubators in converging countries: Evidence from Portugal ［J］. Technovation, 2010, 30 (4): 278 - 290.

［502］RAY O, AARD G, GARY C, et al. New Technology - Based Firms in the New Millennium ［M］. Bingley UK: Emerald Group Publishing Limited, 2013.

［503］RHEE E Y, FISS P C. Framing Controversial Actions: Regulatory Focus, Source Credibility, and Stock Market Reaction to Poison Pill Adoption ［J］. Academy of Management Journal, 2014, 57 (6): 1734 - 1758.

［504］RIHOUX B, RAGIN C. Configurational Comparative Methods: Qualitative Comparative Analysis (QCA) and Related Techniques ［M］. Thousand Oaks, CA: Sage, 2009.

［505］RODAN S, GALUNIC C. More than Network Structure: How Knowledge

Heterogeneity Influences Managerial Performance and Innovativeness ［J］. Strategic Management Journal, 2004, 25 (6): 541 –562.

［506］ ROLDAN W, HUI J, GERBER E M. University makerspaces: Opportunities to support equitable participation for women in engineering ［J］. The International Journal of Engineering Education, 2018, 34 (28): 751 –768.

［507］ RONA, RAHUL K. Value Creation in Innovation Ecosystems: How the Structure of Technological Interdependence Affects Firm Performance in New Technology Generations ［J］. Strategic Management Journal, 2010, 31 (3): 306 –333.

［508］ RONDA G A, GUERRAS L A. Dynamics of the evolution of the strategy concept 1962 –2008: a co-word analysis ［J］. Strategic Management Journal, 2012, 33 (2): 162 –188.

［509］ ROOK L, VAN KNIPPENBERG D. Creativity and imitation: Effects of regulatory focus and creative exemplar quality ［J］. Creativity Research Journal, 2011, 23 (4): 346 –356.

［510］ ROPER S, HEWITT – DUNDAS N. International Innovation Comparisons: Insight or Illusion? ［J］. Environment and Planning C: Government and Policy, 2006, 24 (3): 385 –401.

［511］ ROTHAERMEL F, THURSBY M. University-incubator Firm Knowledge Flows: Assessing Their Impact on Incubator Firm Performance ［J］. Research Policy, 2005, 34 (3): 305 –320.

［512］ ROWLEY T, BEHRENS D, KRACKHARDT D. Redundant Governance Structures: An Analysis of Structural and Relational Embeddedness in the Steel and Semiconductor Industries ［J］. Strategic Management Journal, 2015, 21 (3): 369 –386.

［513］ SÁ C, LEE H. Science, business, and innovation: understanding networks in technology-based incubators ［J］. R&D Management, 2012, 42 (3): 243 –253.

［514］ SAGNAK M. The empowering leadership and teachers' innovative behavior: The mediating role of innovation climate ［J］. African Journal of Business Management, 2012, 6 (4): 1635 –1641.

［515］ SALUNKE S, WEERAWARDENA J, MCCOLL – KENNEDY J

R. Competing through Service Innovation: The Role of Bricolage and Entrepreneurship in Project – Oriented Firms [J]. Journal of Business Research, 2013, 66 (8): 1085 – 1097.

[516] SALVADOR E. Are Science Parks and Incubators Good "Brand Names" for Spin – Offs? The Case Study of Turin [J]. The Journal of Technology Transfer, 2011, 36 (2): 203 – 232.

[517] SANG Y H, JAEHEUNG Y, HANGJUNG Z, et al. Understanding makerspace continuance: A self-determination perspective [J]. Telematics and Informatics, 2017, 34 (4): 184 – 195.

[518] SANSONE G, ANDREOTTI P, COLOMBELLI A, et al. Are social incubators different from other incubators? Evidence from Italy [J]. Technological Forecasting and Social Change, 2020 (158): 120132.

[519] SARASVATHY S D. Causation and Effectuation: Toward a Theoretical Shift from Economic Inevitability to Entrepreneurial Contingency [J]. Academy of Management Review, 2001, 26 (2): 243 – 263.

[520] SCHANKERMAN M. How Valuable is Patent Protection? Estimates by Technology field [J]. The RAND Journal of Economics, 1998: 77 – 107.

[521] SCHNEIDER C Q, WAGEMANN C. Set – Theoretic Methods for the Social Sciences: A Guide to Qualitative Comparative Analysis [M]. Cambridge: Cambridge University Press, 2012.

[522] SCHWARTZ M. Beyond incubation: an analysis of firm survival and exit dynamics in the post-graduation period [J]. Journal of Technology Transfer, 2009, 34 (4): 403 – 421.

[523] SCOTCHMER S. Innovation and Incentive [M]. Cambridge, MA: MIT Press, 2004.

[524] SCOTT S G, BRUCE R A. Determinants of innovative behavior: A path model of individual in the workplace [J]. Academy of Management Journal, 1994, 37 (3): 580 – 607.

[525] SEIJTS G H, LATHAM G P. Learning goals or performance goals: Is it the journey or the destination? [J]. Ivey Business Journal, 2006 (5/6): 1 – 6.

[526] SENYARD J, BAKER T, DAVIDSSON P. Entrepreneurial Bricolage:

Towards Systematic Empirical Testing［J］. Frontiers of Entrepreneurship Research，2009，29（5）：1 – 15.

［527］SENYARD J，BAKER T，STEFFENS P. Bricolage as a Path to Innovativeness for Resource – Constrained New Firms ［J］. Journal of Product Innovation Management，2014，31（2）：211 – 230.

［528］SHANE S，CABLE D. Network Ties，Reputation，and the Financing of New Ventures ［J］. Management Science，2002，48（3）：364 – 381.

［529］SHANE S，STUART T. Organizational Endowments and the Performance of University Start-ups ［J］. Management Science，2002，48（1）：154 – 170.

［530］SHENG S，ZHOU K Z，LI J J. The Effects of Business and Political Ties on Firm Performance：Evidence from China ［J］. Journal of Marketing，2011，75（1）：1 – 15.

［531］SHIN S J，ZHOU J. Transformational leadership，conservation，and creativity：Evidence from Korea ［J］. Academy of Management Journal，2003，46（6）：703 – 714.

［532］SHU C L，WANG Q，GAO S X，et al. Liu. Firm Patenting，Innovations，and Government Institutional Support as a Double – Edged Sword ［J］. Journal of Product Innovation Management，2015，32（2）：290 – 305.

［533］SLEATOR R D. DIY Biology – Hacking Goes Viral！［J］. Science Progress，2016，99（3）：278 – 281.

［534］SOETANTO D P，SARAH J L. Business Incubators and the Networks of Technology – Based Firms ［J］. Journal of Technology Transfer，2013，38（4）：432 – 453.

［535］SONNE L. Innovative initiatives supporting inclusive innovation in India：social business incubation and micro venture capital ［J］. Technological Forecasting & Social Change，2012，79（4）：638 – 647.

［536］SPIGEL B. The relational organization of entrepreneurial ecosystem ［J］. Entrepreneurship Theory and Practice，2015，39（6）：1 – 24.

［537］STAM E. Entrepreneurial ecosystem and regional policy：A sympathetic critique ［J］. European Planning Studies，2015，23（9）：1759 – 1769.

［538］STINCHCOMBE A L. Social Structure and Organizations ［M］. Chicago：

Rand McNally, 1965.

[539] ST – JEAN E, AUDET J. The role of mentoring in the learning development of the novice entrepreneur [J]. International Entrepreneurship and Management Journal, 2012, 8 (1): 119 – 140.

[540] SUBBANARASIMHA P N. Strategy in turbulent environments: the role of dynamic competence [J]. Managerial and decision Economics, 2001, 22 (4 – 5): 201 – 212.

[541] SVENSSON P O, HARTMANN R K. Policies to promote user innovation: Makerspaces and clinician innovation in Swedish hospitals [J]. Research Policy, 2018, 47 (1): 277 – 288.

[542] SWEET D S, MAGGIOE C. Do Stronger Intellectual Property Rights Increase Innovation? [J]. World Development, 2015 (66): 665 – 677.

[543] TASSEY S, EVENSON R. Does Intellectual Property Protection Spur Technological Change [J]. Oxford Economics Papers, 2003, 55 (2): 235 – 264.

[544] TEECE D, PISANO G, SHUEN A. Dynamic Capabilities and Strategic Management [J]. Strategic Management Journal, 1997, 18 (7): 509 – 533.

[545] TETHER B S. Who co-operates for innovation, and why – An empirical analysis [J]. Research Policy, 2002, 31 (6): 947 – 967.

[546] TETT R, BURNETT D. A personality trait-based interactionist model of job performance [J]. Journal of Applied Psychology, 2003, 88 (3): 500 – 517.

[547] THORELLI H B. Networks: between markets and hierarchies [J]. Strategic Management Journal, 1986, 7 (1): 37 – 51.

[548] TIMMONS J A. New venture creation (7ed.) [M]. NJ: Mc Graw – Hill, 2004.

[549] TIWANA A. Do Bridging Ties Complement Strong Ties? An Empirical Examination of Alliance Ambidexterity [J]. Strategic Management Journal, 2008, 29 (3): 251 – 272.

[550] TRINH L, ADAM B J. The Impact of R&d Subsidy on Innovation: Evidence from New Zealand Firms [J]. Economics of Innovation and New Technology, 2016, 26 (5): 429 – 452.

[551] TSANG E W. Can Guanxi Be a Source of Sustained Competitive Advan-

tage for Doing Business in China？［J］. Academy of Management Perspectives，1998，12（2）：64 – 73.

［552］TUMASJAN A，BRAUN R. In the eye of the beholder：how regulatory focus and self-efficacy interact in influencing opportunity recognition［J］. Social Science Electronic Publishing，2012，27（6）：622 – 636.

［553］UNSWORTH K L，WALL T B，CARTER A. Creative requirement：A neglected construct in the study of employee creativity？［J］. Group and Organization Management，2005（30）：541 – 560.

［554］VANDER G S，BUNDERSON J S. the Importance of Collective Team Identification［J］. Academy of Management Journal，2005，8（3）：532 – 547.

［555］WALLACE J C，BUTTS M M，JOHNSON P D，et al. Regulatory Focus，Thriving，and Employee Involvement Climate A Multilevel Model of Employee Innovation：Understanding the Effects of［J］. Journal of Management，2013，42（4）：982 – 1004.

［556］WALLACE J C，JOHNSON P D，FRAZIER M L. An examination of the factorial，construct，and predictive validity and utility of the regulatory focus at work scale［J］. Journal of Organizational Behavior，2009，30（6）：805 – 831.

［557］WALLSTEN S J. The Effects of Government – Industry R&D Programs on Private R&D：The Case of the Small Business Innovation Research Program［J］. RAND Journal of Economics，2000，31（1）：82 – 100.

［558］WEELE M V，RIJNSOEVER F J V，NAUTA F. You can't always get what you want：How entrepreneur's perceived resource needs affect the incubator's assertiveness［J］. Technovation，2017，59（6）：18 – 33.

［559］WELLMAN B，BERKOWITZ S D. Social Structures：A Network Approach［J］. American Political science Association，1988，83（4）：1404 – 1405.

［560］WELTER C，MAUER R，WUEBKER R J. Bridging Behavioral Models and Theoretical Concepts：Effectuation and Bricolage in the Opportunity Creation Framework［J］. Strategic Entrepreneurship Journal，2016，10（1）：5 – 20.

［561］WERNERFELT B. A resource-based view of the firm［J］. Strategic Management Journal，1984，5（2）：171 – 180.

［562］WIKLUND J，SHEPHERD D. Knowledge – Based Resources，Entrepreneurial Orientation, and the Performance of Small and Medium – Sized Businesses [J]. Strategic Management Journal, 2010, 24 (13): 1307 – 1314.

[563] WILLIAMSON O E. The Vertical Integration of Production: Market Failure Considerations [J]. The American Economic Review, 1971, 61 (2): 112 – 123.

[564] WU J, LI S, LI Z. The Contingent Value of CEO Political Connections: A Study on IPO Performance in China [J]. Asia Pacific Journal of Management, 2013, 30 (4): 1087 – 1114.

[565] WU K, HUANG K F, GAO S. The Effect of Institutional Ties on Knowledge Acquisition in Uncertain Environments [J]. Asia Pacific Journal of Management, 2012, 29 (2): 387 – 408.

[566] WUYTS S, STREMERSCH S, VAN DEN BULTE C, et al. Vertical Marketing Systems for Complex Products: A Triadic Perspective [J]. Journal of Marketing Research, 2004, 41 (4): 479 – 487.

[567] XIAO L, NORTH D. The role of Technological Business Incubators in supporting business innovation in China: a case of regional adaptability? [J]. Entrepreneurship & Regional Development, 2017 (7): 1 – 29.

[568] XU K, HUANG K F, XU E. Giving fish or teaching to fish? An empirical study of the effects of government research and development policies [J]. R&D Management, 2014, 44 (5): 484 – 497.

[569] YAN J Z, CHANG S J. The Contingent Effects of Political Strategies on Firm Performance: A Political Network Perspective [J]. Strategic Management Journal, 2018, 39 (8): 2152 – 2177.

[570] YANG G, MASKUS K E. Intellectual Property Rights, Licensing, and Innovation in An Endogenous Product-cycle Model [J]. Journal of International Economics, 2001, 53 (1): 169 – 187.

[571] YANG L, MASKUS K. The Impacts of Post – TRIPS Patent Reforms on the Structure of Exports [J]. RIETI Discussion Papers, 2013: 1 – 53.

[572] ZHANG Y, LI H. Innovation Search of New Ventures in a Technology Cluster: The Role of Ties with Service Intermediaries [J]. Strategic Management Journal, 2010, 31 (1): 88 – 109.

[573] ZHOU J. When the presence of creative coworkers is related to creativity: Role of supervisors close monitoring, developmental feedback, and creative personality [J]. Journal of Applied Psychology, 2003, 88 (3): 413 – 422.

[574] ZHOU Q, HIRST G, SHIPTON H. Context Matters: Combined Influence of Participation and Intellectual Stimulation on The Promotion Focus-employee Creativity Relationship [J]. Journal of Organizational Behavior, 2012, 33 (7): 894 – 909.

[575] ZOLLO M, WINTER S G. Deliberate Learning and the Evolution of Dynamic Capabilities [J]. Organization Science, 2002, 13 (3): 339 – 351.

[576] ZOTT C. Dynamic Capabilities and the Emergence of Intra – Industry Differential Firm Performance: Insights From a Simulation Study [J]. Strategic Management Journal, 2002, 24 (2): 97 – 125.

后　　记

关于赋能视角的受孵创新与成长研究完稿了，非常高兴，也十分欣慰。

本书的研究首先起步于我 2018 年的重庆市社科规划项目"赋能视角下重庆众创空间成长路径和发展策略研究"；2019 年，我们的研究又获得了教育部社会科学基金对"赋能视角下众创空间的服务绩效模型与培育机制研究"项目的支持。在此感谢重庆市社科基金、教育部社科规划基金为研究提供的资金支持，推动着研究向纵深发展。

本书在研究过程中，得到众多学者的引领、教导、指导、关心与支持。感谢清华大学经管学院雷家骕教授，他吸纳我进入中国技术经济学会技术创新创业分会担任副理事长，并帮助联系北京中关村的众创空间，开展调研。感谢中国人民大学商学院毛基业教授、易靖涛教授、王凤彬教授、郭海教授等在我开展研究构思时的思路启发和指导。感谢赵骅教授，他一直督促我集中精力推动关键事情；感谢重庆大学经济与工商管理学院的杨俊教授、但斌教授、龙勇教授、蒲永健教授、江积海教授、陈逢文教授等在相关理论、研究方法、研究设计方面的指导，以及何波教授、钱丽萍教授、任晓红教授、姚琦教授给出的宝贵修改建议。感谢重庆工商大学的郑月龙教授、熊艾伦副教授对本书部分内容的修改建议。感谢为本书研究提供数据和调研支持的政府相关部门和众创空间，特别是重庆市科技局、生产力中心、八戒工场、浪尖 D＋M 智造工场等。感谢重庆工商大学管理科学与工程学科提供出版基金支持，使该研究得以出版面市。

本书还得到我的研究生的大力支持，六位研究生先后参与此课题的资料收集和数据处理。许亚楠、邓翔、吴潇参与了第 1 章、第 2 章的资料收集、文献整理；吴潇参与了第 3 章的资料收集与数据处理；许亚楠、邓翔参与了第 4 章的数据、文献收集与处理；吴潇参与了第 5 章的数据、文献收集与处理；许亚楠参与了第 6 章的数据、文献收集与处理；刘瀚宇参与了第 7 章的数据、文献收集与处理；吴潇、王艺参与了第8章的数据、文献收集与处理；向玥颖参与了第9章的数据、文献收集与处理。吴潇还协助我处理了整个文稿的统稿以及格式订正工作。

感谢我的家人。我的妈妈是我最大的支持者。我的女儿是我的坚定支持者，很多时候，她也是我的榜样。感谢我的先生，他一直很关心我的选题，他说要做有价值的研究，加强了我对这一信念的坚守。感谢我的侄儿，帮我处理棘手的日常事务，安排大家族的事情，是最尽心和默默支持我的有为青年。感谢我工作单位的领导和同事们，他们的支持，激励我、鞭策我，也温暖着我。

本书第4、第6、第7、第9章的内容已分别在《科技管理研究》《科研管理》《科学学与科学技术管理》《管理评论》上发表，在《科技管理研究》期刊上发表的文章纳入本书第4章时有较大修改。感谢这些期刊编辑和审稿人对我们研究的认可，期刊的录用和发表鼓励和温暖了我们的研究。

最后，献给未来。本研究的完成，开启了我们团队从外部赋能视角对相对弱小的初创企业以及其他相对弱势主体的关注，并由此申报并获批了赋能视角的国家社科基金项目，翻开了团队研究领域的新篇章。潮平两岸阔，风正一帆悬。希望团队成员能够致力于已经开启的赋能视角下数字经济管理以及创新创业领域的新研究，不忘初心，砥砺前行，为高质量的管理发展做出我们团队应有的贡献。

2023年9月